ビートルズとマハリシ・マヘーシュ・ヨーギー
1969 年
ullstein bild/ ullstein bild/Getty images

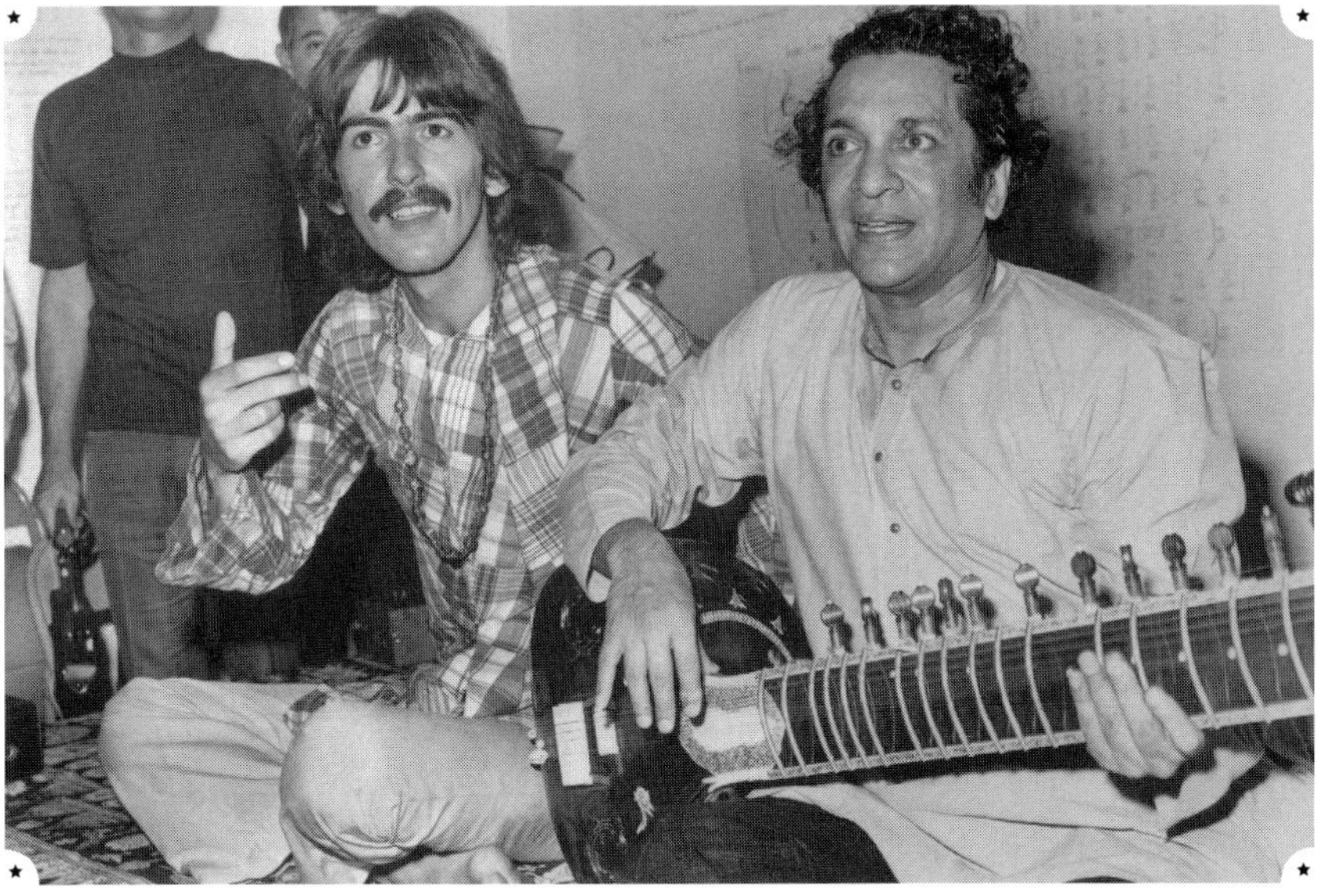

ジョージ・ハリスンとラヴィ・シャンカール
1967 年 ハリウッド
Bettmann / Bettmann/ Getty Images

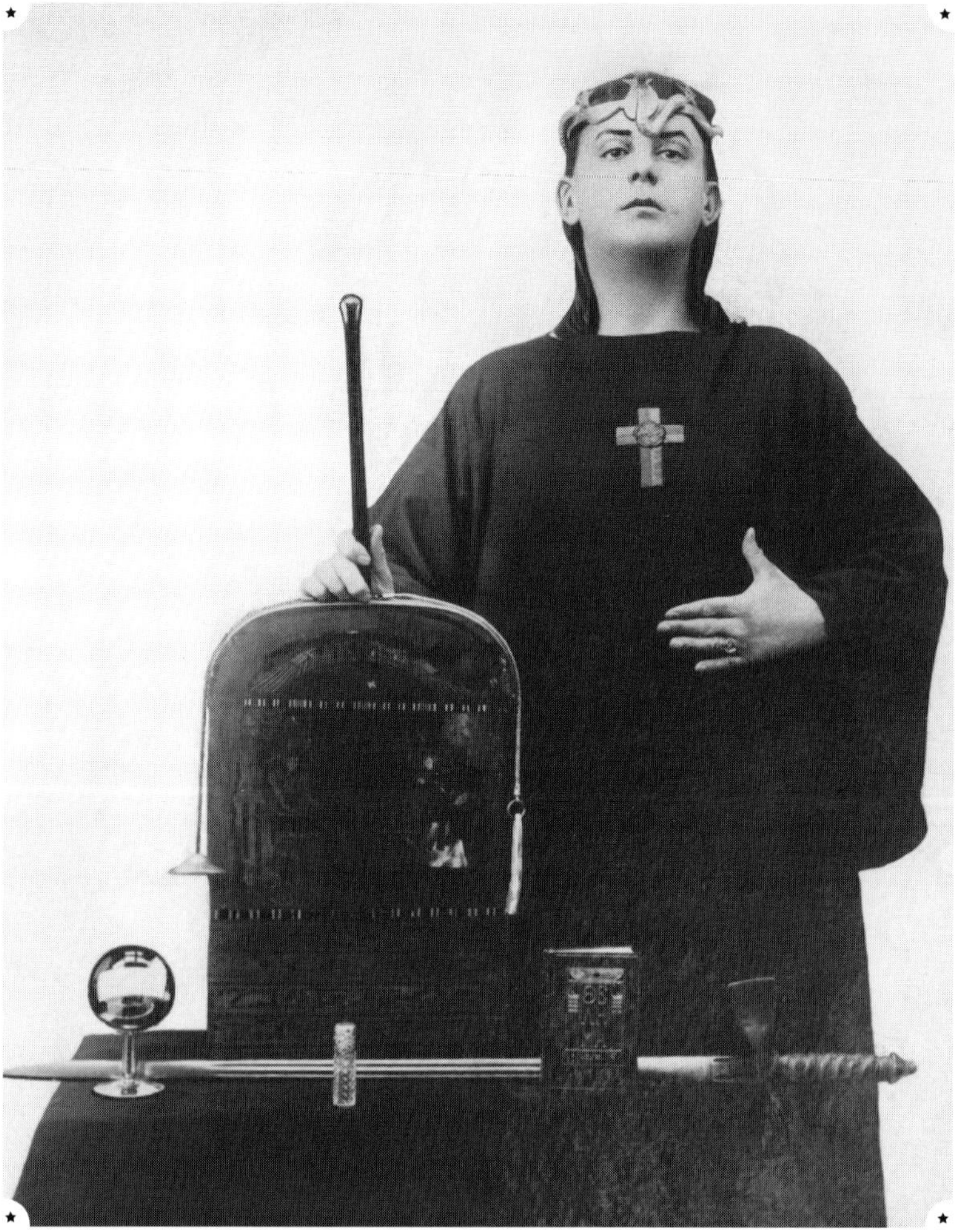

儀式用の服を着たオカルティストのアレイスター・クロウリー
1912 年 イギリス
Underwood Archives / Archive Photos / Getty Images

アーサー・ブラウン／ザ・クレイジー・ワールド・オブ・アーサー・ブラウンより
1968 年 イギリス
Ron Howard / Redferns /Getty Images

キリング・ジョーク／ドイツのスタジオ屋外にて
1982 年
David Corio / Redferns /Getty Images

カバラの生命の木を描いているデヴィッド・ボウイ
1974 年
Steve Schapiro/Corbis Premium Historical/Getty images

シーズン・オブ・ザ・ウィッチ

いかにしてオカルトはロックンロールを救ったのか

ピーター・ビーバガル 著
伊泉龍一 訳

駒草出版

SEASON OF THE WITCH
by PETER BEBERGAL

This edition published by arrangement with Tarcher Perigee,
an imprint of Penguin Publishing Group,
a division of Penguin Random House LLC
through Tuttle-Mori Agency, Inc., Tokyo

私の父であり、キャプテンであり、友人である
バイロン・レオン・ビーベガルに

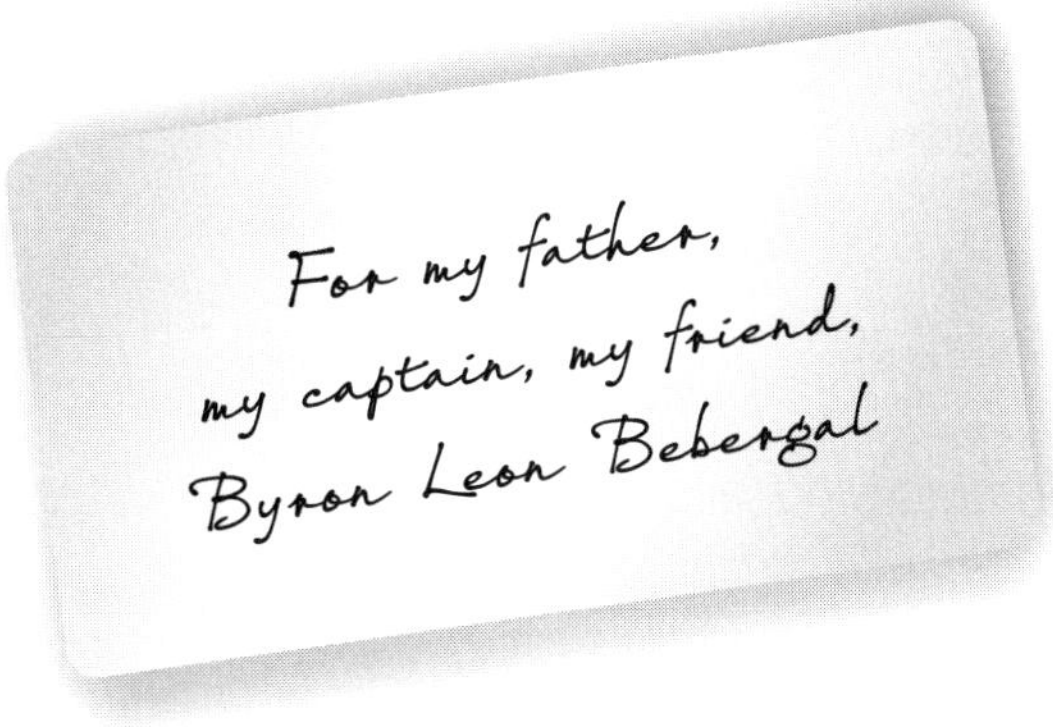
For my father,
my captain, my friend,
Byron Leon Bebergal

シーズン・オブ・ザ・ウィッチ

目次

私の髪は神聖である。神のために、それを長く伸ばす。

——エウリピデス著『バッコスの信女』

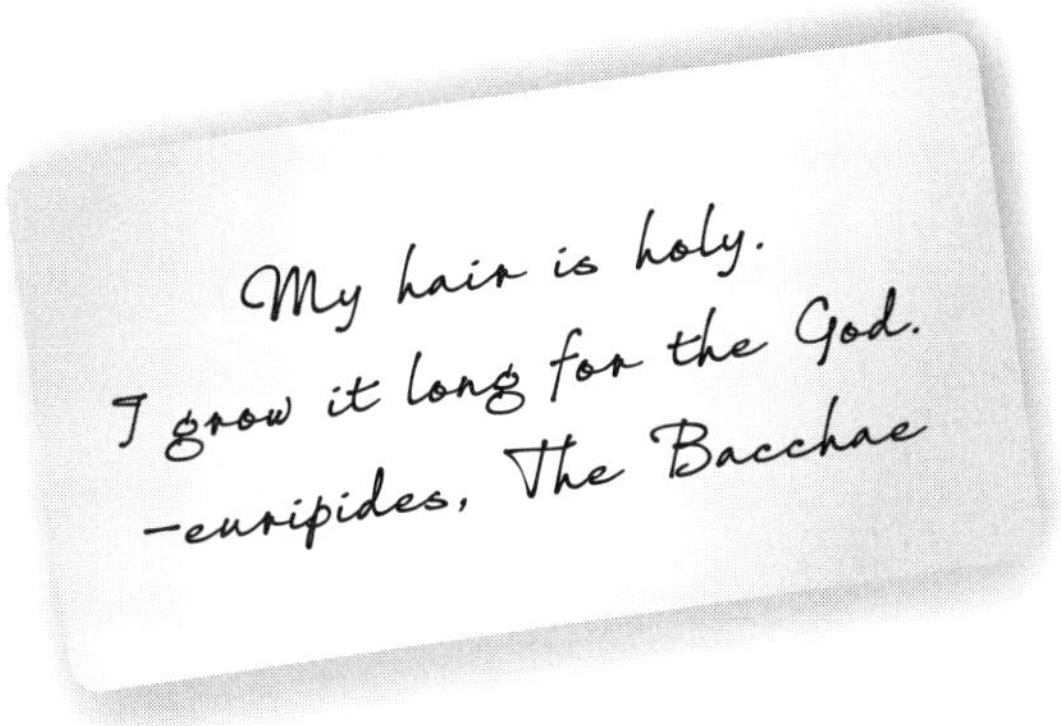
My hair is holy.
I grow it long for the God.
-euripides, The Bacchae

序文 ウィー・アー・オール・イニシエイツ・ナウ

I

一九七八年、兄が空軍に入隊した。そして、私は彼の部屋の謎へと近づけるようになった。フロリダ州南部の郊外には、平屋建ての家と手入れの行き届いた芝生が連なっていた。十一歳だった私は、そわそわとさせる不可解な感覚で満たされていた。まさに思春期の目覚めの直前だった。兄の猥褻な雑誌から拾い集めることができるものを除けば、いまだセックスは現実味のない抽象概念でしかなかった。何か他の秘められたことも手招きしていた。兄の部屋から聞こえてくる音楽を耳にしたとき、私は自分自身のわずかなコレクションだったベイ・シティ・ローラーズやビー・ジーズの四十五回転盤とはまるで違う何かを、かすかに感じ取った。私は兄のレコード盤を一枚ずつかけ始めた。膝にレコード盤のジャケットを挟みながら、この新たな音楽言語の文法を学ぼうとした。自分が見つけたものへの準備が、私にはまったくできていなかった。その音楽は、私に熱さと冷たさを同時に感じさせた。私の腹部では小さな火が燃え始め、同時に震えが脊椎を駆け上がった。ここには、秘儀やオカルトのシンボル、魔術や神秘主義の探究、そしてセックスや宇宙船や妖精たちとかかわる風変わりな儀式の魅惑的で不可解な目録があった。私は本物のロックンロールを聴こうとして兄の部屋に行った。その光景に魅了されて、私は催眠術にかかってしまったのだ。ビートルズ、レッド・ツェッペリン、デヴィッド・ボウイ、アーサー・ブラウン、キング・クリムゾン、ホークウインド、イエス、ブラック・サバス、ピンク・フロイド。そのレコード・コレクションは、神々の目録だった。J・R・R・トールキンの再販、『ダンジョンズ&ドラゴンズ』——一般的には『D&D』として知られている——、『ヘヴィ・メタル』誌、ホラー・コミック、ラルフ・バクシのアニメ映画を経由して、すでに私は一九七〇年代の神秘に浸されていた。(訳注序—1) 深く耳を傾けながら、歌詞、アルバムのカバー・アート、そしてレコード盤の内側の輪に刻まれた秘密のメッセージさえも精査しながら、私は何時間も座っていた。『アビイ・ロード（*Abbey Road*）』のカバーを見つめ、ポール・マッカートニーの噂された死の証拠を探し求めた。そして、恐ろしい死霊術による自分自身の死を意図せずとも象徴している裸足のビートルに、亡霊の冷たい気配を感じた。『レッド・ツェッペリンIII（*Led Zeppelin III*）』のレコード盤を光にかざした。そして、その内側の輪に彫られている伝説的なオカルト信条「汝の欲することをなせ」を見つ

訳注序—1　J・R・R・トールキン（John Ronald Reuel Tolkien, 1892 –1973）は、『指輪物語（*The Lord of the Rings*）』などのファンタジー小説で有名なイギリスの小説家。『ダンジョンズ&ドラゴンズ』は一九七四年にアメリカのゲーム会社 Tactical Studies Rules から発売されたロールプレイング・ゲーム。ファンタジーの世界を舞台にさまざまなモンスターなどのキャラクターが登場し、魔法などを使って戦う。『ヘヴィ・メタル（*Heavy Metal*）』誌は、一九七七年に創刊されたアメリカのサイエンス・フィクションとファンタジーのコミック誌。ラルフ・バクシは（Ralph Bakshi, 1938 –）、パレスチナ出身のアメリカのアニメーション監督。一九七八年にはトールキンの『指輪物語』を基にしたアニメーション映画『ロード・オブ・ザ・リング』も監督している。

け出した。デヴィッド・ボウイが寄生した多様なキャラクターたちを、興奮し魅了された状態で見つめた。そして、彼の歌詞の中の異星人、アレイスター・クロウリー、「愛のない島の守護者たち」である超神々《スーパーゴッズ》たちの謎を解読しようとした。(訳注序―2) 妖術師たちが集まって結成したブラック・サバスは、重たく差し迫る破滅を暗示するリフによって、自分たちの暗黒の術を作動させた。アーサー・ブラウンは、自分が「地獄の火の神」であることを承認した。

音楽は私の魂の欠くことができないものになった。自分の本棚にあるペーパーバックの『ネクロノミコン』のように、私は自分だけが秘密の真実の泉を発見したと思っていた。(訳注序―3) これらのレコード盤の溝とそれらに宿っているキャラクターたちの風変わりな生活の中には、超越的で計り知れない何かが潜んでいた。ロジャー・ディーンによるイエスのアルバムのアートワークには、アトランティスのように水没し、その叡智は失われてしまったが、かつては古代の人種が住んでいた場所の景色が描かれていた。スペクトラムのもう一方の端には、ビートルズの『ホワイト・アルバム（*White Album*）』の中の最後から二番目の不可解で恐るべき曲、話し言葉とフィードバックが注入され、明白な暴力を暗示する秘められたオカルト・メッセージのコラージュからなる「レヴォリューション9」があった。こうしたものの本質はしばしば対立したが、それでもなお同じものを共有していた。それらが言及していたのは、通常の知覚を越えた現実であり、悪魔や天使たち、異星人や古代の魔術師たちが住んでいる広大な超宇宙だった。それら全ては、潜在的な危険性を孕んでいる方法、例えば魔術やドラッグによって、またおそらくセックスによってさえも近づくことができた。とはいえ、これらの歌やアルバムを深読みすることの危険も、私は感じていた。UHFチャンネルの深夜の映画番組で、たびたび放映されていた映画『ヘルター・スケルター』は、バンドの伝記や作品への固執が、時として狂信的な行為へと向かう可能性があることを私に教えてくれた。(訳注序―4)この件では、ビートルズが音楽を通して、密かに暴力的なメッセージを自分に送ってきたとチャールズ・マンソンが信じたとき、アルバムは戦いへの危険な呼びかけを作り出す助けとなってしまった。たとえ音楽と殺人の間のつながりが誇張されたものだったとしても、思春期の私自身は、ビートルズの歌の中に、この種の解釈を可能にさせる何かがあるという感覚を払いのけることができなかった。また、確かにそう考えるのはばかげていたし、それを誰もが真実ではないと分かっていたが、もしかすると、ひょっとすると……ポールは実際に死んだのではないか……と。

十代の空想に対する両面感情にもかかわらず、間違いなく言えるのは、時にはあからさまで、時には隠されたロックの中のオカルト言語を、また二十世紀の最も重要で力のあったアートの形態へ魔術と神秘主

訳注序―2 アレイスター・クロウリー（Aleister Crowley, 1875–1947）は、イギリスのオカルティスト。クロウリーは本書の随所で登場する。「愛のない島の守護者たち（guardians of a loveless isle）」は、デヴィッド・ボウイの一九七〇年のアルバムの中の曲「ザ・スーパーメン（The Supermen）」の歌詞。

訳注序―3 『ネクロノミコン（Necronomicon）』は、アメリカの怪奇小説家ハワード・フィリップス・ラヴクラフト（Howard Phillips Lovecraft, 1890–1937）の小説の中に登場する架空の魔術書。後にラヴクラフトのファンたちによって、『ネクロノミコン』と題した本が、いくつか出版されている。日本でも翻訳本が出ている。ジョージ・ヘイ編、コリン・ウィルソン序文、大瀧啓裕訳、『魔道書ネクロノミコン』（一九九四年、学習研究社）。リン・カーター著、大瀧啓裕訳『魔道書ネクロノミコン外伝』（二〇一一年、学習研究社）。

訳注序―4 『ヘルター・スケルター（*Helter Skelter*）』は、女優のシャーロン・テートを殺害した犯人チャールズ・マンソンの一連の事件を基にして作られた一九七七年のアメリカ映画。逮捕後、マンソンは自身の犯行をビートルズの曲に唆されたと主張した。マンソンの事件とビートルズについては、本書の第二章九五頁で詳しく扱われている。

義が与えた広範囲な影響に向かって開かれた窓を、兄のアルバムが垣間見させてくれたということだ。ロックの歴史と表現方法の縮図を表している一つの収集物の中には、いかにしてロック——その歌、その演出、その歌詞、その火工技術——が、魔術的で神秘的なシンボルや思想や実践によって形作られてきたかというもう一つの隠された物語があった。

その当時の多くのティーンエイジャーと同じく、私も『D&Dプレイヤーズ・ハンドブック』の中の呪文の一覧の外の世界にも、魔術は現実に存在しているのだろうかと思いを巡らしていた。私は白魔術についての本を買った。そして、いつも直火《じかび》の危険に用心していた母から注意されないように、窓が開いているのを確かめてからキャンドルに火を灯した。友人たちと私は明かりを消し、ウィジャー・ボードのプラスチック製プランシェットの上に指を乗せた。（訳注序—5）何かが現れたとは思えなかった。私には、あのレコード盤たちからやってきた強烈な感覚を、どこからともなく引き出すことなどできなかった。魔術はここ目の前にあった。だが、それは私が想像していたもののよりもさらに大きかった。見開きカバーの間から、またレコード・ジャケットの中へぴったりと押し込まれたビニール盤から紡がれていた魔法は、ポピュラー・カルチャー全てを魅了していたのだ。

その当時は分かっていなかったが、私は広大な文化的現象の中の参加者だった。LSDやタロット・カードによって、またはハレ・クリシュナの若い崇拝者たちによって手渡された『バガヴァッド・ギータ』の無料コピーによって霊性に関する考え方が形成されていただろう世代全体を、すでにビートルズが改宗させていた。（訳注序—6）私が兄の部屋で『聖なる館（*Houses of the Holy*）』を聞いたとき、すでにレッド・ツェッペリンは、魔術的アートの力の周囲にロックの想像力を具体化していた。また、ほんの数年前、プログレッシブ・ロック・バンドたちは、内宇宙と外宇宙の夢を創り出し、水瓶座の夢の終焉に対して別世界の希望を提供していた。

ロックは、グラマー（glamour）という語の本来の意味である魔力の外套を活用してきた。グラマーは、文法（grammar）という語とさえも関連させられているが、これはオカルト言語や言葉による呪文の織物を意味するために使われることもあった語である。そして最終的には、魔術書を意味するグリモワー（grimoire）という語にもなった。ステージ・マジックでの観衆は、自ら騙され、イリュージョンによって魅惑されることを許すが、ロックンロールは同様の性向を利用してきた。騙されることを人が求めることで、どれほど手相術師が顧客を増やし、シャーマンが部族民たちへ催眠をかけていることか。そして、私が驚き興奮しながら、それらの歌を聞き、それらのアルバムを見つめ、魔術の埋蔵物が隠されている部屋を解錠しているのだと確信していた理由も、そこにある。

兄の部屋の床の上で足を組んで座っていた日々は、密儀カルトへのイニシエイションとなった。そこで

訳注序-5　ウィジャー・ボード（Ouija board）とは、おおよそ次のようなものである。アルファベットや数字などが書かれたボードの上に、キャスターのついた小型の板（プランシェットと呼ばれる）を置き、その上に手を置く。本人たちの意識とは関係なく、プランシェットが動いていくのに任せる。その結果、ボード上の文字や数字の方にプランシェットが移動していくことで、メッセージが示される。スピリチュアリズムの信奉者たちは、そのメッセージを霊からのものだと考えている。

訳注序-6　「ハレ・クリシュナ」は、正式名称「インターナショナル・ソサエティ・フォー・クリシュナ・コンシャスネス（International Society for Krishna Consciousness）」という宗教団体。一九六六年にニューヨークでインドの霊的指導者A・C・バクティヴェーダンタ・スワミ・プラブパーダ（Abhaya Caraṇāravinda Bhakti-vedānta Svāmī, 1896–1977）によって設立された。その中心の教えは、『バガヴァッド・ギータ』などの古代インドの聖典を基にしている。

私はロックンロールの信奉者となった。十代の間、ロックは私の内側の世界のための伴奏つきの物語だった。その当時、私が折り合いをつけようとしていた不可解な感覚が何であれ、そのことを完璧に語ってくれるアルバムが常にあった。ただし、ロックのしばしばスフィンクスの謎にも似た真実は、私自身の内側の世界への鍵となっていただけではなかった。それらは他の神秘の領域への扉を開くこともができた。最終的に、私はアルバムのカバーや歌詞の秘教的な謎を探究することをやめたが、オカルトの想像力が作用する場所を意識し続けることは決してやめなかった。それは、私がデヴィッド・ボウイのアルバム『ダイヤモンドの犬（*Diamond Dogs*）』の見開きカバーを初めて開き、犬のようなボウイ、半分人間だが半分犬のボウイの奇怪でエロティックな絵が現れたときから、常に従ってきた基準である。魔術は導管なしに、表現の機関なしに存在することは不可能であると私は気がついた。また、それが仮に可能だったとしても、私はオカルトの形而上学への興味などない。私が角のある神々を信じるのは、彼らがビニール盤の溝から、CDのつややかな表面から、またMP3の減衰した音からでさえ、語りかけてくるのを聴いているときだけだ。そして、それらの瞬間、音楽それ自体と同様、彼らは現に存在する。どこか他のところにある魔術を、私は必要としない。それはロックンロールの畏怖に満ちた光景の中で、最も強烈な魔力として存在しているのだ。

Ⅱ

その発展の極めて重要な瞬間、ロック・ミュージシャンとそのオーディエンスは、自分たちの意識を拡張するため、また伝統的なアメリカの音楽とその根底にある精神的アイデンティティの制限を越えて前進するため、ほぼ無意識の協定を結んだ。オカルトはまさしくロックの救世主となり、ロック・ミュージシャンとファンたちの想像力を手中に収め、ポピュラー・ミュージックやポピュラー・カルチャーを再定義した。さらに言えば、オカルトの想像力は、甘ったるい十代前半の少女たちの煉獄からロックンロールを救い出し、また集合的な霊的意識をアストラル・プレーンへと上昇させる可能性へと向かって、慣習の彼方を思い描くようにとミュージシャン、エンジニア、プロデューサーを駆り立てた。オカルトは、西洋文化で鳴り響き続けている不滅の魂をロックに吹き込んだ。そして、ミュージシャンとオーディエンスは互いを糧とし続けながら、ロックンロールが常に呼び起こしてきた原始的な古代の本能を理解するための方法として、さらなる深い意味を探し求めるよう鼓舞したのだ。

ロックは、精神的反逆と音楽的反逆の両方のためのサウンドである。そして、これら二つのことは、この何よりも無視できない音楽形式の長く継続していく歴史の中で、切り離せないものとなってきた。ロックの何が、現代の他のアートの形式以上に、感覚世界と崇高な精神の領域の間のヴェールを突き抜けていこうとする、このしばしば無意識的でもある古代からの欲望のための完璧な乗り物にさせているのか？非常に多くのミュージシャンが、なぜにロック・コンサートをシャーマニックで宗教的な儀式の場面であるかのように演出し、魔術師、悪霊、パーンやディオニュソスといった神々を擬態するペルソナを作り出し、神々や悪魔たち、あるいはさらに悪いものに憑依されているかのようにさえ思わせてきたのか？彼らは、なぜにオカルトのイメージでアルバムのカバーを覆い、伝説や神話といった類の話から歌詞を呼び起こし、自身の個人的な人生の中でさえ神秘体験や魔術体験を追求しようとしたのか？彼らは、なぜに古代の遺跡の前でショーを行ってきたのか？

ロックとオカルティズムの精神的親和性は、オカルト自体の本質に大部分が由来している。オカルト——超自然的、グノーシス的、魔術的、神秘的な思想と関連する広範囲に及ぶ霊的信念や活動のために一般的に使われている語——は、伝統的で一般に認められている宗教の規範と一致しないやり方で礼拝を行う非正統的で非同調的な概して異端の宗派の内部で機能している。これらの実践は、自身の霊的目的へより積極的な役割を果たすために、また何らかの執り成しの形を介して神的なものと交わるために、個人や集団によって試みられる。霊、神託、魔除け、護符、さらには古い神格の崇拝さえ、直接的で経験的に感じられる。

この神的なものとの接触へと果敢に向かっていこうとする動きは、中世ヨーロッパのユダヤ教神秘主義、アメリカのペンテコステ派のキリスト教徒、アメリカ人の仏教やヨガの借用など、歴史の至るところ、世界の至るところで、多様な現れとなって浮上してきた。教会は、それ自身の階層内部においてであっても、この衝動を悪魔の仕業としばしばみなしてきた。ジョルダーノ・ブルーノのようなルネサンス期の魔術師や錬金術師たちは、異端者と呼ばれた。そして、後のルター派やアメリカのその他のキリスト教のセクトは、蛇を操る者や異言を語る者を、よくても嘘つき、最悪の場合は悪魔崇拝者としてみなした。魔術に反対する法律、悪名の高い魔女裁判のようなより激しい告発、しかも大概は誤った告発を通して異教徒の血筋を信じ続けさせてきたのは、ほとんどの場合が教会だった。政治的な利得を目的としてオカルトの恐怖を活用することは、宗教の権威者たちが根絶しようと求めていた迷信やその他の信仰を長引かせるだけだった。教会は、至点や復活する神のような異教の神話を私物化することで、キリスト教自体を特徴づけてきたにもかかわらず、異教徒の私室を完全に封印した。(訳注序―7)恍惚の体験を求める衝動は沸々と煮え立ち続けたけれども、それは当然のことながら異端となった。この種の真正の実践は、かつては演劇や催眠術と境を接する儀式を持った共同体を中心に組織化されていたが、その本来の意図は、ほとんど失われてしまった。

ロックンロールに至るまでは。

その現象は現代的だが、ロックの魂は古代の密儀カルトの炎の中で磨き上げられた。そしてそのとき、神話やイニシエイションが、踊りと陶酔とその他の種類の恍惚とした大騒ぎからなる強力な混合物へと融合されることになった。だが、一種の礼拝とも言えるその光景にもかかわらず、そこには今もなお演劇的な方法で表出される単純な人間の欲求、すなわち共同体を求め、神話や儀式を求め、神的なものとの直接的な交流を求める欲望がある。

ロックのオカルトの根源は、海の入り江として想像するのが最も良い。初期のロックンロールは、ブルース、ゴスペル、フォークへ直接辿っていくことができる。だが、ロック全般の発展は、ジャズや実験的初期のエレクトロニック・ミュージックによって、またクラシックの血筋によってさえも形作られた。これらの影響の各々にオカルトは存在し、また大抵の場合、アーティストたちが自分たちのアイデアの源と

訳注序―7　「至点や復活する神のような異教の神話を私物化」というのは、もともと異教の風習であった冬至のときの祝祭を、キリスト教がイエス・キリストの生誕を結びつけて祝うようになったクリスマス、またイエス・キリストの復活という聖書の中の記述も、その起源はより古い異教の中の「復活する神」という物語が基になっているということ。

伝達手段の両方でオカルトを活用しながら、慣習に対して反抗する方法を探し求めるという共通する特徴を示している。ロックは本質的に最近の出来事でありながらも、一方で現代の人間的体験の空白の中では存在しない。ロックは利用可能な道具が何であれ、音を打ち鳴らし、それによって人間であることの意味を表現しようとする古代の衝動の一つの現れである。数千年間、音楽を作ることは、宗教活動と切り離すことができなかった。ロックンロールの起源は、ブルースやフォーク――キリスト教の伝統や価値観が深く染み込んだ音楽形式――にあるが、それ独自のルーツは他の神々が崇拝された土壌で生長した。ポピュラー・ミュージックは発展の最中、こうした緊張関係、すなわちピューリタニズムと、まさにそれとちょうど同じぐらいアメリカの音楽の中の重要な一部となっていた非キリスト教の伝統の名残との間にある緊張関係と取り組んだ。

常に宗教の伝統というものが、それ自身の中の異教の血統に整合性をつけようとしてきた――大概は古くからの神々を禁止し悪魔化してきた――のと同様、聖職者、両親、レコードを燃やす暴徒たちは、ロックの中にセックスやカオスという脅威を見た。ロックの返答は、その真の解放だった。そしてミュージシャンたちは、なおいっそう推し進め、パワー・コードで霊たちを召喚した。(訳注序―8) ロックがそのエレクトリック・サウンドを手に入れ、ホルモンの影響下にある十代のオーディエンスを見つけ出したとき、その興奮を掻き立てる表現として選んだのがセックスだった。これは、その自治権への最初の申し立てであり、宗教の支配層の面前で腰をくねらせることだった。ロック評論家のダン・グラハムは、次のように説明している。「ロックは伝統的な宗教の価値観を一変させた。ロックンロールすることは、直ちにセックスすることを意味した」。主流派の教会は、大抵セックスを不信心の印や悪霊の影響とみなしていたために、ロック・

ミュージシャンたちは、自分たちのアンプにプラグを接続した瞬間、誉れ高い反逆の燃え上がる炎を感じ、キリスト教の贖罪よりも偉大な救済を呼びかけた。「ファイヴ、シックス、セヴンとチャイムが鳴ったら／俺たちは第七の天にまっしぐら」（訳注序―9）。

ロックの性欲を掻き立てる切迫感は、悪魔の音楽という標識を自身に付与することになったが、まさしくその魂は、原罪の中の一つ、人間の性の目覚めの火の中で艶やかに磨き上げられたかのように見えた。ロックが初めて発した言葉は性的だったが、それはブルースの極めて露骨な歌詞と、古代の土壌から生じてきたそのリズムのまさしく身体性から引き出された。アメリカで奴隷となった人たちは、歌を礼拝に欠かせない形式として用いながら独自のキリスト教の形を発展させていき、アフリカの民族的な音楽や動作さえも組み込みながら注意深く歩いた。奴隷たちは、宗教的恍惚の発作的激情の中で叫び、体を震わせながら輪になって歩き回った。だが、厳格な宗教的献身を冒涜的な娯楽へ、つまり踊りへ変えてしまっていると非難されないように、彼らの足は床面につけたままでなければならなかった。神を賛美するのでない限り、音楽は冒涜的であり、最も性的なものを帯びた娯楽の一つである踊りを誘発する。そして、セックスがある場所では、悪魔がすぐそばでウィンクする。

訳注序‐8　「パワー・コード（Power Chord）」は、ギターの主に六弦と五弦、ないしは五弦と四弦を使って二音だけでコードを鳴らす主にハード・ロックなどのジャンルの音楽で使用される弾き方のこと。アンプやエフェクターなどで音を歪ませたエレクトリック・ギターの音に適している。

訳注序‐9　一九五四年にビル・ヘイリー&ヒズ・コメッツ（Bill Haley & His Comets）によるシングルとして発売された「ロック・アラウンド・ザ・クロック（Rock Around the Clock）」の中の歌詞。

だけれども、恐れとは皮肉なものである。それは大抵の場合、それ自体を生じさせる噂や物語を刺激し強化する。人は恐怖を感じることを求める。そして、とりわけ慣習に反抗している、あるいは主流の外部にいる人々や事物に対しては、超自然的現象やオカルトが魅惑的なごちそうを久しく提供してきた。人々は長い間、音楽には魔法をかけるような性質、すなわち聴く人も演奏する人も感電させる何かが含まれていると信じてきた。オカルトの噂、特に悪魔との取引の物語は、惹きつけもするし反発もさせる。高名な十九世紀初頭のバイオリニストのパガニーニは、サタンのお気に入りの楽器を恍惚としながら巧みに演奏することから、農民たちからは悪魔に憑依されていると信じられていた。ウィーンでのコンサートの間、実際に悪魔がパガニーニの隣に立ち、彼の指を弦に沿って誘導しているのを、ある聴衆が目にしたとも言われている。パガニーニが自分の魂を悪魔に売ったという噂は、イタリアの敬虔なカトリック信者たちを、彼の音楽から遠ざけはしなかった。それは自身の才能で認められることを求めていた音楽家に対して精神的には害を与えたにせよ、一方でそれが彼の評判を高め、コンサートの聴衆の数を増加させた。

ロック・ミュージックに反対し熱烈な権勢を振るうキリスト教の指導者たちの中には、根深い人種差別的な含みが背後に隠されていた。ロックの最初期の現れは、直接的にはブルースやゴスペルから、さらにはアフリカ系アメリカン人の霊歌からさえ引き出された。だが、それら全ては黒人の野蛮さや不敬な態度の具現化とみなされ、また彼らの多くはアメリカの白人の娘たちを腹黒い意図を持って見つめていると信じられていた

ロック・ミュージシャンたちは、一九六〇年代に惑星たちが整列し、性の解放や反戦活動やその他の社会運動が衝突してくるまで、精神的超越の方法としてセックスを用いながらも、それにいまだ明確な名前

を与えていなかった。(訳注序―10)この雰囲気の中で、ミュージシャンやファンたちは、ＬＳＤで自分たちの音楽と頭を吹き飛ばし、文化的な第三の目を見開き、代替宗教やオカルトの実践へと自らをさらした。それが例えばビートルズの「トゥモロー・ネヴァー・ノウズ（Tomorrow Never Knows）」の精神性のように歌の中で、世界へと響き渡る一撃となり、ポピュラー・ミュージックの中の最初の偉大な神秘的瞬間となった。一九七〇年代までに、オカルトという語は、その当時、多様な信仰や実践から大衆向けの包括的な霊的工具一式を引き出そうとしていた急成長中のニューエイジ・ムーヴメントに、かなりうまい具合に付着するようになった。(訳注序―11)パンドラの箱の内蓋には「あなたが必要なものだけを取り、残りは放置すること」と注記がつけられていたが、その中には、マントラ、水晶、タロット・カード、カバラとウィッカを経由した魔術の生かじり、量子物理学、古代の異星人などが見つかるだろう。しかも全てが宇宙的神秘主義の布に包まれて。ニューエイジとオカルトは、ポピュラー・カルチャーの中で、ほぼ同義になった。オカルトという語が解雇されるまで、ニューエイジは、悪魔崇拝者、奇妙なセックス儀式、黒魔術などと関連する闇の霊を召喚することもあった。だが、今となっては「ニューエイジ」という語が思い起こさせるのは、天使のメッセージやジョージ・ウィンストンのピアノを叩く調べでしかない。

訳注序―10 「一九六〇年代に惑星たちが整列し」というのは、一九六二年二月五日に七つの天体（火星、土星、太陽、月、水星、金星、木星）が占星術で水瓶座と呼ばれている領域に集まったときのこと。当時の占星術師は、この天体の配置が、歴史的に非常に重要なことを示していると信じていた。

訳注序―11 「ニューエイジ」ないし「ニューエイジ・ムーヴメント」は、一九七〇年代から一九八〇年代にかけてアメリカを中心に大きく広がった既成の宗教とは異なる霊性を求める人たちの思想ないしは運動の総称。

ヘヴィ・メタルからプログレッシブ、グラムからゴスへと至る最も重要なロックのジャンルの全てが、オカルトの作物から自分たちの羊毛を獲得した。ロックが最も偉大な信念のための跳躍をし、深淵へと急落したときでさえ、魔術と神秘主義がその確かな足場を与えていた。可能性として言えば、それが別の道を進んだ場合、それ自身のアイデンティティを持たないアメリカのブルースとフォークの単なる融合になっていたかもしれない。そうする代わりに、ポピュラー・ミュージックのビッグネームたちは、この精神的な反逆へと進んで参加し、そうすることでロックの神話の魂を作り出した。ビートルズ、レッド・ツェッペリン、デヴィッド・ボウイ、キング・クリムゾン、ブラック・サバス、イエス、そしてローリング・ストーンズでさえ、また他にも多数が、音楽的な革新でロックを転換させただけでなく、ラジオに適した一連の四十五回転のレコードが終わりなく冗長なコードを繰り返し続けることになることから、ロックを救い出したのだ。

これらのバンドは、人間の文化や表現の本質の一部である古代のエコーを、また慣習や重圧を越えて天球の音楽に耳を傾けるのに不可欠なものを伝えていた。ポピュラー・カルチャーの全てが触発された。プロデューサーやＤＪたちでさえ、何が売れるかを再考することを余儀なくされた。そして、すぐに音楽産業へお金を注ぎ込んでくれる熱心なオーディエンスを発見した。そしてミュージシャンたち自身が、それはあくまでマーケティングのゲームであると主張したときでさえ、彼らはポップ・カルチャーの神話体系を作り出すのに一役買った。

いかにオカルトの想像力が、ロックとロック・カルチャーの生命力となっているかを説明するには、一連の物語を必要とするだろう。真の転換は、一夜で起こったわけではなかった。指針としての役割を果たす、たった一枚のアルバム、あるいはたった一つのパフォーマンスは存在しない。古き神々の精神を完全に有する多くのミュージシャンたちはいた。だが、ここで跡をたどっていくオカルトの流れを、それらのミュージシャンたちが必ずしも代表しているわけではない。ジム・モリソンは、メディアやファンたちによって「エレクトリック・シャーマン」と呼ばれた。モリソンのステージ・パフォーマンスは催眠術的だったし、いくつかの点で、彼はネイティヴ・アメリカンのシャーマンの霊が宿っているかのように見えた。一九七〇年代、パティ・スミスは、友人のウィリアム・バロウズが彼女のことを「シャーマン……別の現実に触れている人物」と述べたとき、おそらくそれを引き受けた。他にも例はたくさんあり、またそれらはこの主題を捉えるために網を投げかける助けとなるが、それらは位置を示す輝点であり、アリスの兎の穴へと導く光輝く物体のようなものだ。スティングは、彼の当時のバンド仲間のアンディ・サマーズによって撮影された写真の中で、横になり額の上を腕で覆い、ぼんやりと離れた場所に目を向けながら、もう一方の手の下に、題名は見えないがアレイスター・クロウリーのペーパーバックを挟んでいる。この白黒写真は、ミュージシャンのオフステージでの関心を垣間見させてくれている。この写真は、ちょうどポリスがヒットチャートのトップのアルバム『ゴースト・イン・ザ・マシーン（*Ghost in the Machine*）』の嵐から抜け出し、『シンクロニシティ（*Synchronicity*）』をリリースした一九八三年に出版された『スロッブ（*Throb*）』と題した写真集の中に掲載された。ポップ界の寵児ダリル・ホールは、アレイスター・クロウリー——特に『マジック・ウィズアウト・ティアーズ（*Magick Without Tears*）』という本——にインスパイアされたアルバム『セイクレッド・ソングス（*Sacred Songs*）』をレコーディングすることを強く要求したが、この作品のリリースは、レーベル契約ばかりかパートナーであるジョン・オーツとの仕事上の個人的な関係をもあやうく失わせるところだった。プログレッシブ・ロックのバンド、トゥールは、儀式魔術、神聖幾何学、その他の秘教的な実践を、レコーディング・セッションやライヴ・ショーに組み込んだ。これら全ては明白な例証であり、またロックンロールとオカルトという主題がどれほど広大であるかを示す手がかりにもなっている。

ペンタグラム、悪魔の容貌、魔術印《シジル》、他の神秘主義的な象徴ないしはオカルトの象徴を採用している全てのアルバムを一覧にすること、またウィザードやウォーロック、悪魔やデーモン、タロット・カードや占い師、カルマ、過去生、異星人の救済者、アレイスター・クロウリーについて言及している全ての曲を挙げること、かつてオカルトに手を出した全てのミュージシャンを調べることは、まったく無益である。私が代わりに選んだのは、アフリカ系アメリカ人の奴隷たちの歌の中にあるロックンロールの起源から一九八〇年代のエレクトロニックな楽器の優勢へと至る、その発展の重要な瞬間をくみ上げていく物語的な歴史である。その途中では、よく知られている名前も登場するが、そうした人々に混じってあまり有名ではない人々も頭角を現してくるだろう。期待したいのは、ちょうど良い特定の瞬間に特定のミュージシャンやバンドへ焦点を当てることで、大きな物語が浮かび上がってくることだ。私の目的は、ロックの一般に認められている（多様な順列の中にある全ての）歴史をひっくり返す、あるいは異議を申し立てることではない。むしろロックの発展の最も重要な瞬間を縫って進んでいく中心のより糸がオカルトであり、それをもし引っ張り出したなら、入り組んだ全体の図案を解体してしまうことになることを示すことだ。

また、これらのミュージシャンたちが、結局のところ人間であること、また彼らの魔術的で神秘主義的な大志が、アメリカのより大きな霊的渇望の小宇宙になっていることも、私は明らかにしてみたいと思っている。だが、ここには暗い逆説がある。多くのアーティストたちは、名声と過激な行為によって人生がひっくり返ってしまうことを体験した。オカルトは、ほとんど説明し難い彼らの人生を理解するための文法を提供した。こういったことが、ミュージシャンと魔術師、ロック・ファンとロックを中傷する人、創造的な霊的探求からの輝く光とその途上でのドラッグと名声が混合されたときに出くわす闇などによって作られる物語となる。そうした数々の逸話は、私たちの知っているようなロックが、オカルトの想像力なくして存在しえなかったことを明らかにしてくれる窓となる。

Ⅲ

とりわけ、オカルトという語が非常に多くの荷物を運ぶようになって以来、その語に対する満足のいく定義は存在しない。一部のオカルト思想の信奉者たちは、暗号化された文書、ミディアム、さらには異星人すら介して、古代から直接的に伝達されたものが存在するとしばしば主張している。例えば、二世紀ないしは三世紀頃に遡るキリスト教グノーシス主義、新プラトン主義、ギリシャやローマのカルト的な神話などを統合したテクストの集成である『ヘルメス文書』がそうである。そのテクストには、錬金術、魔術、占星術の教義が含まれているが、それらの核心で述べられているのは、人間は神的であり、また創造の真の目的が神との合一であるという世界観である。『ヘルメス文書』は多数のオカルトや魔術の教義の中に紛れ込んだ。「上なる如く、下もまた然り」としばしば表現される人気のある考え方もその一例である。ヘルルネサンス期、『ヘルメス文書』はヘルメス・トリスメギスという名前の人物の作だとされていた。ヘルメス・トリスメギストスは、ギリシャの神のヘルメスとエジプトの神のトート、すなわちどちらもが伝令者であり言葉や魔術と関連する神々を組み合わせた存在である。たとえそれが見事な思いつきだとしても、ヘルメス・トリスメギストスは、おそらく架空の人物である。

だが、『ヘルメス文書』の現代の信奉者たちの多くは、これらのテクストが、ただ一つの古代エジプト人の秘儀のカルトに所属していた一人の賢者によって書かれたのだと、それに反対するあらゆる証拠があるにもかかわらず主張している。別の人々は、魔女術《ウィッチクラフト》は古代世界で始まり、その後ヨーロッパに広まり、最終的にはその実在する宗教的系統の一部が現代のウィッカンや新異教主義のコミュニティへ持ち込まれたのだ、ということを証明しようとしてきた。(訳注序―12) 残念なことにも、信じられているような秘伝へとつながる直接的な経路は存在しない。それは長い時を経て、変形し変化し、完全に消滅してしまったかのように見えても、教会や他の宗教的権威が提供することのできない何か――何らかの意味や体験――を再び人々が求めるとき、結局のところ現れてくるのである。

他方の側には、とりわけ科学と理性がほとんどの宗教やあらゆる超自然的なものへの信仰を無意味にしてしまった時代に、オカルトなど真面目に受け取るべきではないと主張する中傷者たちがいる。特に宗教には何ら価値がないと考える人にとって、オカルトはそれ以下のより迷信に近いもので、非合理でたわいのない流行でしかない。宗教は少なくとも文明や文化を形作ってきた。宗教的想像力は、バッハの音楽、システィーナ礼拝堂、『ライオンと魔女とワードローブ』さえ生み出した。(訳注序―13) 善かれ悪しかれ、宗教は考慮されるべきものだ。だが、オカルトは夢見心地の目をしたニューエイジャーや酔っぱらった十代のメタルヘッドたちのための気晴らしである。(訳注序―14) オカルトは、宗教どころではなく、それ以上の愚か者のゲームである。

よりバランスの取れた説明は、オカルト信仰が文化へと与えた並外れた影響を考慮に入れながらも、これらの信仰自体が、神話や宗教の小さな破片、並びに神秘的な形での、あるいはその他の変容した意識の状態での実際の体験からなる集合体であることを認めておくということだ。その負の含意にもかかわらずオカルトは、伝統的な宗教の慣習が探求できない、あるいは探求しようともしない方法で現実を理解しようと試みる一連の実践と信念――一部は古代にまでに遡り、一部はそれほど昔ではない最近に始まったもの――を単に意味する。大抵、オカルトの実践は、伝統的な宗教の慣習に対する直接的な応答であり、またその慣習から自分たちの言葉遣いや信念を引き出している。この点から見ると、規範的宗教ないしは主流派の宗教の共同体と対立する方法で、神ないしは自然ないしは宇宙を理解しようとする信念と行動のスペクトラムの中にオカルトは存在する。これらの実践は、ある程度の支配力を人間の手に置いておこうと努める。神々はあまりにも気まぐれで、悪もまた常に存在する。邪悪な霊たちを撃退する扉の上の護符は、

訳注序-12 新異教主義（neo-pagan）は、キリスト教などの男性中心的な宗教によって抑圧された古代の女神信仰などを始め、その他の多神教的な宗教を復興させようとする思想や実践のこと。ウィッカ（wicca）は新異教主義の大きな運動の中に含まれると考えられているが、「ウィッカン（wiccan）」は、そうした古代の宗教への信仰を基に実際の儀式などを実践する人のことを言う。二十世紀のウィッカという信仰の始まりについては、本書一〇九頁で解説される。

訳注序-13『ライオンと魔女とワードローブ（*The Lion, the Witch and the Wardrobe*）』は、イギリスの作家でキリスト教擁護者でもあるC・S・ルイス（Clive Staples Lewis, 1898–1963）の一九五〇年に出版された小説。同小説は、日本でも翻訳されて児童文学として有名な『ナルニア国物語』全七巻中の第一巻に当たる。

訳注序-14「ニューエイジャー（New Agers）」は、ニューエイジ思想ないしは運動にかかわっている人のこと（ニューエイジについては一七頁訳注序-11を見よ）。「メタルヘッド（metal head）」は、音楽のヘヴィ・メタルが大好きな人のこと。

祈りよりもさらに効果があるかもしれない。主流の宗教の共同体であっても、オカルトを非合法にしようとしたときでさえ、それらの手法を使っていた。例えば、ノートルダムなどの大聖堂のガーゴイルは保護であり、悪魔たちを騙そうとした意図的な試みであり、彼らにこれらの場所が自分たちの同族たちによって占拠されていると思わせ、荒らし回る場所をどこか他へ探しに行かせるためのものだった。

また、オカルトは絵画、音楽、文学の中でも表現された。私が主張しておきたいのは、集会所や小さな森の中での魔術の儀式以上に、こうしたことの方が間違いなく最も正真正銘の表現だったのではないかということだ。オカルトや秘教的宗教の思想は、芸術家たちの強い興味を長く支配してきた。一八〇〇年代後半、いわゆるオカルト・リバイバルが起こったが、その時期、数多くの芸術家、上流階級の人々、知識人が、魔術の友愛結社に参加していた（詩人W・B・イェイツやウェールズの作家アーサー・マッケンもハーメティック・オーダー・オブ・ザ・ゴールデン・ドーンのメンバーだった）。その時期の象徴派の芸術運動は、魔術師たちが複雑な記号の体系を通してオカルト思想を熟考するために使用したオカルトの象徴体系、例えば魔術師たちの霊的中枢を活性化すると信じられていたルネサンス期の錬金術のエンブレムなどによって強い刺激を受けていた。二十世紀初期の画家のオースティン・オスマン・スペアは、自身の芸術活動の拡張であるシジル魔術として知られる独自の体系を考案し、影響力のある魔術師に上り詰めた。一方で、作曲家や音楽家たちも、自身の音楽的核心と一致する、伝統的ではない（しばしば非キリスト教的な）霊的思想や体験を探求することで慣習に逆らった。作曲家仲間であるエリック・サティとクロード・ドビュッシーも、秘密めいた友愛結社、薔薇十字カバラ団に加わった。こうしたことは、とりわけ実験的な作曲家の場合、世紀半ばまで及んだ。ミュジーク・コンクレートの父ピエール・シェフェールは、ロシアの神秘家ゲオルギイ・イヴァノヴィチ・グルジエフの信奉者だった。エレクトロニック・ミュージックの先駆者カールハインツ・シュトックハウゼンは、東洋の神秘主義を研究し、またかつて自分はシリウス星系で音楽教育を受けたとも主張した。

　ということからすると、信念体系としてのオカルトを純粋に語るよりも、オカルトの想像力について語る方が理にかなっている。オカルトの想像力は、それ自身を魔術儀式として表出するかもしれないが、同様にそれ自身を芸術の中の象徴的要素として表出することもある。さらに言えば、キリスト教のテレビ伝道師がロック・バンドの歌詞の中に悪魔の意図を発見する場合のように、オカルトの想像力は、何かが超自然的な目的で動かされていると認知されるときに作動する。意図と認知が融合された場所で文化は創造される。ロックンロールはその肥沃な土壌であり、その場所で、こうした光景は並外れたやり方で展開し成長してきた。そして、ここにおいてオカルトは、文化の極度の均質性に面と向かって慣習へと逆らい、体制へと挑戦し、個人が自身の運命を制御する権力を主張するためのメタファーとなるのだ。オカルトがそれを世界の大洋へ運ぶために川を必要とする潮流であるとするなら、ロックはそれを可能にする荒れ狂う水路である。そして、ロックはオカルトの想像力の中に、慣習に逆らうことを可能にする確かな霊的パートナーを見いだしたのだ。

　結果として、必要とされるのは壮大な物語、そのようなロックを非常に見事に封入する元型を象徴する物語である。全体にわたるメタファーとして物語を機能させるということは、ここでの吟味を神話へと向かわせ、形而上学から離れさせることになる。神々とデーモン、占いと悪魔、魔術とＵＦＯといったことを論じる必要はあるが、私はこれらの事柄が現実であると主張するつもりはない。ただ私が言いたいのは、立証したいと願っていることの根拠として、それらが存続し続けている強力な観念であるということ、またそれらがロック・ミュージックの中でとりわけ強力な表現方法を見つけてきたということだ。そのため、私はオカルトに賛成する、あるいは反対するどんな種類の主張からも離れていく指針とするために、次の偉大な神話の一つを傍らに保持しておくつもりだ。

IV

狂気の神を怒らせるのは最もやってはならないことだが、まさにテーバイの王はそれをやってしまった。ディオニュソスは、自分の女性の取り巻きであるマイナスたちとともに大きな町にやってきた。ワインと恍惚のカリスマ的な神は、自分の母であるセメレの風評への恨みを晴らし、彼自身の神としての生まれを捨て去るためにテーバイにいた。ディオニュソスは、「到来する神」と呼ばれた。どんなに避け、無視し、または追放しようとしても、彼は最終的に人の中に現れるのだ。それよりも昔、ゼウスは——人間たちが寝るのを待って——セメレを自分の恋人として選んだ。セメレは姉妹たちとのおしゃべりの中でゼウスとの熱烈な性交について語った。姉妹たちはからかった。彼が本当に神なのだとしたら、彼はそれを証明すべきだと。セメレは困惑したが、また彼女自身も少々疑わしいと思ったようで、ゼウスに彼の本性を見せてくれるよう懇願した。彼は裸になった神の面前にいることに彼女が耐えることはできないと言って拒んだ。そこでセメレは、欲求不満の神が頼んだことを与えてくれるまで、彼の求愛をはぐらかした。彼女は焼かれて灰になった。だが、セメレは妊娠した。彼女が犠牲になった瞬間、ゼウスは赤ん坊を彼女の子宮から救出した。そして、ディオニュソスとして誕生する日まで、自分の大腿部に縫いつけた。

セメレの家族は、妹アガウエの息子ペンテウスが王となっていたテーバイに住むことになった。ディオニュソスは町に入ってきたとき、自分の叔母アガウエと彼女の姉妹たちを即座に支配した。そして、マイナスやサテュロスたちと踊るために町から丘へと飛び出していく狂気じみた女性たち、すなわちバッコスへと変えた。王は彼女たちを叱責し、ディオニュソスへの崇拝を禁止した。神は自分の司祭たちの一人に変装することで、すぐさま拘留された。ペンテウスは彼を嘲ったが、会話の途中で地割れが起こり始めた。ペンテウスは、マイナスたちやバッコスたちの信仰に唾を吐きかけていたにもかかわらず、彼女たちの乱痴気騒ぎの儀式に心惹かれていたようだ。ディオニュソスは、女性たちを偵察し、彼女たちの秘密の儀式を学び、敵をもっと知るべきだとペンテウスに助言した。そして、女装をしてマイナスやバッコスたちの中に入り混じってはどうかと王に入れ知恵した。ペンテウスは突然押し寄せてくる興奮を呼び覚まされ、女装し、町から出て、女性たちが踊っている場所へと向かった。だが、彼女たちは、彼が誰であるかを確かめると彼を引き裂き、また彼の母は彼の頭部をライオンであると信じてもぎ取った。これはセメレの家族の中の最後の呪いだった。

このディオニュソスの神話の物語の大部分は、エウリピデスによる古代ギリシャの戯曲『バッコスの信女』を基にしているが、これは宗教儀式と演劇の間の関係性を示すために頻繁に使われてきた文学作品の一つである。ロックは、それが演劇であるとは言わないまでも、とりわけポピュラー・ミュージックの神話体系を作り直して究極的に結晶化させた瞬間において、これとかかわりがある。演劇は性役割が流動化しやすい場ではあるが、ロック・ミュージシャンたちもまた、神の見事な狂乱を目撃しようとはやる思いで女装したペンテウスのように、自分たちのセクシュアリティを逸脱し編み上げた。それはロバート・プラントの男性的な優美さ、デヴィッド・ボウイの男女両性的な異星人、ミック・ジャガーの膨らみのある唇、そしてパティ・スミスの男女の区別のない堂々とした態度において見ることができる。

また、ロックはディオニュソスの原理を悲劇的な形でも利用している。ペンテウスは秘密の儀式に正式に招かれてはいないが、隠れて参加することを求める。ペンテウスは生贄なしにスリルを求めるが、神はそれを要求し、そのため彼は破滅させられる。これはロックの繰り返される不運であり、そこでは恍惚の――しばしば陶酔による――誘因力が、狂気や死を含むさまざまな形の悲劇をもたらしてきた。

ディオニュソスの陶酔させる狂気の中で、創造的自由へと向かう人間の衝動が生まれ、かつてロックはそこからその本質的な活力を引き出した。ディオニュソスの元型は、ロックンロールの精神の最初期のルーツの核心に異教が存在するということを明らかにしている。無意識の何らかの働きを通じて、ロックは密儀カルトの古き神々――ディオニュソスばかりかパーンやヘカテのような他の神々――の面前へと向かわせる。そこでは自由と踊りが媒介物となり、それによって人は超越的なものを崇拝し体験する。そう、これらの一連の進行には、ディオニュソス――人が崇拝することを容易に選択できる神ではない神――が取り憑いているのだ。彼は、ドラムだろうが何であれ、手元にある楽器を叩きながら丘を越え、身をよじり、そして叫ぶことを人に要求してくる神である。その演奏が上手かどうかは気にしないでいい。必要なのは、隣人をうるさがらせるのに十分な音量の大きさだけだ。その騒音が一体何なのかを知ろうとして、人々は窓越しから覗こうとするかもしれないし、ことによっては自分たちの髪を長く伸ばし、お祭り騒ぎに参加することだってある。

第一章 （ユー・メイク・ミー・ワナ）シャウト

I

もしギターを弾くことを学びたいなら、真夜中に交差路を見つけ、そこで待つといい。辛抱強く待っていられるなら、暗がりから「大きな黒人」が現れてくるだろう。それはヴォドゥ（vodou）として知られる宗教に、その奇妙な起源があるハイチの神パパ・レグバかもしれない。オリシャという創造神の現れである霊たちから恩寵を得たいのならば、霊界の守護者であるレグバを、まずは敬意を持ってもてなさなければならない。あるいは、それは伝令者であり、トリックスターであり、小道の守護者である西アフリカのヨルバ人の神エシュかもしれない。彼はギターを取り上げ、あなたがそれを弾くとき、ブルースを演奏する超自然的な力が授けられるようにと調弦してくれるだろう。もしあなたがこのことを誰かに話したなら、人々からは魂を悪魔へと知らぬ間に売ってしまったのだと思われるだろう。何ら見返りを求めずに、これほど重要な贈り物を授けてくれそうな者が、実際のところ他にいるだろうか？　人々は言うだろう。

時がきたら、お前はオールド・スクラッチに報いなければならないと。(訳注1―1)だが、おそらく人々は間違っている。交差路で待っているのは悪魔ではない。アフリカからアメリカ南部へと至る長い旅の中で、レグバやエシュはブルースの精神的起源にいる闇のトリックスターである神々を歪曲した。そして、後にロックンロールが自身の狂気じみた企みのために彼らへと目を向けたとき、彼らは自分たちの正当な場所を求めて戦いながら、邪悪なものへとゆっくりと変化していったのだ。

交差路で魂を売るミュージシャンたちの伝説は、オカルトとロックの通俗的な連想にふさわしい創世神話となった。それは一人の貧しい黒人の若者、ロックンロールへの影響として他に並ぶ者がいないロバート・ジョンソンの生涯と伝説へ概して帰されている。彼は並外れたギターの技能を契約によって与えられたが、それと同時に二十七歳での死も運命づけられてしまったのだと言われてきた。悪魔に出会うジョンソンの物語は、最終的に不運で終わるファウスト的な契約というポピュラー・ミュージックの陳腐な寓話になった。奇妙なことにも、元々のストーリーは、ロバート・ジョンソンについてではまったくなく、おそらくミシシッピのブルース・シンガー、トミー・ジョンソンについてのものだった。彼は不気味なファルセットで歌ったが、それはこの世のものではない何かを連想させた。彼はこれを、交差路で悪魔から自分の歌の才能を受け取ったという噂を使って助長させた。そのストーリーは、彼の兄弟のレデルによって不朽のものとされ、そしてブルースの歴史と神話の中へ深く引き入れられることになった。

交差路の伝説は広く普及しているにもかかわらず、ロックンロールの底流の中を泳ぐさらに深いオカルトの傾向の単なる兆しでしかない。これが彼本人に端を発するストーリーでないにもかかわらず、この伝説的ギタリストはブードゥーとキリスト教の淀んだ流れの中を苦労して進んでいた。ジョンソンの最も良く知られている曲の一つ「クロス・ロード・ブルース(Cross Road Blues)」には悪魔への言及はないが、それは悪魔のお気に入りの場所で起こったことを、彼が告白したものと信じられていた。今日、ほとんどの研究者や批評家たちは、これを悪魔と同じぐらいありふれたことについての歌、より良い幸運を求め、そして忌まわしい運命を避けて走り去ろうとする歌だということで同意している。とはいえ、ジョンソンは、いまだ迷信の沼地の中に膝まで浸かっている文化の一員だった。

悪魔は、ユダヤ=キリスト教の紋切り型の物語へ脅威を与えかねない非キリスト教の神のための代役をしばしば務める。そして、アメリカ南部では、ロバート・ジョンソンとブルースの時代に至るまでの百年程の間、確かにそうだった。それは一八二〇年、十九世紀に西アフリカの多くを支配するようになっていたフラニ族の人々に、アジャイという名前のヨルバ人が捕まったことで始まった。アフリカ人たちが他の部族の人々を奴隷として売ることは、一般的な慣習だった。アジャイがポルトガルへと向かっている船で鎖に縛られているのに気がついたとき、彼はわずか十三歳だった。イギリスの奴隷制度廃止派に属する船はポルトガルの船舶を引き止め、船に乗っていたアフリカ人たちを救済することができた。そして彼らは、奴隷制度廃止派のキリスト教徒たちが集まって居住していたシエラレオネに引き取られた。アジャイはキリスト教の宣教師に紹介されて、すぐに改宗した。彼は教会でサミュエル・クローサーによる指導を受けた(アジャイはクローサーの名前にちなんだ名をつけることになる)。そして、一八四三年には叙聖され、

訳注1-1 「オールド・スクラッチ(Old Scratch)」は、悪魔のあだ名。

後に彼自身も伝道者となった。そして、彼は自分自身の故郷で布教を始めた。そこの人々や習慣や言語を彼自身が知っているという点で、そこ以上に良い場所などないのではないか？

サミュエル・アジャイ・クローサーは、自分の意図をしっかりと確実に受け取ってもらうために、聖書をヨルバ族の言葉に翻訳し始めた。だが、課題があった。クローサーは新たな聖書に対して、ヨルバ族の人々に強い興味を持ってほしかった。それが相入れない内容だと思われてしまうのではないかと考えた結果、そこにヨルバ族の人々の真正の文化を苦労して取り入れることにした。この目的のために借りられたのが、ヨルバ族の宗教だった。それがアメリカの音楽文化を形作ることにもなるのだが、彼が排除することを願っていたものも保存してしまうことになってしまった。ヨルバ族の人々には、サタンないしは悪魔《デヴィル》という聖書の言葉と対応する言葉が存在しなかった。そこでクローサーは、少なくとも十九世紀のキリスト教の観点から見て、類似した特徴を持つと思われるヨルバ族の神の名前を選択することにした。それがエシュ、すなわち交差路のトリックスター神だった。

クローサーの巧みな策略は計り知れない結果となった。アフリカの宗教は口頭で伝達されていたため、この新たな悪魔の衣装を着たエシュが、正確にどういった経路で大西洋を渡る旅をしたのかを正確に跡づけることは不可能である。だが、もしその宗教的信仰を端から端まで辿っていくなら、最終的にアメリカ南部のどこかの交差路で待ち構えているエシュと出くわすことは間違ない。とはいえ、そこに辿り着くときまでに、サタンが彼の地位を占めてしまっているのだが。

ハイチではレグバとしても知られているエシュは、最初にアフリカの外でオリシャとして現れている。ここでアフリカの奴隷たちは、ヴォドゥ（Vodou）という西アフリカのフォン族の人々の宗教に、彼らの所有者であるフランス人のカトリック信仰を混ぜ合わせた慣習ヴォドゥン（Vodun）を実践した。ヴォドゥンとヨルバ族の宗教は、いくつかの本質的な特徴を共有しているが、その中でもとりわけ重要なのは、この世と霊たちの間の仲介者として振る舞うトリックスター神の特徴である。自分たち自身の霊たちがカトリック信仰における聖人たちと同様の機能を果たしている、すなわち病気を治療し、不運に向かっていく進路を変更し、邪悪な性質を持った存在たちを払いのけさえしてくれるとみなしていた人々にとって、この種のキリスト教は申し分なく理にかなっているものだった。そして、オリシャのように、カトリックの聖人たちは各々が自身の象徴、大抵の場合、惑星か動物か、あるいは護符や魔除けと同種のものを持っている。実際、事物の象徴的な類似性に基づき、さまざまなアフリカの霊たちと聖人たちが融合された。

一七九一年から一八〇四年までのフランス人の奴隷たちによるハイチ革命の間、その反乱の精神の核心にあったのはヴォドゥだった。そして多くの人々は、故郷の魔術が自分たちに力を与えてくれるものと信じていた。自由の身の黒人、奴隷、奴隷所有者たちの多くはルイジアナ州へと逃げた。それによって、そこですでに膨れ上がっていた黒人の人口を、さらに増加させることになった。ヴォドゥの複雑な諸側面が、キリスト教福音主義、ヨルバ族の宗教から形成されたオカルト的な慣習、そしてヨーロッパの迷信などを含む別の信仰や慣習が入ったシチューと混ざり合った。これらの諸要素が一つになることで、ブードゥー（voodoo）として一般的に知られるものができあがった。

奴隷たちがルイジアナ州にヴォドゥンを持ち込む前でさえ、すでにアフリカ人の神々はヨルバ族の超越的な創造神（オロルンとして知られる）との重要な仲介者となり、さらには悪魔やサタンそのものにまで降格し始めていた。アフリカの宗教に関する西洋の見解は、恐れと人種差別によって濾過されていた。科学者を自任していた人々でさえ、奇妙な人間ではない生き物を研究しているかのように、それらの人々を眺めた。一八四九年、アメリカ植民地協会会員のデイヴィッド・クリスティは、オハイオ州下院で「アフリカの植民地化についての講義」と題した講演を行った。その中で彼は、奴隷貿易に反対し、その代わりに「アフリカを文明化しキリスト教化」することを提案した。ことあるごとにクリスティは、彼らの信仰が迷信に基づく野蛮なものであり、キリスト教による浄化が必要であると述べている。アフリカのトリックスター神とキリスト教の悪魔の巧妙な心理的融合とアフリカの宗教を後進的に描き出そうとする意図的な試みの狭間において、当然のことながら、アフリカ系アメリカ人たちには、自分たちが新たに採用したキリスト教とアフリカから生き残ってきた物語や民話の間での困難な折衝があった。音楽は、その境界線を明瞭に引くことができる場所になった。つまり、教会の内部には約束された救済の音楽があり、教会の外部には悪魔の潜む音楽がある。アメリカ南部では、伝えられてきた伝統から悪魔を切り離すことが難しかったため、特定のオカルト的な慣習が続くことになるが、その一方で耳打ちや噂話を通して本物の魔術が広まった。全てのオカルト現象と同様、噂されたこととは対照的に、実際に実践されたことを追跡しようとすることには困難が伴う。

アメリカ南部では、霊の召喚、呪文、グリーグリー――護符として役に立つ陰毛や骨のような物を入れる小さな袋――について、人々は声を潜めて話をした。また、幸運のお守りを作ってもらうこと、あるいは害悪を撃退するのを助けてもらうために、誰かにお金を支払いさえすることもあった。彼らのキリスト教は、別種の信仰の中にある力を人々が受け入れていくことを妨げはしなかった。たとえそのような慣習が実際の教会関係者の内部で容認しえないものであったとしても。また、ブードゥー教は、直接的かつ自発的に人の状態を変えるための方法も提供した。アルバート・J・ラボトーは『奴隷宗教』という見事に書かれた本の中で、霊の召喚(魔術)は、キリスト教がそれを禁じているにもかかわらず、奴隷にとって非常に魅力的だったのはなぜなのか、という理由を次のように説明している。「霊の召喚は不可解な悪を説明するための単なる理論だったのではなく、悪に対処するための実践でもあった」。南北戦争後の南部では、ブードゥーの慣習が引き続き見られたが、アフリカ系アメリカ人の多くは、それに名前を付けて呼んでいなかったようだ。民間信仰は、あまりにも慣れ親しまれ、あまりにも習慣的になると、それらはなくてはならない単なる生活の一部のような世俗的なものに見えてくることもある。

教会に準拠しないものを疑い、概して世俗的な音楽を胡散臭く思っていた南部のキリスト教徒にとって、ブルースは、アメリカの黒人のアイデンティティが教会に堅く結びつけられていなければならないという考え方に挑戦する紛れもない猛攻撃であり、暴風雨だった。そもそもの最初からブルースは悪魔の音楽とみなされていたが、教会の主な音楽がゴスペルとなっていた時代には、その神聖な音楽に対して真っ向から衝突する世俗の娯楽とされた。ブルースは、救済、信仰、贖罪ではなく、世俗的な事柄と関連していた。その音楽の基礎の多くを奴隷の精神性から借りていながらも、ブルースは野原で歌われる歌、また列車に乗って口ずさまれる歌と心情的に合致していた。とりわけ南北戦争後には、労働は教会の戯言と関係がなくなり、黒人たちが奴隷となっていたときの神学的含意、すなわち自分たちの労働が天の救済で報われるという含意はなくなっていた。自由になった黒人たちにとっての労働歌は、労働が熱い太陽の下での明らかに純然たる骨折り仕事だということに関して率直だった。「ああ、俺は宗教に入信し教会にいることは間違いない/俺はブラックジャックの説教師になるよ。そうすれば、働かなくてもよくなるだろうな」。

ブルースが発展するにつれて、教会からさらに自由になり、主題としてセックスや恋愛関係が好まれるようになった。より露骨な曲を披露したのは女性のアーティストだったが、それらはどれほどブルースが個人的な媒体であるか、そして性別の位置づけに関するキリスト教の理想に準拠する必要などないかをもっぱら強調していた。例えば、デルタ・ブルースのシンガー、ルシール・ボーガンの一九三五年の歌「シェイヴェム・ドライ（Shave'em Dry）」は、女性の持つセックスの力を示しただけでなく、ブルースは黒人たちの音楽であるが黒人の教会音楽ではない、と砂地に明瞭な境界線を引いた。「私のおっぱいには親指の先ぐらいの大きさの乳首があるわ／両足の間には、死んだ男でも、いかせられるものがあるのよ」。ほとんどのブルースは、これほど性的に露骨ではないとはいえ、感情をあけすけにして愛の獲得と喪失を率直に扱っている。作家で詩人の今は亡きリロイ・ジョーンズ（アミリ・バラカの名で知られる）は、希望や苦しみを単なる偉大な宇宙的ドラマの一部ではなく、より地上に根差したものにすることで、奴隷の歌を人間味溢れるものにしたのがブルースなのだとつまびらかにした。また、苦しみが人に降りかかる単なる悪運であるとしても、不運の原因を突き止められさえすれば、それに対処する術があるとブルースはしばしば示唆する。ブードゥーは、求めることのための能動的な行動や意志を黒人の精神的アイデンティティの中へ刷り込んだ。しかしながら、しばしば個人が求めることは、神の意志に反していた。例えば、ギターを弾く才能をあまり持っていないとしても、まあ、それこそが神から分け与えられた技能なのだ。そこでは裏で何らかの取引をさせてくれることはなかった。

逃げた恋人のことで悲嘆に暮れていても、イエスは助けてくれないが、ジョシュア・ジョンソンの歌にあるように「ジプシー女」が助けてくれるかもしれない。「そんで俺はジプシーのところへと行って即座に金を置いた／俺は言った。『俺の女を連れ戻してくれ、さもなければ、どうか俺の頭から女を連れ去ってくれ』。仮に配偶者が浮気していたとしても、恋人の考えを変えてくれと神に頼んでもしょうがない。キリスト教の仲間たちに冷ややかな目で見られるような方法ではあるが、干からびた手に似た蘭の根――モジョの手として知られる――が助けてくれるだろう。「俺はルイジアナへと向かう。モジョの手を自分のものにするために／この陰口をたたく女どもが、俺のダチを奪おうとしているからな」。神の許らいだったとしても、自由は人生を必ずしも楽にすることを意味しなかった。いまだに仕事を見つけることは困難だった。わずかなお金のための単純労働は、ギャンブルが単なる気晴らし以上のものになっていたことを意味していた。それは事態を好転させられるかもしれないという希望となった。そしてブードゥーは、利益となる方へ確率を揺れ動かしてくれる可能性があったのだ。「そいつは俺に幸運の茶をくれて言った。『冷める前に飲め』／そいつは俺に幸運の茶をくれて言った。『冷める前に飲め』／そいつは言った。『そいつを明けても暮れても飲んで、お前の不運な魂を呪え』」。

しかしながら、ブードゥー教は幸運を不運にする原因になることもなった。「俺は信じている。誰かの行ったブードゥーが俺を貧しくさせた／俺は信じている。誰かの行ったブードゥーが俺を貧しくさせた／俺が選ぶ全てのカードは最初に打ち負かされるし／ダイスは二、十二、三以外を出してくれない」。また、浮気している恋人を誘い出しているのがブードゥーである場合、ブードゥーは役に立たない。「さて、あんたの女の様子がおかしくなり始めて、遊び回り始めたら、誰か他をつかまえた方がいい。その女はあんたに肘鉄をくらわすために身支度しているからな／なあ、その女をできるだけさっさとあきらめてしまいなよ／ブードゥーの小娘は、ブードゥーの男にブードゥーをかけるからな」。ブルースが南部から抜け出て、北部の町々へと入っていくにつれて、より良いことがやってくるという期待を抱くようになり、迷信やオカルト信仰は古着のように脱ぎ捨てられた。産業があった場所では、おそらくより多くの仕事があった。そして、これは年老いた魔法使いが吐き出した呪いについて、憂慮する時間が少なくなることを意味していた。

悪魔がジョンソン自身にとっての自己アイデンティティの一部ではなかったということは、音楽批評家や歴史家たちの間で一致した意見となっている。にもかかわらず、彼の伝説は残っている。ブルースの歴史家エリヤ・ウォルドが述べているように、「彼の作品の中の地獄や悪魔による苦悶の局面が、彼自身にとって特に重要だったとか、あるいはフライアーズ・ポイントの街路に集まった人々によって、そういったことが口にされていたとかを、彼の友人や知人たちの誰もほのめかしていない」(訳注1―2)。伝説が存続しているという事実は、それ自体で価値がある。ロバート・ジョンソンの悪魔との出会いが文化の交差路になっている。そこはオカルトの全ての道が集まる場所であり、オカルトが音楽とロック・カルチャーの中で、それ自身を啓示し続けていくだろう地点なのだ。その音楽自体は統合の産物であり、それを主として構成しているのが、霊の憑依、占い、共感魔術など、その全てがキリスト教の規範に反するもの、つまり今日私たちがオカルトと呼んでいることをまさに含んでいるアフリカの宗教実践から直接由来するリズムや声の表現なのである。

最も重要なのは、社会の周縁にいる人々、あるいは凝り固まった慣習を否定する人々へと強制的に押しつけられたものの中に、オカルトの力が存在していると信じられていることだ。ブルースは教会の音楽ではないという理由によって、その中では悪魔が呼び起されると信じられた。だが、ジョンソンの人気こそが、アフリカ系アメリカ人の音楽、アウトサイダーたちのミュージシャンシップ、ブードゥーの形での実際のオカルト信仰、それらの間の複雑な関係性に顔と名前を与えることになったのだ。

ロバート・ジョンソンの伝説は、いまだ心の中での真実を鳴り響かせる力を持っている。人が目に見えない力と戯れているとき、その意図が何であれ、ひょっとするとキリスト自身以上の存在感で、常に悪魔がすぐそばにいる。悪魔があまりにも近くにいるからこそ、人は闇夜にハイウェイの交差路で、たまたま彼と出会うこともあるだろうし、特別な能力を求めて自分の魂を密かに交換することだってできる。パパ・レグバの霊は、あたかも永遠に忘れ去られてしまいかねないことを知っていたかのようだ。そして、ただロックンロールの中で確実に登場し続けられるようにするためだけに、サタンとしての新たなアイデンティティを採用したかのようにも思われる。完全に忘れられるよりかは、悪魔という存在で非難された方がまだましだとでもいうかのように。

Ⅱ

一九五六年、エルヴィス・プレスリーが『エド・サリヴァン・ショー』に現れたとき、カメラマンたちは、彼の股間と回転する腰を目立たせないようにとショットの角度の位置合わせで残業した。だが、懸念

訳注1-2　フライアーズ・ポイントはミシシッピ州の街。その街のハースバーグズ・ドラッグストア前のポーチでロバート・ジョンソンは演奏した。

されたのはプレスリーの強壮さの誇示だけではなかった。ロックンロールに反対する初期の論争の多くの起点となったアメリカのペンテコステ派は、常軌を逸した性的暗示は何であれ、悪魔の影響力への招待とみなす。皮肉なことにもエルヴィスは、ペンテコステ派の一派であるアッセンブリーズ・オブ・ゴッドという環境の中で育った。ペンテコステ派の教会は、信者たちに音楽、踊り、異言を語ることを通して、神との直接的つながりを得ることに努めるよう求めていた。この手本は、アフリカ系アメリカ人の教会から直接採用された。これは白人のキリスト教徒たちからは深い疑念でもって見られていたが、黒人の信徒たちは、その起源が好ましくないものであったとしても、神聖なる目的に使うことができる礼拝の方法を持っていた。初期のペンテコステ派の教会のある指導者は、「このまごうことなく善きリズムを取ることを、悪魔が認めているわけがない」と断言したという。白人の教会は黒人の教会の中に異教のアフリカの名残を見たが、黒人の教会はブルースの中に悪魔を見た。そして、誰もがペンテコステ派を悪魔に取り憑かれていると見た。彼ら全員が同意できた唯一のことが、ロックンロールは意図された悪事であるということだった。そのまさに始まりから、ロックは悪魔の目論見を連想させた。ロックは、その歴史を通して、この仄めかしを受け入れることもあれば、異議を申し立てることもあった。教会通いをしていたエルヴィスは、なおさらに押し返した。

エルヴィスは、これらの矛盾を指摘することに尻込みしなかった。長年の友人ラリー・ゲラーとのインタヴューで、エルヴィスは、業火の苦しみを説く説教や「飛び跳ねて、足を踏み鳴らし、熱狂へと至るまで自身の気持ちを高ぶらせていく」集会の活力や恍惚を懐かしく思い出している。まさに同じ教会が、サタンへとにじり寄り、アメリカの若者を堕落させているとエルヴィスに宣告した。「奴らは俺が『物議を醸している』と言ったものだ。それに、俺の音楽が下品で、俺が子供たちを地獄に導いていると言った説教師も実際にいたよ。奴らは俺のレコードやアルバムを焚火で燃やしさえした。想像できるかい？　俺がやったことは全部、自然に起こってきたんだ――俺が小さな子供だったときに教会で学んだこと、つまり音楽に合わせて自分の体を動かすということさ」。キリスト教徒たちが――間違いなく無意識にではあるが――認識できたことは、エルヴィスの音楽の中にある深い非キリスト教的なものだった。一方には、ブードゥーの呪いがかかっているバイユーの沼地を経由してきたブルースやルーツ・ミュージックがあった。(訳注1―3)他方には、非キリスト教のさらに深い影響があったが、それは自分たち自身の教会の音楽や礼拝の中で聴いて感じることができるものだった。それはアフリカの霊を召喚する集団の詠唱の中で生まれた叫びのサウンドであり、またロックンロールのオカルト由来の複数の血統をつなげたものだった。

奴隷たちは、古き神々と自分たちの儀式に結びつきを与えた自分たちの遺産を保持するため、そもそも可塑性のあるキリスト教とアフリカの宗教の慣習を融合する方法を見いだした。アフリカの部族たちの宗教の中で、神々と霊たちは人生のあらゆる面に浸透していた。全ての木、石、川は、単に霊で満たされているというよりも、むしろ霊の真の現れであるというアニミズム的な伝統が、彼らの宗教にはあった。多くのアフリカ人にとって、至上の神は超越的であり、祈りに答えてくれることも、懇願に応じてくれることも、治療してくれることも、その他の形で人間と交流してくれることも、まったくもってありえなかっ

訳注1―3　「バイユー（bayou）」は、アメリカ南部の大河の支流から河川や湖に向かう淀んだ流れのこと。

た。仲介者となったのは、大概が雑然とした神々や霊たちだった。それらは霊の憑依、動物の犠牲、神託と関連する複雑な儀式を通して召喚され、制御された。アフリカの崇拝の形式は、それを駆動する力としての音楽を伴う儀式を通じて、あらゆる信仰が表現されたため、「踊りの宗教」と言われてきた。

奴隷たちは、輪になって踊って歌うという決まった形を、大抵の場合、秘密の人里離れた場所である森や「静寂の港」として知られる私的な屋外領域での集まりで行ってきた。通常、白人たちは、この慣習に反対していたので、奴隷たちはそれを秘密にするために、大きなバケツを水で満たして物音を受け止めさせるか、あるいは室内の場合であれば、天井から洗面器を吊るし緩衝材として機能させた。教会の規定した時間や方法以外で礼拝を行うことは疑いをかけられたが、叫び声は特に勘ぐられた。叫び声は、キリスト教によって奴隷の意識から浄化されるべき悪魔的なアフリカの儀式と類似していた。そして、それがこすり落とされていなかったとしたら、それは奴隷所有主や牧師たちが十分に勤めを果たしていないということを意味していた。ある目撃者が叫び声について次のように述べている。「そのような真の宗教の言語道断の背徳を、宗教の名において、どうして容認し大目に見ることができようか！　だが、不道徳が糾弾されるのは、ほんの時たまでしかない」。

奴隷たちにとって、輪になっての叫びは、主人や白人の教会、あるいは聖書のどんな解釈も介在しない神との関係性という意味での最も重要な象徴となる瞬間を生み出した。神はどこにでも、大農場の真ん中にでさえ現れる。そして、叫びは望みを伝える人間の声であり、踊りは鎖から自由となった両足の動きなのである。

輪になっての叫びは、大地からわずかに浮かせた足を互いに近くで平行させて動かすという、それ自身に内在する制約がある。喜びに満ちた恍惚が解放されるのは、胴体、両腕、頭部においてである。手を叩き、手を振って、目は天を見上げる。だが、エネルギーが高まっていくにもかかわらず、足の動きによって抑制される。肝要なのは両足が決して交差することがないということだった。もしそれが踊っているように見えたならば、悪魔自身の足が参加してくるかもしれない。この踊りに関する恐怖は、非常に深い流れの一部として存在し、奴隷の共同体の内部と外部の両方の力によって、奴隷のフォークソングは――黒人霊歌《スピリチュアル》とは対照的に――ゆっくりと根絶された。

奴隷制度の初期の時代、大概の場合、主人は自分の奴隷たちに社交的に活動することを許していたが、そこには当然のことながら音楽や踊りが含まれていた。だが、これは白人たちから常に抵抗なく受け入れられたわけではなかった。多くの奴隷所有者たちは、ドラムなどの打楽器が反乱の呼びかけとなると信じ、それらを禁止した。福音派教会の白人の共同体にとって、踊りは性的欲望を映し出すものであるだけでなく、奴隷の過去、すなわちアフリカで異教徒だったこととあまりにも酷似していた。早くも一六六五年、バージニア州のモーガン・ゴッドウィン牧師は、自分が目撃したことによって、ぞっとさせられた。奴隷たちの踊りは「野蛮でキリスト教信仰に反して」いたのだ。

強烈な改心の体験をしたことのある奴隷、あるいは教会に属して育った奴隷たちでさえ、これらの考え方を内面化し始めた。かつてアフリカ人やアフリカ系アメリカ人たちは、世俗の踊りと神聖な踊りの間を区別などしていなかった。だが、一八〇〇年代半ばまでには、キリスト教の権威側からの圧力が、決定的に重要な影響を振るい始めていた。一八四八年の「ジョージア州リバティ郡の黒人のための宗教指導」の報告書では、教会が奴隷たちや踊りをどのように考えていたかが極めて明白だった。「彼らの踊りは、ふさわしくない時間にまでだらだらと長引くだけでなく、ふしだらで破廉恥であり、不道徳な目的のための盛り場となることがあまりにも多い」。キリスト教徒である奴隷たちも、この見解を採用し始め、さらに自分たちや主人たちのために踊りを伴奏するのに演奏した人気の楽器だったフィドルの使用さえ否定するに至った。

フィドル自体は、ただでさえ胡散臭い気晴らしとされていた踊りを特に助けるものであったため、そもそも悪魔にとって非常に有益な楽器だと考えられていた。だが、多くの奴隷たちに対して、フィドルは他のものでは決して望むことさえできない報酬を与えていた。ある奴隷が述べているように、フィドルを弾くことは「畑での数日間の労働から、自分を解放してくれた」。また、それによって奴隷たちは旅をすることも、靴や煙草のような基本的な必需品を手に入れるための技能を得ることもできた。フィドルの演奏者にとって、神の気分を害さないようにと自分の楽器を断念することは、大きく心を引き裂かれることに等しく、さらに世俗の音楽と神聖なる音楽の間の分裂を促進した。

一部の奴隷たちにとってキリスト教の影響は強力だった。「教会に加わったとき、自分のフィドルを焼き払った」とある奴隷は述べている。フィドルを破壊することは、深い象徴的な行為だった。フィドルによって活気づけられた踊りは、奴隷たちによって生かされ続けてきたアフリカの真の伝統の一つだった。多くのアフリカの伝統では、世界全体が霊的軸を回り、あらゆる次元に神の目的が吹き込まれている。ならば、どうして生命の一部を、石、動物、植物全ての中の霊から切り離すことができるというのか？　とはいえ、アフリカの人々は、暴力によって故郷や伝統からもぎ取られた。それが作り出した空虚は、奴隷制度を神の意志だとみなしていた白人のキリスト教徒たちによって苦もなく埋められた。絶望的な異国の土地の中で、キリスト教が希望となったのだ。だが、静寂の港での囁きを通してであれ、あるいは単に数世代の記憶の中にコード化された形においてであれ、奴隷たちは人間であること、踊ることへの衝動を保ち続けるための方法を見つけ出していた。叫び声が、二つの世界の架け橋だったのだ。

神々とその名前は、世代を重ねるごとに見捨てられたか、あるいは忘れ去られたが、それらが崇拝されていた方法は、奴隷たちの精神的ＤＮＡの中に深く刻み込まれていた。その遺伝標識が最も顕著だったのは、叫び声だった。今日、叫び声に耳を傾けてみると、キリスト教の奴隷の教育が、いかにして霊の憑依、魔術、占いの中でその表現が見られる宗教の音や身振りを合体させてしまったかということを、古代の部族のリズムと聖書の教えを主題とした歌詞の間の緊張関係が強く思い出させてくれる。それは白人たちをまさしく支配するものであり、教会が単に従順さや服従を植えつけるだけでなく、悪魔を奴隷船に乗せないようにするため、奴隷からまさに追い出そうとしていたものだった。アフリカ人とともにやってきたのは、悪魔と同種の何かであったとはいえ、悪魔ではなかった。それは遥かに古い霊だった。

アフリカの踊りの神学とキリスト教徒の奴隷による輪になっての叫びは、人間と神の風変わりな相互交流を表したが、一方で叫びの機構やリズムは、深くアフリカ的であり、生き生きとした非キリスト教的な霊性を反映している。重要なことにも、輪は反時計回りに動く。それは、霊の世界が円の中を永遠に動くというアフリカの宇宙論へとおそらく由来する伝統である。そこには人類の歴史を弧の形の中で終わりにする最後の黙示録やキリストの再臨は存在しない。ジョン・マイケル・スペンサーが説明しているように、「むしろ人は、この世の霊として始まり、死後も続いていく命のために霊の世界へと帰っていく」。このサイクルは決して終わらない。奴隷にとって叫びとは、自分自身の魂の行為を自身の起こした結果とみなしながら、神へと従うという方法である。主人が彼らの運命を決定するのではない。奴隷は不滅の宇宙の形状に沿って進み、白人の誰も止めることや制御することができない力に従うのである。

神々によって襲いかかられる——憑依される——という信仰を認めていたアフリカの伝統の中では、霊の世界の力が非常に劇的に顕現する。打楽器と踊りは霊が自らを現す手段であり、また各々の霊はそれ自身の名前と人格を持っていたため、どの霊が顕現したかに関しては踊りの様式が手がかりとなる。叫びと踊りは、礼拝者が「神によってのしかかられている」ということの結果である。神が人に宿るとき、その人自身のアイデンティティは包み込まれてしまう。

アメリカ南部ではドラムが禁止されていたため、奴隷たちは手を叩くことや足を踏み鳴らすことを頼りとした。キリスト教徒である奴隷を支配したのは聖霊だったが、単にそれはそれ自身を知らしめようとするだけだった。それは神々の声ないしは神の声ではなく、むしろ支配されることのない完全な自由を讃える声だった。だが、アフリカの伝統と同様、奴隷集団の礼拝は共同参加的だった。それは、その影響が及んだポピュラー・ミュージックのあらゆる形式、とりわけロックンロールにまで広がった属性だった。輪になっての叫びに関する別の本質的な面は、宗教的儀式だけでなく、畑で繰り返し歌われる労働歌でも用いられる方式、つまりコールアンドレスポンスにある。それは、集団がそれを通して行っていることに合意するための方法である。そして集団は合意を通して、共通の現実に縛られる。それは叫び声と行ったり来たりするリズムを経由して伝達されることとさえある。プランテーションで働きながら一人の奴隷が歌い始め、次に他の人たちがその一節を繰り返す。それは神聖な内容だけでなく、もっと反体制的な考え方、例えばこの世の自由という天の救済とは関係がない希望を伝達するためにも使うことができた。輪になっての叫びでは、コールアンドレスポンスが歌を束ねるように機能し、応答しやすい繰り返しは寓話の教訓、すなわち物語の細部を越えた意味のように、価値あるものを提示する役目を果たした。

激しい動きのある叫びの歌「アダム・イン・ザ・ガーデン」――神がアダムを見つけられなかった理由は、彼が禁じられた果実をかじるという決定的な行為の後、自分が裸であることに気づいて恥ずかしく思って隠れていたからだと、ユーモアを込めて元の物語が伝えていることを説明する――では、リーダーが「おお、イヴよ、アダムはどこにいる?」と掛け声をかけると、応答者たちが「葉を拾って!」と歌う。輪を移動しながら、あたかも応答者たちは足下から葉を拾い集めるかのように腰を曲げる。叫び声は、恥や罪を力説しないし、口にすることすらしない。こうした物語の解釈の仕方は、叫び声の中の固有の特徴となっているが、さらに輪になって踊る人たちは、人間であることと関連したより重要なこと、自分たちの威厳を保ち続けるために果たさなければならない最も根本的な役目からなる日々の務めに関することを伝えようとしていた。叫び声は、奴隷たちの仕事を、畑で常に腰を曲げていることを反映している。神はアダムがどこにいるかを知っているのと同様、神は奴隷がどこにいるかを知っている。その極めて重要なつながりを維持するために、奴隷はプランテーションで腰を曲げ、声を抑えて歌う。ここには巧妙な形での精神的な反逆が存在する。奴隷の叫びは、生き延びるためにしなければならないことを行うことを誰も恥じる必要などないのだということを言うために、古代の非キリスト教の礼拝形式を通して語りながら、聖書の物語を使っている。この叫びの中にロックの胎児の心拍、すなわち権威によって決定されることのない精神的アイデンティティを求める果敢な反逆の叫びで時々句読を切られながら、ドラムビートによってキープされたテンポと一体となって旋回し続けるリズムを聴き取ることは容易いことだ。

こうした古くからの歌や音楽的特徴、そして神々とつながるための儀式は、キリスト教徒の振る舞いを採用したアフリカ人たちによって演じられているものの、そのまさに表現においてはキリスト教以前のものになっている。なぜなら、彼らは魔術の方法――トランス、占い、霊の憑依、踊り――を採用し、神と直接的に接触しようと努めているからだ。これは魔術と宗教が切り離されていなかった時代の最も古い宗教の形式である。そこでは神話が、色彩豊かでしばしば野蛮な衣装、歌、踊りを融合したものを通して伝達されていた。それは真実を伝え、浮かれ騒ぎ、嘆き、神々へ何かを捧げ、そしてそうしたことを一緒に行うための原始的かつ共同体的な方法である。この種の自由や自己表現のための熱望が、私たちのロックンロールの精神の最初で最古の明滅する光なのである。

アメリカ音楽で最も影響あるものの一つとなる音楽の形式である黒人霊歌は、畑や教会での輪になっての叫びで歌われる労働歌から生まれた。黒人霊歌からゴスペルが生まれ、そしてゴスペル自体はアフリカ系アメリカ人の教会だけでなく、白人の教会でもすぐに不可欠な要素となった。世代を重ねるごとに、叫び声や黒人霊歌と関連する意図的にアフリカ的だったものは何であれ、最終的に失われた。だが、リズムやスタイルの形式は残った。さらに重要なことを言えば、その音楽に内在する精神的反逆は、その表現をアフリカ系アメリカ人の音楽のあらゆる形式の中に絶えず見つけ続けてきたということだ。それはすぐにゴスペルからブルース、最終的にはロックに至るまで、アメリカのポピュラー・ミュージックの分岐を蛇のようによじ登り始めた。そうなったことで、それはポピュラー・ミュージックを、お決まりものから持ち上げるための手段、また音楽にできることは何か、どうあるべきで、どうなりえるのかという見解へと挑戦するための手段を与えることになった。ペンテコステ派は、アフリカ系アメリカ人の教会の音楽と礼拝のスタイルを接合した。かつて悪魔を扇動すると考えられていた叫びやその他の恍惚へと至る体験は、ペンテコステ派によって、神の霊で満たされるための真正の反応であると主張されるようになった。だが、主流の教会は、たとえ白人が叫び声を発する場合であっても、そのような行為を礼拝の形式として認めなかった。キリスト教の主流派の内部では、ペンテコステ派の動向が悪魔の秘密の集まりによるものだと信じられていた。

エルヴィスは、本人がその中で育った教会を含め白人のアメリカ人に対して、彼らが非常に恐れていたもの、すなわち悪魔自身の計り知れない欲望としてのセックスを運んできた。この恐れにもまた根深い人種差別があった。多くの人は、ロックの最も強力で危険な点は、アフリカ系アメリカ人の音楽にそのルーツがあることだと信じていた。ロック・ミュージックは部族的で、その核心は異教的であり、蛇がイヴを誘惑したように白人のティーンエイジャーを誘惑するだろう。ロックはセックスに等しい、と。一九五七年のランバート・スカイラーとパトリシア・スカイラーの著書『そのベッドルームのドアを閉めろ！』の中で、著者たちは、政府に支援を受けている黒人男性たちの間には、白人の女性たちとセックスをするための陰謀があると主張している。陰謀は根深いものになっていく。黒人たちは、ロックンロールへ若者たちを熱中させようと、自分たちの「ジャングル音楽」を叩き込んでいる。これは単なる邪悪な目的のための手段にすぎない。「［ティーンエイジャー］は、それに熱中するよう教え込まれてきたが、決して気づいていないのは、このひっきりなしのニグロへの注目が、彼のひどく不快なラヴソングや品のないリズムとともに、人種間の密接な肉体接触へのまさに心理的な準備になっているということだ」。

しかしながら、エルヴィスよりもずっと前から、ポピュラー・ミュージックへの恐れは沸々と煮え立っていた。南北戦争後のアフリカ系アメリカン人の教会は、至るところで悪魔を目にしていた。特に世俗の音楽と踊りは同意しかねた。だが、悪魔を寄せつけないようにする目的で、いまだ信徒たちは奴隷たちによって導入された礼拝の方法、歴史家のアイリーン・サザンが「手拍子、足踏み、コールアンドレスポンス、リズムの複雑なもの、不変のビート、メロディの即興、ヘテロフォニー的な基調、打楽器の伴奏、輪になっての叫び声」と呼んでいる方法を使っていた。これら新興の教会の大きな皮肉は、そのような音楽的な要素が、かつては霊を召喚し、病気を治し、未来を占うために使われていたということだ。さらに強烈な皮肉と言えば、かつて悪魔を奴隷たちから何としても叩き出さなければならないものとみなしていた白人の教会で、どれほどこれらが広く行き渡るようになったかということだ。

リトル・リチャードは、まさにロックを悪魔の音楽と呼んでいた教会の音楽とロックの関係性内部の根底にある葛藤を体現した。リトル・リチャード（生まれはリチャード・ウェイン・ペニマン）は、あらゆる世俗の音楽の形式をイエスの教えと対立するとみなす終末論的な神学を持った宗派であるセブンスデー・アドベンチスト派の中で育った。彼はゴスペルを演奏し歌って育った。そして、自分自身の名を世に残そうと家を離れる頃までに、最初の反逆行為となるブルースへとすでに惹かれていた。彼は自分の曲の中に、必ずしも首尾よくというわけではないが、徐々にロックを組み込んでいった。だが、一九五五年、もともと性的に露骨な「トゥッティ・フルッティ（Tutti Frutti）」というブルースの曲を、自身の音楽的才能を華やかなスタイルで表現するための手段へと変えた。リチャードは立ったままピアノを叩きまくって演奏し、オーディエンスへと肩越しから茶目っ気を含んだ輝く目を向けた。自分の家族の教会が、自分の音楽や社交的な性生活のスタイルをどう思うかを分かっていながらも、彼は自分の心の中にある音楽を演奏した。『ローリング・ストーン』誌との一九七〇年のインタヴューで、彼は自分のロックンロールによる昔のブルースの曲の解釈となる原点を次のように説明している。「そうだな、俺が教会のためにピアノを弾いていたのは知ってるだろう。あの黒人霊歌、「ギヴ・ミー・ザット・オールド・タイム・リージョン」は分かるよな。ほとんどの教会は、ただこう言うだけだ。［歌う］「あの古い昔の信仰を授けてください」。だけど、俺は言った。［歌う］「あの古い昔の「まさにすげー」信仰を授けてください」。分かるかい、俺はそうしたちょっとしたものをそこに入れたのさ。俺はそういったものをいつも持っていたけど、自分が持っていたものをどう扱うべきか分かってなかったんだよ」。もちろん、その「もの」とは、叫び声のことだ。それは主流の教会の一部になるにつれて変化させられたが、アメリカの宗教音楽の活力源として、その表に顔を出さない部族の異教の過去として、ロックンロールへ向かってその道を忍び寄る反逆の衝動として、おそらく残っている。しかしながら、リトル・リチャードは自分に呼びかける古き神々を感じることができたにもかかわらず、まさに多くのキリスト教徒と同様、その反逆の感情を悪魔と呼んだ。一九五七年、リチャードは近づいてくる終末のヴィジョンを見た。『ローリング・ストーン』誌が「彼の成功の最高地点」と呼んでいた時期に、彼はロックンロールを離れ、教会に戻った。その後の数年間、彼はロック・ミュージックを非難した。「俺の仕事は主のためにあり、俺は自分を主に捧げてきた。悪魔の歌、女性の歌、夜通し大騒ぎする歌、ロックンロールと関連する他の邪悪な歌など、俺は自分の過去の人生と関連する全てのことを放棄したんだ」。最終的にリトル・リチャードはロックに戻ったが、一緒に自身の信心深さを持ち込んだ。結局のところ、真の救いはロックにあったのかもしれない。「ロックンロールは世界を再び揺るがす準備をしているんだよ。ロックンロールてのは、あれほど手に負えない評判があっても、天上の栄光に合わせて人を踊らせてくれるものだ、思うにそういうことだよ、まさに音楽に起ころうとしていることは」。

Ⅲ

一九五六年の『ワシントン・ポスト』紙のための記事で、記者のフィリス・バテルは、精神科医のジュールズ・ワッサーマンに、なぜティーンエイジャーがロックンロールにそれほど惹かれているのかを説明してもらうためにインタヴューした。「〔ワッサーマンは〕それを「ギリシャのディオニュソスのどんちゃん騒ぎ」になぞらえている。そこでは同じツービートのリズムでセックスの神（プリアポス）と飲酒の神（バッカス）の宴が開催されていた」。ロックを中傷する人たちは、若者のファンたち以上に音楽のオカルト的な面に敏感ですらあった。ロックを異教の儀式とするこの外的な特徴づけは、ロックの歴史の中に登場するオカルトの想像力の完璧な見本であり、それがロックの内的なアイデンティティの一部となり、続く数十年の間、その音楽と見栄えを形成していくことになった。仮に親たちや聖職者たちが、異教主義や部族宗教への自分たちの恐れをロックンロールに押しつけることがなかったのだとしたら、オカルトの想像力に同じような形で火がつくことはなかったかもしれない。それどころか、その進路において音楽を止めさせようと意図したことが、結果として、決して消えることのない大火を起こすことになったのだ。

親たちや宗教の指導者たちからの激しい憤りにもかかわらず、カトリックの若者でさえ、活力に満ちていて重要だと感じる礼拝の手段を、ロックが提供してくれていることを発見した。反抗的なロックの精神は、イエスが神殿で両替商にもたらしたもの、ほとんど屈服し降伏していた権威に対する騒々しい応答とよく似ていた。だが、ロックがキリスト教の礼拝に向けられたときでさえ、大人たちはそれを異教徒の害悪でしかないとし、受け入れることに躊躇した。一九五七年、当時のシカゴのローマカトリックの大司教であるサミュエル・ストリッチ枢機卿は、カトリックのユースセンターではとりわけ踊りや流行しているものなどが推奨されているがゆえ、そこではロックンロールが演奏されることさえも認められないと述べた。信徒たちへの手紙の中で、彼は次にように書いている。「レクリエーション・センターでの一部の最近の踊り方や部族生活への先祖返りを、カトリックの若者たちに容認することはできません……思春期の少女たちと少年たちの間の過剰な親密さは、危険で罪深いものなのです」。陰険な人種差別にもかかわらず、ロックンロールの音楽とリズムで表現される部族的とみなされたことと性衝動の関連は、まさしく正しかった。

結局のところ、それはレコード・レーベルやＤＪにとってさえ、あまりにも行き過ぎだった。ロックンロールには、親たちや教会の指導者たち、またラジオ音楽の重役にでさえ先読みすることができない方法で、国の若者を引きずり込んでいく力があった。唯一の解決策は、デーモンを、間違いなく黒いデーモンを追い払うことだった。その答えの形となったのは、貞節な愛を歌い、腰の下で何かが脈打つどころか、決して大地から足を離すことすらしない白人のキリスト教徒のパット・ブーンだった。(訳注1―4)だが、攻撃は止む

訳注1―4　パット・ブーンは、一九五〇年代から六〇年代初めてにかけて、アメリカでポップ・シンガーとして大きく成功したシンガー。

ことなく、多くの人が「ロックンロール」と呼ばれる流行は、すぐさま一般的な人気を失うだろうと口にした。

「下り道にある『ロックンロール』、三人の専門家が語る」と題した『シカゴ・トリビューン』紙の一九五七年の記事へ応えて寄稿を書いたある人物は、その見通しに感激した。そして、ロックの終焉の結果として、「情緒、愛、ロマンスへと向かっていく風潮が明らかになっている」のを目にして喜んだ。この背後に隠されている意味は、支配的な白人のキリスト教の主流の中へ畳み込まれてしまった異教の世界の多くの地域と同様、ロックンロールの野蛮な部族的リズムによって召喚されたセックスのデーモンが、再び手にしたと思ったほんのわずかな力を失ってしまったということだ。アメリカの若者の魂は救われたかもしれないが、ロックの魂は青ざめ、萎んだ状態となった。

ニューヨークやサンフランシスコのコーヒーハウスやバーでは、作家や詩人たちが自分たち独自の扇動的な運動を作り出していた。一般人が最初に注目したのは、一九五七年に『ライフ』誌が百十二行の自由詩『吠える』の猥褻裁判を取り上げたときのことだった。出版社シティ・ライツのオーナーのローレンス・ファーリンゲッティは、「猥褻で下品な文章や文書や本、すなわち『吠える、その他の詩』を意図的に淫らに印刷し出版し販売する」ための目論見で告発された。一九五五年、詩人のアレン・ギンズバーグは、驚愕する聴衆に向かって、初めて自身の詩を朗読した。『吠える』が十代後半の若者の間の増大する不安へと語りかけたタイミングは完璧だった。彼らは第二次世界大戦後のアメリカ優位の理想主義は夢想に過ぎず、貧困や人種闘争や退屈という憂鬱の中で、郊外を覆ってしまっている体制へと順応する性質によって、自分たちが確実に蝕まれてしまっていることに気がついていた。『吠える』は、性的恍惚や宗教的恍惚、ドラッグ、そして「ケツはセラフィムと同じく神聖である！」という認識への称賛を求めて叫んだ。『吠える』は、モロクの飽くことを知らない欲求へと犠牲を捧げるため、人間の魂を盗んだ企業のマシーンが引き起こした人間性の抹殺に対する攻撃でもあった。(訳注1—5)「奴らの工場は煙の中で夢を見て、しわがれ声をあげている！」。裁判官のクレイトン・W・ホーンは、出版社を勝訴とし、その詩は「社会的に重要なことを取り戻そうとするものを間違いなく持っている」と結論づけた。けれども、裁判の結果は重要ではなかった。社会や宗教の現状へと挑むために、文学、詩、音楽を手段とする動きがすでに始まっていた。

ジャック・ケルアックの一九五八年の小説『ザ・ダルマ・バムズ』の中の語り手レイ・スミスは、無骨で質素な詩人ジャフィ・ライダーを紹介している。ライダーは東洋の神秘主義を熟知していて、菩薩――悟りを開いた導師――は普通の人々の中で見つかると信じている。この二人の作家は、さまざまな聖者、特に非常に多くの苦しみを見て文字通りに怒りを爆発させるほど同情的な観自在菩薩への関心を共有している。ケルアックが労働者階級の仏陀のようなライダーという人物の基にしたのは、詩人のゲーリー・スナイダーだった。彼の作品は、仏教の瞑想と深いつながりがあり、また古代の諸宗教及びそれらが神的なものの表現として自然界を強調していることへの共感的――かつ精神的――な親近性も示している。スナイダーのとりわけ禅を介しての仏教への関心は、主流派のキリスト教教会の押しつぶされたような均質性として多くの人が感じていたものとはかけ離れている精神的アイデンティティの可能性を、他の多くの作

訳注1—5 「モロクMoloch」はヘブライ語の聖書に登場するカナン人の神の名前。十九世紀頃から「モロク」は、過度の犠牲を要求するものの譬えとして使われるようになる。ギンズバーグの詩の中では、産業文明を批判するための偶像として使われている。

家たちに触れさせた。保守的な作家ジョン・ロフトンとの後の会話で、ギンズバーグは自身の詩『吠える』の中で使用しているクレイジーという語を、次のように説明しようとしている。「禅仏教では、ワイルドな叡智、あるいはクレイジーな叡智というのがあるけど、それは手が加えられていない、制限されていない、際限のないという意味でのクレイジーさのことだ」。

東洋の宗教とオカルティズムが、一般にビート・ジェネレーションと呼ばれているものへのインスピレーションの重要な手段となっていくにつれて、これらの作家たちは、フロイトが完全に説明しそこなっていた無意識の霊的性質を理解するようにと他の人々を駆り立てることになった。大学のキャンパスでは、ヘルマン・ヘッセの『シッダールタ』のような小説が読まれていた。そして、ビートの作家たち自身は、同質の魂の持ち主たちとして、シャルル・ボードレールやウィリアム・ブレイクのような洞察力のある芸術家たちを引き合いに出した。

サウンドトラックを提供したのはビバップだった。ジャズ・ミュージシャンたちは、彼らがスウィングとビッグ・バンドの音楽の限界だと思っていたことへと挑戦するための方法を探していた。ミュージシャンたちは、楽譜の代わりに、互いに反応し合いながら、即興を開始した。スタンダードな曲が、実験のための遊び場となった。研究者クリストファー・ゲアが説明しているように、ビバップは優れた技能と自発性を、素晴らしい結果へと結びつける方法を示していた。また、ビバップは、「[ビートたちを]自分たち自身の作品へ深い影響を与えることになるアフリカ系アメリカ人の文化や伝達手段へと向かわせた」。ビートたちは、自分たちの実存的かつ精神的な不安の反映として聴いていたビバップの複雑なリズムを、自分たち自身の散文や詩の中へ吹き込んだのだ。ビバップという伝達手段以上に、即時的で直接的な精神的体験のための熱望を表現するための方法はなかった。とはいえ、その後すぐの一九五〇年代のカウンターカルチャーでは、アメリカの田舎の場所からのおぼろげなエコー、すなわちギターをかき鳴らし、マーダー・バラッド、黒人霊歌、ヒルビリーの旋律、ブルースの曲を歌う幽霊たちのサウンドと出くわすことになる。

ニューヨークの悪名高いチェルシー・ホテルの常連のフィルムメーカーで画家のハリー・スミスは、一九四〇年代以降、フォークソングを記録した七十八回転のレコードを集めていた。彼のコレクションの大部分は、一九二七年から一九三二年の間に作られた商業用のレコードだった。スミスがレコードを見つけた頃には、歌手やミュージシャンたちの名前がほとんど忘却の彼方に押しやられていた。彼のコレクションは、フォークウェイズ・レコード・レーベルの設立者モーゼス・アッシュの目に留まった。アッシュはそれらをセットとしてリリースすることができるように、スミスが持っていたものの中から最高のものを選り抜くことを持ちかけた。一九五二年、スミス自身によって監修された三巻セットの『アメリカン・フォーク・ミュージック選集（*Anthology of American Folk Music*）』をフォークウェイズはリリースした。そこには大量の解説、種々の断片の寄せ集め、そして不可解なことにもオカルトのシンボルも詰め込まれていた。この選集のカバーは、占星術師で数学者のロバート・フラッドによる十七世紀の印刷物『天の一弦琴』の複写となっている。フラッドが一弦琴――オクターブを数学的に理解できる方法を示すための単一の弦の楽器――を用いたのは、宇宙が完全に調律された神の顕現であり、その弦が天の領域を通って自然界にまで到達しているということを想像させるためだった。結果として、自然界に対応する要素を持つ天の部分を振動させるために、一定の魔術の公式を働かせることができる。これは、「似たものは似たものに応じる」という考え方を基にした魔術の実践の基礎となった。この絵は、スミスにとって完全に理にかなっていた。スミスはオカルティストであり、カバラ、魔術、ペヨーテの神秘主義の研究者だった。(訳注1―6) 選集の中の音楽――社交のための音楽、歌、バラッド――は、火、水、空気の元素と対応する赤、青、緑の色で符号化された三つのセクションに分けられていた。選集はスミスにとって、愛、痛み、喜び、死が神的な特性と対応する天球の音楽のための人間の内奥の小宇宙を象徴していた。スミスは本物の生き方――ギンズバーグだったらモロクの大きく開かれた口からの自由と述べたかもしれない――が、アメリカの非主流の周縁部に残っていると信じていた。

選集の中の曲の多くは、イギリス、ウェールズ、スコットランドの移民たちが、早ければ一七〇〇年代に自分たちのフォーク・ミュージックを携えて移住するようになった地域、アパラチア山脈の影で演奏され歌われた音楽のエコーになっている。そうした曲は、それらを精密な方法で編纂した最初の人物である十九世紀のハーバード大学の民俗学者フランシス・チャイルドにちなんでチャイルド・バラッド呼ばれ知られるようになった。選集は、ロックンロールに影響を与え続けることになるボブ・ディランやその他多数の二十世紀半ばのフォーク・ミュジシャンたちにとっての創世神話となった。批評家リュック・サンテは、選集を「今や隠されてしまっているアメリカの貴重品の地図」と呼んだ。スミスの選集は、古くからの霊たちが、それ自身を歌の中で顕現することができた過去へとフォーク・ミュージックを結びつけることになったのだ。

皇帝ティベリウス・シーザー・アウグストゥスの治世中、プルタルコスは『倫理論集』の中で、パーン――キリスト教と呼ばれる急速に広がっていく新たな宗教を切り抜けて生き延びようとした古代の神々の中の最後の神――が死んだという知らせを使者が運んできたと書いている。だが、神々とは私たちの複数の面に他ならないのだとしたら、パーンは死んだままではいることなど決してできない。彼の霊は別の偽装、つまり一部の人には悪魔だと信じられていた神エシュの偽装の下、奴隷船に乗せてもらうことになった。昔のアフリカの宗教から残っていたものは、その根本的な核に達するまで剥ぎ取られた。残されたのは、その礼拝の方法、すなわち歌と叫び、踊りとドラムだった。この音楽に力を与える精神的反逆は埋葬することなどできなかった。直接的な宗教的交わりを求める古代のあまりにも人間的な衝動は、あらゆる世代の中でそれ自身を表現する方法を見つけていった。一九五〇年代の終わり頃、ロックンロールからセックスや反逆が祓い清められたときでさえ、亡霊は主流の外れに潜在していた。それはビートたちの激烈な詩や散文、また実験的な作曲家やアーティストたちによって後押しされていた。東から風がやってきた。そしてその風は、浅黒い異教徒の過去と乳白色のキリスト教徒の現在を橋渡しすることができる霊的思想を運んできた。西洋が是が非でも必要としていた一つの紛れもない真理を教えるために、グルや菩薩たちがやってきた。その中には独自の特別な力を持っていように思われる人々もいれば、大きく見開かれた第三の目を持っているように思われる人々もいた。今や天国は地上にある。そこから私たちは、決して離れたことなどなかった。この世界を引き裂く二元性も、音楽の極意を魂と交換してくれる悪魔も存在しない。神は上方の星空にはいない。神はあなたの中にいるのだ。

訳注１―６ ペヨーテは、幻覚誘発剤となるメスカリンを成分として含むサボテン。ペヨーテの神秘主義は、ペヨーテを食べることで意識を拡張させ神秘体験をすること。

シド・バレットロンドンのクイーン・エリザベス・ホールにて
1967年
Nick Hale/HultonArchive/Getty Images

第二章 リラックス・アンド・フロート・ダウンストリーム

I

リード・シンガー兼ギタリストのシド・バレットがステージの前方に立っているのを、彼のバンド仲間たちは、ぞっとするような驚きで見つめた。彼の顔は溶けていっているかのように見えた。ピンク・フロイドの背後の知性かつ魂であるバレットは、鏡で覆われたフェンダーのテレキャスターで、ただ一つのコードをかき鳴らしながら、カリフォルニア州ヴェニスのチータ・クラブにいるオーディエンスを見渡していた。一九六七年、ピンク・フロイドを目にしていたオーディエンスは、どんなことにも準備ができていた。ピンク・フロイドはライブ体験に革命をもたらしていた。彼らが長時間にわたって星間ジャムを演奏している間、複数の映写機がイメージを明滅させ、アシッドで陶酔し絶え間なく体を動かし続ける人々の周囲をスモークが旋回した。通常、オーディエンスは各自のリズムでグルーヴしながらも集合的な意識としてもグルーヴし、バンドがどんな波の上にいたとしても乗った。だが、どんな神秘主義的な旅とも同様、エクスタシーに魅せられ、自身の願望や期待を真の合一と勘違いし、結果として宇宙の彼方へ吹き飛ばされる危険もあった。ストロボで明滅し照らし出される不気味な容貌を、オーディエンスは見世物の一部だと思ったのかもしれないが、実際に目にしていたのは、自身の力の絶頂に達し、崩壊しつつある若者だった。同時に、彼らが目撃していたのは万華鏡のファンハウスであり、ロックンロールへ、ひいては全てのポップ・カルチャーへ絶えることなく影響を与え続けるオカルトの連鎖的な化学反応だった。

シド・バレットの音楽も魂も、イギリスで新たなエネルギーを取り戻していた潮流に呑み込まれていた。アメリカのロックンロールは、そのペンテコステ派のような炎を弱め、その特有のセクシュアルで精神的な反逆——ロックの眠ることのない精神の背後にあるかつての本質的な駆動力——を消してしまっていた。一九六〇年代初頭までに、ロックは去勢されてしまっていたのだ。アメリカのガレージの至るところで、ティーンエイジャーたちがチープなエレクトリック・ギターをプラグで接続し、スリーピースのドラム・キットを叩きつけ、炎を再発火しようとしていた。だが、バンドたちが、ラジオ放送の常備食品となったシロップのように甘いポップの中へ、アドレナリンを注入するための常套手段を手に入れたのは、イギリスにおいてだった。ビートルズ、ザ・フー、その他のブリティッシュ・インヴェイジョンのバンドたちは、パット・ブーンからは視線をそらし、ブルースの中にあるロックの本来のルーツへと目を向け、そもそもロックンロールのどこに熱中していたのかを人々に思い出させた。(訳注2—1)だが、衣装やステージングにおいて、またファンたちを圧倒するその力において、ロックのサウンドやパフォーマンスを完全に変貌させることになるのは、新たな霊的真理のための伝達装置となった——東洋の神秘主義、神話、オカルティズムの融合によって高所へと持ち上げられた——ＬＳＤの体験だった。バレットは、とりわけピンク・フロイドの舵取りを通じて、メッセンジャーであることを進んで受け入れていた。

バレットは、オーディエンスがその住人となれる神秘的な夢を、ピンク・フロイドを通して呼び起こした。それは彼の神秘主義への関心以外にも彼の時代の大衆を魅惑したもの、例えばＪ・Ｒ・Ｒ・トールキンの『指輪物語』、古代中国の占い体系を略述した『易経』などによって加速させられた彼自身のドラッグ漬けの想像力から引き出された。さらに本質的なことは、音楽評論家のロブ・ヤングが彼の主著『エレクトリック・エデン』で評しているように、バレットが「子供の想像の中の秘密の庭へのノスタルジアと星間オーバードライブ装置というスペースエイジの未来志向の間で、押し出されたり引っ張られたりしていた」ということだ。バレットは、これら複数の世界の間のヴェールを通り抜けていくよう精神を導いていた。また、ヤングが評しているように、このノスタルジアと未来志向は対立しているかのようにも思われるが、それらは実際のところ魔術の核心部分にある二つの観念となっている。魔術の実践は、過去とのつながりと未来のヴィジョンを必要とする。バレットは、これを自分の曲の歌詞やライブパフォーマンスへとそのまま添加し、光と音を用いた実験を行ってオーディエンスをトランスへ入り込ませようとした。方式は新しかったが、その目的は古来のものだった。あの一九六七年十一月の夜、若きミュージシャンによって行われていたのは、暗黒の魔術だった。

数分前のバックステージで、バレットは砕いたクアールードと混ぜ合わせたヘア・ジェルのボトルの中

訳注２-１　「ブリティッシュ・インヴェイジョン」は、一九六〇年代半ばにイギリスからのロック・バンドやミュージシャンなどを始めとしたポピュラー・カルチャーがアメリカで人気となり、太平洋両岸でカウンターカルチャーを作り出した文化現象のこと。

身を自分の頭の上に注いだ。（訳注2―2）ステージの高温のライトの下で、ジェルと錠剤の混合物が彼の顔へとゆっくりと滴り落ちてきた。これはオーディエンスを興奮させるための単なる悪ふざけではなかった。なにかがとてつもなくおかしな方向へ進んでいた。バレットは何度も何度も同じ単一のコードをかき鳴らしながら、自分自身がトランス状態になっていた。バレットのほとんど狂気じみたＬＳＤの消費量が、ある種の精神疾患を誘発、あるいはどう控えめに言っても悪化させ、バレットの言動はますます常軌を逸していた。

　バレットのバンド仲間は、不安に思うどころではなかった。彼らは恐れていた。それほどシドは予測不可能になっていて、次にどんなことが起こるかが、まったく分からなくなってしまっていた。その年の後半、バレットは仲間のミュージシャンたちによって手助けされながらステージを退場した。バレットは緊張状態を高ぶらせながら、じっと立ちつくしていていた。ピンク・フロイドの友人で仕事関係者のジューン・ボランは、その緊張状態が消えることなく続いていたときの状況を、次のように記憶に留めている。「突然、彼が両手でギターに触れたので、『良かった、実際にプレイしようとしている！』と、私たちは思ったのよ。でも、彼はただそこに立っていただけ、心の外へトリップしながら、ただそこに立っていただけ」。

　アシッドと名声のプレッシャーが、シド・バレットの失墜の背後にある理由だとされていることが多い。だが、彼のドラッグの使用は、霊的覚醒を求める衝動によって爆発的な化合物に混ぜられていた。それが始まったのは、バレットがサント・マットというシーク教とヒンドゥー教とスーフィズムの奇妙な統合を実践していたグループとかかわるようになった一九六六年のことだった。サント・マットの哲学は、その教義へと入っていくイニシエイションを要求するが、バレットは精神的にふさわしいとはみなされなかった。サント・マットは、純潔、ドラッグやアルコールを断つこと、瞑想の実践への献身を重視する。六十年代半ばの若い前途有望なロックンロール・スターに、それは容易ではないことだった。バレットは秘教団から拒否されたことで塞ぎ込んだが、そのことを忘れるための気分転換となるピンク・フロイドとＬＳＤがあった。霊的訓練の代わりに、バレットはサウンドと歌詞の制約へと挑み、『易経』とスペーストラベルの手段としての宇宙意識に関する曲を作った。ピンク・フロイドのファースト・アルバム『ザ・パイパー・アット・ザ・ゲーツ・オブ・ドーン（*The Piper at the Gates of Dawn*）』は、バレットの精神的な風景が散乱する歌詞とカウンターカルチャーの霊的切望を映し出す構成物を収納する珍奇な物品の飾り戸棚であり、博物陳列室《ヴンダーカマー》である。『ザ・パイパー・アット・ザ・ゲーツ・オブ・ドーン』は、一九〇八年のケネス・グラハムの小説『柳に吹く風』の中の章の題名の直接的な言及になっている。その章では、動物たちが思いがけずパーン神の面前にいることを発見する。ネズミとモグラは、ボートで川岸に沿って旅をしていく。最初にネズミが笛の音を耳にする。モグラは疑っている。それは神自身に出くわすまでのこと。本の本筋との関連はまったくなく、モグラとネズミはパーンのカルトの儀式に参加したかのように、宗教的なエピファニーを経験する。

突然モグラは、自分に大きな畏怖が襲いかかるのを感じた。畏怖は彼の筋肉を水に変え、頭を垂れさせ、足を大地に根づかせた。それはパニックの恐怖ではなく——実際に彼は安らぎや幸福を感じ

訳注2-2「クアールード」は鎮静作用と睡眠作用のある薬剤。

素晴らしい気分だった――、彼を打ちのめし、つかんで離さない畏怖だった。そして、何か恐れ多い存在が、まさにすぐ近くにいること以外にありえないことを、それが意味しているのだということを、彼は見ることなく分かった……震え慄きながら従い、自分のちっぽけな頭を上げた。それから、差し迫った夜明けのそのまったくの鮮明さの中で、信じられないほどの多様な色で満ちた自然が、その出来事のために固唾をのんでいたかのような間、彼は友人で協力者のまさしく両目を見た。

一九六〇年代の音楽が、パーンを崇拝するための果樹園であったことは明らかだろう。ロマン派の詩人や作家たちによって行われた角のある神の最初の決定的に重要な復興と、ヒッピーたちの間には多くの共通点があった。それはパーシー・ビッシュ・シェリーの『パーンの讃美歌』の中で、神が「踊る星々を歌にした」ように、ヒッピーたちが異教や自然の比喩的表現を使っただけではなく、サミュエル・テイラー・コールリッジのアヘンを注入した詩『クブラ・カーン』のように、ドラッグがパーンの古代の領域への窓を提供しうると示唆した点でもそうだった。さらに重要なのは、一九六〇年代のカウンターカルチャーが、ロマン派の信念、すなわち自然界及び神話や詩の精神にとって、理性と産業の時代は受け入れがたいという信念を復活させたことだ。一九六〇年代の多くの若き探求者たちが求めていた体験は、自然との、またひいては宇宙との直接的な交わりである。伝達のための器は、ロマン派とヒッピーどちらにとってもアートと音楽だった。(訳注2—3) 夜明けの門口《ザ・パイパー・アット・ザ・ゲーツ・オブ・ドーン》で笛を吹く人は、耳を傾ける必要がある者たちのためにパーンパイプを演奏していた。そして、一九六〇年代の若者は、セイレーンの歌のように、それへと引き寄せられた。(訳注2—4) 後戻りすることなどなかった。過去の神々へ目を向けたロマン派の魂が、今やロック・カルチャーの中には宿っていた。そして、ロック・ミュージシャンたちは、自分たちの祖先であるロマン派の詩人たちのように、ティーンエイジャーの心の琴線を強く引っ張るだけでなく、それ以上のことをもたらす音楽を作り上げた。それは彼らを超越へ、内なる風景を創造することへ、知性の正反対のものを探求することへと駆り立てる音楽だった。

あたかも世代の集合的無意識のプリズムでもあるかのように、シド・バレットの魂から『ザ・パイパー・アット・ザ・ゲーツ・オブ・ドーン』が輝き出ている。アルバムは「アストロノミー・ドーミン（Astronomy Domine)」で始まるが、この曲には宇宙的気づきとグレゴリオ聖歌の両方を暗に指し示す「星の聖歌」と副題がつけられていることもある。この曲は、地球の「青い色」を離れることを恐れる一方で、できる限り遠くまで行こうとすることとの間の緊張に関する意識の流れのヴィジョンとなっている。他には、ルシファーという名前の猫の曲（「ルシファー・サム（Lucifer Sam)」）、グリンブル・グロンブルという名前のノームの曲（「ザ・ノーム（The Gnome)」(訳注2−5)）、そして自然の喜ばしき神秘の称賛の中で「パーンの讃美歌」をこだまさせる異教的な牧歌的景色が物語られる曲（「フレイミング（Flaming)」）もある。さらに、

訳注2-3　「パーンパイプ」は木管楽器の一種の縦笛。パイプオルガンやハーモニカの原型とも考えられている。ギリシャ神話の神パーンが吹いていた楽器であるということからパーンパイプと呼ばれている。

訳注2-4　セイレーンは、ギリシャ神話に登場する半身人間で半身鳥ないしは魚とされる海の怪物。その美しい声で、航海中の人々を惹きつけ遭難させる。

訳注2-5　「ノーム（gnome)」は、ルネサンス期の魔術などで言及されていた小さな霊。二十世紀のファンタジー小説にもしばしば登場する。

一九五〇年に初版が出版されたリヒャルト・ヴィルヘルムとキャリー・F・ベイネスによる『易経』の翻訳の第二十四章から、ほとんど逐語的に言葉を採用した「チャプター24（Chapter 24）」という字義通りの曲もある。(訳注2―6) 二十四番目の卦である「復」は、不気味なほど予言的である。それは「外的な物事の混乱から目を背け、内なる光へと戻るよう助言している。そこで、すなわち魂の奥底で、人は神的なもの、一者を見る」。それが意図されたものかどうかにかかわらず、バレットは「チャプター24」の中で自分自身の切望だけではなく、ピンク・フロイドを聴いて成年に達した世代全体の願いを表現していた。

『ザ・パイパー・アット・ザ・ゲーツ・オブ・ドーン』は、それ特有の内的な精神的不安で満たされているが、異教の人々の面影と東洋の神秘主義を混合したものとなっている。これは、たとえ漠然とさえしていたとしても、非キリスト教的なものや主流の宗教の道徳的姿勢とは合わないものなら何でも借用した一九六〇年代の別世界的なものへの欲求のほとんどを特徴づけるものだった。それにもかかわらず、カウンターカルチャーに火を起こすことを可能とさせた唯一の火花は、異教の魔術と東洋の神学のどちらにもあった。そして、その火が何世代にもわたって燃え続け、ニューエイジ・ムーヴメントやそれに続く現代のほとんど全ての代替宗教のコミュニティを煽り立てることになった。「チャプター24」というバレットの作品は、彼が想像していた以上に予言的だった。彼の歌に着想を与えた『易経』の二十四番目の卦である「復」は、自己認識や個別性、また大衆の誘惑に屈することなく全ての事物の単一性を認識することと関連する卦である。「これを知ることは、人が宇宙の諸力との関連で自分自身を知ることを意味する」。『ザ・パイパー・アット・ザ・ゲーツ・オブ・ドーン』は一人の男の夢ではあるが、集合意識を通して、それをはっきりと聞き取ることができる。そして、この夢とほぼ一体となったカウンターカルチャーにとって、夢に到達するための方法はＬＳＤだった。

バレット自身のＬＳＤへの強烈な転換は、その時代と進路において一致していた。神秘的交流のために、聖餐がアシッドとして舌の上に投与される準備は整っていた。一九六七年には、神秘主義的な意識とサイケデリック・ドラッグが同義となっていた。ＬＳＤとその他の幻覚を誘発するドラッグは、オカルト及び東洋の宗教の表象や思想と渾然となり一体をなしていた。例えば、自我の融解の感覚は、仏教徒の自我の超越という観念にうまく対応する。単一性の感覚、あるいは「宇宙と一つになる」という感覚――サイケデリックな体験をした人たちにとっての共通する現象――は、全てのものの中に神は存在し、全てのものは神の中に存在するという汎神論と類似している。このことは、ＬＳＤのトリップが特別な霊的知識と何らかの形でつながっていることを意味していない。だが、アシッド体験は圧倒的なものとなりえる。そして、東洋の神秘主義やオカルティズムは、別の方法では説明不可能な出来事の意味を理解するのに非常に適している。

このＬＳＤと東洋の聖なる結婚は、もしそれが偽物ではないとすれば、一九六六年のティモシー・リアリーとラルフ・メツナーとリチャード・アルパート（後にラム・ダスの名で知られる）による本と手引きのレコード――時代に完璧に適合していた――『サイケデリック体験――チベットの死者の書に基づく手

訳注2-6 『易経』は古代中国の占いの書物。「一九五〇年に初版が出版された」となっているが、正確に言い直すと、中国研究家のリヒャルト・ヴィルヘルムが一九二三年にドイツ語に翻訳したものを、さらにユング派の心理学者キャリー・ベイネスが英語に翻訳しニューヨークで出版されたのが一九五〇年である。

引書』で見事に実現された。著者たちは自分たちにふさわしい仕事を行った。彼らは、対立する可能性があった二つの主張を同時に行わなければならなかった。第一にサイケデリック体験は、東洋の伝統で描写されている旧知の神秘主義の体験と酷似していること。第二にＬＳＤは、神秘的な意識状態へ到達するための厳格な宗教的規律に取って代わることができるということ。この考え方を最初に広く一般の意識にまで高めたのは、一九六〇年代の聖典となったオルダス・ハクスリーの一九五四年の著書『知覚の扉』だった。ハクスリーは、かつてはヴェーダンタとして知られているヒンドゥー教の哲学体系の心酔者であり、神的なものとの合一に達するための厳格な霊的修養を回避するための試みに対しては強烈に異議を唱えていた。だが、半グラム弱のメスカリン——サボテン種のペヨーテに含まれている精神活性薬物——を服用したことで心変わりした。ハクスリーは、サイケデリック・ドラッグが、宗教的訓練に必要ないかなるものも飛び越えて進んでいくことができると信じるようになった。どんな宗教の共同体からも独立して神秘体験が起こりえるという考え方は、確かに過激だった。だが、それはどんな種類の伝統や階層制度にも縛りつけられることなく、何らかの神的なつながりを必死に探していた世代にとってはふさわしい考え方であり、ヒッピーたちが求めていたのがまさしくそれだった。

それにもかかわらず、リアリーたちは自分たちの支持者である未熟なトリッパーたちが、予測不可能で時として恐ろしい旅になる可能性があるため、それに対する宗教的な枠組みを持っておくことが有益となることにも気づいていた。またリアリーいわく神秘主義の旅への欠かせないガイドブックであった『チベットの死者の書』は、確かに風変わりだったが、それがＬＳＤトリップの意味を理解させてくれることにも完全に気づいていた。だが、彼は懐疑的になりかねない人々を遠ざけてしまわないように、この深遠な宗教のテキストの用途を変えた。リアリーはアルバムの付属の解説書に次のように書いている。「今日、LSDのようなサイケデリック・ドラッグは、誰もが自分自身の精神から自分自身を、未知で地図に載っていない神経学的領域へと駆り立てることを可能にさせる。記号的な精神の惰性を逃れるために、過去のヨガや霊的訓練はもはや必要ない。出口は保証されている」。

その結果がこれである。宗教から神秘体験をつなぐ網を完全に解くことが可能となった。だが、この新たな意識の探究者たちに与えられた自由にもかかわらず、景観の優位を占め続けたのは、オカルトや東洋の神秘主義の表象や観念だった。オカルティズムと神秘主義は、戦争や人種差別のために制御不能になっているように見える世界の意味を理解させてくれる別の方法を単に提供するだけではなく、自分たちの手の中に個々人の運命を置いた。どれほど超越的であっても、真空の中で起こる体験などない。カウンターカルチャーにとって、霊的基盤を持つことは差し迫って必要なことだった。一九五〇年代のビートたちは、禅仏教で盛り上がったが、それは霊的な喜びにも革命にも向けられなかったし、アシッドのトリップを包含することができる宇宙的ヴィジョンも提供しなかった。カウンターカルチャーの沿岸に打ち寄せる波は、あまりにも強力だった。社会組織や政治体制を変えるだけでは十分ではなかった。人は自分の存在そのものを、そして宇宙との関係を変えなければならなかった。満足させてくれる唯一のものは、個々の欲望によって左右される神的なものとの直接的な体験のみだった。

この精神的な反逆は、サウンドトラックを必要としていた。それゆえ、影響力のあるロンドンのアンダーグランド雑誌『インターナショナル・タイムズ（ＩＴ）』の編集者であるジョー・ボイドとジョン・「ホッピー」・ホピキンスの二人は、一九六六年十二月から六七年十月までトッテナム・コート・ロードのＵＦ

Oクラブを経営していた。その短期間、UFOクラブは新たな神秘主義の外観や雰囲気の形成を促進し、映像、光、すぐさま至るところで形を変える壁に投影されたスライドを使用することで、ロック・コンサートを劇的な見世物へと変貌させ革命をもたらした。しかしながら、今日のロックのアート・ポスターの中にでさえ見られるオカルト風味を帯びた美学、すなわち、いずれもが秘教的秘儀の探求によって際立って特徴づけられるロマン主義、アール・ヌーヴォー、象徴主義を含むさまざまな十九世紀の芸術運動の強力な錬金術を、カウンターカルチャーへと授けたのはショーのポスターだった。

一九六〇年代に至るまで、十九世紀はあらゆる面において、芸術家や音楽家たちにとっての真に魅惑的な最後の時代だった。いわゆるオカルト・リバイバルが起こっていた一八〇〇年代末は、芸術家、上流社会の人々、知識人たちの多くが魔術結社に加入していたし、アーサー・コナン・ドイルやウィリアム・ジェイムズのような作家や思想家たちが、霊の研究やスピリチュアリズムに関心を抱いていた。ハリー・フーディーニでさえ、亡くなった愛する母との交信を助けてくれるミディアムを見つけることを願って多大な時間と努力を費やした。結果、単に詐欺師やペテン師を捜し出す熟達者にしかならなかったが。(訳注2−7)しかしながら、どこを見るべきかを知っていない限り、しばしば素朴な視界からは隠されている神秘的な象徴主義で十九世紀を彩色したのは、芸術家たちだった。象徴派の芸術家にとってのアートとは、秘められた意味を伝達するための手段であり、それは近代芸術を支配するようになっていた写実主義や自然主義を弱体化させることを目的としていた。一八八六年に詩人のジャン・モレアスは、象徴派宣言を次のように構想した。「つまり、この芸術の中で、自然の光景、人間の行為、全ての具体的な現象は、いかにそれ自身を顕現させるべきかを、それ自身が分かっていないのだろう。これらは、根源的な理念との秘教的な親和性を表すよう運命づけられた繊細な現れとして提示されるのである」。ある部分において、新たな時代を先導することができなかったロマン主義の失敗とモレアスがみなしていたことへの応答でありながらも、さらに深いところでは、ますます蔓延するようになっていた純然たる科学的世界観に対する論難である象徴派の理念は、その当時のオカルトの影響力の中へあっけなく包み込まれた。クロード・ドビュッシーやエリック・サティを含む象徴主義と関連した画家や音楽家の多くが、さまざまな薔薇十字結社の会員だった。小説家で秘教的キリスト教徒のジョセフ・ペラダンは、「薔薇と十字のサロン」という薔薇十字団の支部として提示された一連の芸術と文学の展覧会を開催した。

象徴主義と密接に関連しているデカダン派の運動には、上流階級への攻撃が含まれていた。そして、さらに露骨な性的要素やタブーが、しばしば作品の中に組み込まれていた。鷲鼻のイラストレーターのオーブリー・ビアズリーの作品は、彼自身の内気さや内面の道徳的葛藤に反していた。最も有名なのは、オスカー・ワイルドの戯曲『サロメ』の絵、及びアリストファネスの戯曲『女の平和』の絵を、グロテスクに巨大な男根像だらけにした版を刊行したことだった。他の絵は、その多くがその当時のオカルト思想の核心にあった異教や神話の主題と関連していた。文芸誌『イエロー・ブック』（ビアズリー編集）の中で見

訳注2-7　ハリー・フーディーニ（一八七四―一九二六）は、ハンガリー生まれのアメリカのエスケープ・アーティストでイリュージョニスト。一九二〇年代には、サイキックやミディアムなどのいんちきを暴くことに熱意を注いだ。「ミディアム」は十九世紀後半にスピリチュアリズムが流行した頃から一般的に使われるようになった言葉で、交霊会などで霊界にいる亡くなった人と交信できる能力があると信じられている人のこと。

られるビアズリーの「神秘の薔薇園」では、庭の中にいる裸の若い女性が、ヘルメス神を彷彿とさせる足に翼がついた男から伝えられる秘密へと耳を傾けている姿が見られる。ヘルメスは、十九世紀のオカルト思想を形作っているヘルメス主義の中心の形象となった神である。ビアズリーの作品に内在していた精神的反逆は、最終的にカトリックの教義へと取って代わられてしまうことになる。彼は短い生涯の終わり近くにおいて、自分の作品のほとんどを破壊することを望んでいた。

こうした神話やオカルティズムへの旋回や写実主義に対抗する反応が、芸術家たちを自分自身の無意識、例えば夢へと、さらに劇的となるのはハシシやアヘンのヴィジョンへと目を向けるよう駆り立てることになった。これらのドラッグは、個人という概念、内面性の価値、そして薬物で陶酔している間にしばしば解き放たれる神話的な元型の力を拡大させる助けとなった。詩人シャルル・ボードレールは『悪の華』の中で、アヘンの素晴らしい「毒」に関して次のように書いている。「アヘンは無限のものを拡大し／無制限を延長する／時間をさらに深くし、官能的なことを空洞化させ／そして闇の暗黒の喜びで／魂をその収容能力を超えていっぱいにする」。これは教会や神父、書物や教義によって仲介されるのではなく、神的なものとの直接的な出会いを意図的に探求することによる霊的接触である。そしてこれは、オカルトが注入された一九六〇年代のLSD体験に対しての不気味なまでの予言にもなっている。

UFOクラブのポスターへのさらに明らかな影響は、世紀末のアール・ヌーヴォー様式を明確化したチェコの画家アルフォンス・ミュシャを介してもたらされている。フリーメーソン会員でスピリチュアリズムを好む傾向があったミュシャは、当時の精神に忠実だった。芸術の目的は、隠された霊的実在を伝達することにあると考えていた。彼の作品『主の祈り』は、「マタイ福音書」と「マルコ福音書」の中で、イエスによって語られた主の祈りと関連する一連の絵からなるが、それらは完全に秘教的であり、幻想的な人物、悪魔、天国への訪問などが詰め込まれている。ミュシャは人類の神的な進化を沈思するために祈りを用いた。そして、一九六〇年代のヒッピーたちのように、新たな精神的時代が始まったことを信じていた。広告のために頻繁に使われていた彼のポスターでさえもが（結局のところ、ロックのポスターとはそういうものだ）、大抵の場合、花のように装飾された後光で取り巻かれ、丈長のうっとりさせるような仕立てのドレスを身に着け、深い精神的平穏の表情を浮かべた女性の姿を使って、この霊的完成という主題に光を当てていた。これらの要素が、ＵＦＯクラブのためのほとんど全てのポスターに紛れ込むことになり、アートが世界の霊的な状態を変えられるという十九世紀の理想を復活させることにもなった。

ＵＦＯクラブのバンドたち――ソフト・マシーン、クレイジー・ワールド・オブ・アーサー・ブラウン、ピンク・フロイド――は、ボイル・ファミリー（マーク・ボイルとジョーン・ヒルズ）として名をはせたアート集団によって製作された映写を背景に演奏した。初期のパフォーマンスで、ボイルとヒルズは、血液、精液、嘔吐物などの体液をスクリーンに投影した。ＵＦＯクラブでのショーの間、亜鉛の板の上に酸が注がれ、その破壊されていく状態が映写された。色つきの液体が使用されることもあった。そして、パフォーマンスの間、色つきの布、塗料、紙吹雪が投げ散らかされ、夜全体が一つの色を軸として展開することもあった。作家のデヴィッド・トンプソンは、ボイル・ファミリーの作品を一種の神秘主義と評した。「［神秘主義］が、その目的と活動を適切に説明する唯一の真面目な言葉である。その目的は、何かを『創造する』こと、伝達すること、証明すること、定義すること、発見することではない。それは吟味のために孤立させることなのだ」。トンプソンによれば、それは世界をカテゴリーに分けることには関心がなく、むしろ単一性を探求するロマン派のアートの概念なのである。こうした映写と音楽の結合は、その全てを加速させる大量のLSDと一体となって文化を瀬戸際にまで推し進め、たとえ商業的な意味でしかなかったによせ、主流文化が最終的には容認することになるカウンターカルチャーを作り出したのである。

イギリスとアメリカの広告に対するロック・ポスター・アートの影響の全ての事例を列挙することは不可能である。だが、落書き同然の最も非商業的なアートの形式を、皮肉を込めて模倣したということなのか、あるいはカウンターカルチャーだけに封じ込めておけないほど強力だった精神的変容へ単に身を任さざるをえなかったということなのか、いずれにしてもそのどちらかである際立った例も存在する。画家ピーター・マックスによる7UPのコマーシャルは、ビートルズの映画『イエロー・サブマリン』を彷彿させる作品となっている。雲の上を歩くフレアのズボンをはいたキャラクターを主役にしながら、非常に色彩豊かで神秘体験を擬似化したような背景の中で贈呈される各々の景品を、生き生きと描き出している。至るところにLSDの「手がかり」の仄めかしすらある。ブリム社の新製品カフェイン抜きコーヒーのコマーシャルは、その飲料に新種の特別な含有物が入っていることを示唆している。それを飲んだ各人が目を大きく見開き、あたかもクラウン・チャクラが目覚めたかのように、色彩豊かで活気に満ちた思いつきが頭の上から出ては旋回し、ミュシャ風の渦巻きや花々を示現させる。また、そこには喉から虹の上へと出ていくかのように、愛という言葉を発する人の姿さえもある。出版広告業界で言えば、一九六九年のペプシのコマーシャルは、まるで神々しい存在が中央に降下してきたかのように花々の曼荼羅で囲まれ、多色の太陽の輪によって取り巻かれたアイコニックなボトルを主役にしている。

変化は雰囲気の中に漂っているだけでなかった。それは、その当時のまさに見た目やサウンドの中にもあった。そればかりか変革が社会的なのか、政治的なのか、あるいは霊的なのかということについて、しばしば対立もあった。他方のヒッピーたちでさえ、とりわけ政治的に動機づけられていた逸脱者たちであればなおのこと、社会の体制ではなく、人の精神を変えようとする試みが危険であり、しばしば無駄な努力であることに気づいていた。『ＩＴ』紙でさえ一九六七年の号で、ある匿名の編集者が、神秘主義的に傾いているＬＳＤ常用者に対して、変革の真のプロジェクトが脱線させられてはならないと憤慨した意識の流れの大言壮語を吐いている。(訳注2―8)アメリカの読者たちは、曼荼羅を呼び起こすＬＳＤはどこにあるのかともっぱら尋ねる手紙を書いてきた。編集者たちは、ドラッグやその他の奇妙なことに焦点を合わせることは、法律の見地からしても疑わしさを増加させるだけでなく、ドラッグの探求自体への一種の原理主義となり、自分たちの使命を弱体化させてしまうことを懸念していると返答した。「これがＬＳＤにつきまとう厄介事だ。それが悩みなのだ。ドラッグの光景に夢中にさせられてはならない。結局、あなたが『心の中で』あなた自身と共にいる状態が無比の光景なのだ。サイケデリックな体験は、永遠の・神秘的・禅的・分裂的《スキツォイド》な意識の状態を探求するための唯一の方法でもなければ、必ずしも最良の方法ではなく、それを含む一切のものを、それを何と呼んでもいいが、人間の魂、内なるヴィジョンは超越する」。ここに皮肉はなかった。一九六七年にでさえ、人々はアシッドとオカルティズムの混合の憂鬱な結果を時々目撃してい

訳注2-8　『I-T』紙は、一九六六年十月から一九七三年十月までロンドンで刊行されていたアンダーグランド紙『インターナショナル・タイムズ(International Times)』のこと。創刊号は、ロンドンのラウンドハウスで開催されたソフト・マシーンとピンク・フロイドを呼び物にした「オールナイト・レイヴ」というイベントで始まっている。

たのだ。

一九六七年にピンク・フロイドが依然として上昇する勢いにあったとき、シドは急速に悪化の一途を辿っていた。ピンク・フロイドの他のメンバーたちは、もはやバレットの演奏能力に頼ることができなくなっていた。そして、テレビに登場した彼の姿からは、何をしでかすかが予測できなくなっていた。スタジオでの作業は多少できたが、彼はギターをデチューンし、完全に内なるヴィジョンを凝視していた。

一九六八年、バンドの残りのメンバーは、彼を解雇しなければならないこと、そして、バンドを完全に新たな方向へ導く役割を果たすことになるデヴィッド・ギルモアを後任とすることに同意していた。シドはすぐに音楽業界から完全に離れることになるが、その前にギルモアの製作支援によって数枚のソロ・レコードをレコーディングした。残念なことに、彼の傑作アルバム『ザ・マッドキャップ・ラフズ（*The Madcap Laughs*）』に「オペル（Opel）」という曲は含まれていない（それは後のコンピレーションに含まれている）。それはバレットの霊的告白であり、「努力している／君を見つけようと努力しているんだ！」と歌っているように、彼の死に物狂いの霊的旅についての最も単純で明晰な説明になっている。

一九七〇年の労作『バレット（*Barrette*）』で、シドは再び努力を試みたが、それはほんのわずかの才能の輝きしか見られない、あまりにも混乱したものとなった。すぐ後にオリンピア・エキジビジョン・ホールのオーディエンスの前で、ギルモアによるバックの演奏で支えられながら、最後のショーを行った。だが、セットに入った十五分後、突然、だが穏やかにギターを置いて、舞台裏へ歩き去った。これはバレットが世捨て人となる始まりとなった。その後の一九七五年、『ザ・ダーク・サイド・オブ・ザ・ムーン（*The Dark Side of the Moon*）』を生み出して今や世界的に有名となっていたピンク・フロイドが、その次の『ウィッシュ・ユー・ワー・ヒア（*Wish You Were Here*）』を製作していたレコーディング・スタジオに、落ちくぼんだ目をした太り過ぎのバレットが何の前触れもなく姿を現した。バンドは、バレットについて歌った組曲「シャイン・オン・ユー・クレイジー・ダイヤモンド（Shine On You Crazy Diamond）」をレコーディングしていた。その曲の歌詞は、彼らを訪ねてきた男の姿をあらかじめ予示し、また彼らがかつて知っていた才気あふれるミュージシャンを描写していた。「今や君の瞳の中にあるのは、天空の中のブラック・ホールのような目／君の上を照らす、狂気のダイヤモンド」。だが、さらに冷然としているのは、バレットの秘教的な霊的探求を評した言葉であり、同様の旅の途上にいる多くの人々へと提示された警告である。「君は秘密に手を伸ばすのが早すぎたし、君は月が欲しくて泣き叫んだ」。

狂気とヴィジョン体験を分類し説明することは難しい。かつて宗教的ヴィジョンとして信じられていたことが、最近では化学的な平衡失調と解されるようになった。オカルトの想像力には、この区別に意味などない。だが、サイケデリックな六〇年代には、単にヴィジョンに繰り返し襲われるだけで十分ではなかった。宗教史家で初期のサイケデリック擁護者ヒューストン・スミスが述べているように、そこには単なる宗教的な体験であるということ以上の価値がほとんどない宗教を作り出してしまうという危険が常にあった。シド・バレットは、常に隠されているつながりを求めようとする意識を抱え悩まされていたが、彼が発見したものは、たった一つの真実が現れてくる兆しすら見えてこない意味の無限遠でしかなかった。しばらくの間は彼の音楽が、この果てしない存在の状態を、創造的な吐け口へと向かわせていた。そして、オーディエンスは自分自身の固有の幻覚体験を、バレットの音楽の御伽噺的なオカルト寓話に難なく結びつけていた。

シド・バレットの神秘主義的な精神不安はピンク・フロイドを介して、またロンドンを揺り動かしていた他のバンドたちは自分たちの音楽やショーを告知したロック・ポスターを介して、新たな霊的ムーヴメントを導いた。その一方で、オカルトへと屈折した神秘主義のさらに大きな波が津波へと変わっていくのは、大西洋を横断した場所でのことだった。ヒッピーたちは、アシッドを摂取すること以上のものを必要としていた。だが、どこで叡智を見つけられるというのか？　それは年齢に伴ってやってくると常に言われていたが、大人になることは物事を混乱させるだけだった。学ぶ価値があることを実際に教えてくれる大人はどこにいるのか？　長い間、西洋文化は、秘教的知識で宇宙を計測し、混沌から秩序をもたらすことができるウィリアム・ブレイクの銅版画『日の老いたる者』の中の老人のような天と地の間を歩く神人、髭を生やした教師を美化して思い描いてきたものだった。今やオカルティズムは東洋の神秘主義と融合することになり、若者たちはグルや悟った人間を捜し求めていた。自分たちの朦朧としたドラッグによる洞察を、革命の道具へと変えるための方法を示してもらうために。

Ⅱ

ジョージ・ハリスンの夢想的な神秘的洞察には伝染性があった。彼は超越瞑想（ＴＭ）を学んでいた。また、彼の妻パティは、瞑想技法を教えるために世界をツアーしていた長髪で忍び笑いをするグルが、ロンドンに姿を現すことを耳にしていた。ハリスンは、マハリシ・マヘーシュ・ヨーギの話をビートルズにも聞きに行って欲しかった。それは押しつけではなかった。ポール・マッカートニーは、バンドが精神的混乱状態にあったことを回想している。ビートルであることは、彼らの個人的な葛藤を強める一方だった。神経がほとんど耐え忍ぶことができない状態になっていた。すでにグループは、最終的に自分たちを分裂させることになる緊張状態の切迫した前触れを経験していた。そこで行くことに同意した。彼らは荒々しい海を鎮めるための何かを必要としていたのだ。グローブナーパーク二十番地で、ハリスン、マッカートニー、ジョン・レノンは、パティとマッカートニーの当時のガールフレンド、ジェーン・アッシャーと共にＴＭの恩恵について語るマハリシの話に耳を傾けた。どんな一日のどんな瞬間でも世界を変えることができる。そして期せずとも、これこそが同時代の人々の精神的な願望の中での転換を開始する瞬間となったのだ。

マハリシ・マヘーシュ・ヨーギの超越瞑想は、悟りに達するための受け入れやすく穏やかな方法を提示した。マハリシないしは彼の弟子の一人による面談を受けた後、その人自身のバイブレーションと同調しているとされる、通常はサンスクリット語での個人的なマントラを与えられた。マントラは安価ではなかったが、人生をストレスから解放するという保証——静けさと充足感の保証——によって、それだけの価値があると思われた。また、一定の時間が経過した後、一部の実践者たちは空中浮遊（実際には蓮華座をしながら軽く飛んでいるだけのようにむしろ見えるが、驚くべきと言ってもいい妙技）ができるようになったとさえ言われていた。

東洋でグルを見つけることが西洋で不可欠なこととなったのは、十九世紀後半のオカルト・リバイバルから生まれてきた観念から始まっている。ブラバツキー夫人として知られるヘレナ・ペトロヴナ・ブラバツキーはロシアで生まれ、中東やヨーロッパの至るところを旅し、その後一八七五年にニューヨークへやってきた。そこで彼女は神智学協会を設立した。彼女の体格に匹敵しえたのは、ただ彼女のカリスマ性と知性の重みのみだった。ブラバツキーはオカルト伝承の百科事典だったが、超自然的な力を発達させたとも本人は主張していた。だが、全ての宗教は——それらの表面的な部分はどうであれ——、ただ一つの神的な現実に対して単に異なる表現をしているだけだというのが、彼女の最も重要で最も永続する影響を与えた教えだった。ここでの背後に隠された意味は、千年以上、キリスト教がそれ自身を唯一の真実の道であると売り込んできたが、そうではなかったということだ。実際それは、より偉大な叡智へのほんの一時しのぎでしかなかったのかもしれない。この秘密の教義は、マハトマたち、すなわちヒマラヤ山脈に住んでいるアセンデット・マスターたちの集団によってブラバッキーへと与えられた。ブラバツキーは、真の知識は異国の東洋で見つけられるという考えを世に広めた。世紀の変わり目頃には、スワミ・ヴィヴェカーナンダのような偉大なヒンドゥー教の教師たちによって、ヴェーダンタ哲学のムーヴメントがアメリカにもたらされた。そして、これはオルダス・ハクスリーやクリストファー・イシャーウッドなどの一九四〇年代から五〇年代の多くの知識人や作家たちに好まれる宗教となった。一九五〇年代には、ジャック・ケルアックのようなビートたちが、禅仏教に調子を合わせ始めた。そして、神秘主義者で快楽主義者のアラン・ワッツは、著書『ジス・イズ・イット』や『サイコセラピー・イースト・アンド・ウェスト』を通じて、東洋の神秘主義をサイケデリックなヴァイヴを持った通俗心理学へと変えた。まさにそれは研究者ヴォルテル・ハーネフラーフが、神智学の「宗教的な革新の力」として適切に説明していること、すなわち東洋からの教師という観念を頼りとしてオカルトに形と機能を与え、それを取り巻く魅惑を西洋に注入するということだった。

一九六〇年代に魔術をＬＳＤと混合することは、まさにハンプティ・ダンプティのように、あらゆる人の頭をかち割ることになった。それを全て元に戻すことができる誰かがいなければならなかった。ロンドンでの講演の翌日、マハリシはビートルズと会い、彼らを北ウェールズのバンガーにある静養所に招待した。今回は、素敵な四人《ファブフォー》全員が友人やガールフレンドを後ろに従え同行した。駅での出来事は、その旅の晴朗な目的を裏切った。彼らが電車に乗ろうとしたとき、メディアとファンたちが群がった。彼らは最終的に目的地に到着したが、一人の負傷者が出た。警察によってファンと間違えられたレノンの妻シンシアは引き止められ、電車は彼女なしで出発した。ビートルズの精神的表明よりも日常生活のドラマに関心があった新聞社は、錯乱状態の若い女性の写真を撮影し、彼女の危機的場面に焦点を当てた話を翌日出版した。その代表例が、困窮したレノン夫人の写真つきで載せられたロンドンの『タイムズ』紙の素っ気ない記事「ビートルの妻が電車に乗り損なう」だった。

しかしながら、足止めを食らったシンシアは、ビートルズの霊的旅の不気味な象徴となっている。彼らが宗教的かつ化学的意識の変容状態を探求しながら、セレブリティの足枷を絶えず投げ捨てようとする一方で、彼らが探求しようとしていたこと、あるいは褒め称えようとしていたこと、あるいは鵜呑みにしようとしていたことは何であれ、自分たちのスターの身分のおかげで近づく権利を持っていた。ステイタスに伴ってやってくる特権は、なぜロックとオカルトがそれほど即座に結婚することになったのかという理由の一部でもある。ロックスターたちは、お金と文化的威信を獲得し、目的に近づく手段を持つことができたが、他のほとんどの人はそうではなかった。マハリシとのプライベートな会談を許可され、そして静養所へ招待されることは、そのような例の一つにすぎない。だが、それは確かに一定の文化的エリートたちが、いかにして主流の宗教教団から支障なく抜け出すことができるかを垣間見させてくれるものでもある。近づくことはできなかったにせよ、何か違うものを捜し求めていたファンたちは、ビートルズを案内者として利用することができた。「僕たちはイエスよりも人気がある」とレノンが述べたとして引用された悪名高い一九六六年の『ロンドン・イヴニング・スタンダード』紙の記事は、その当時に誰もが想像できなかった先見の明のある所感を伝えていた。穏やかな神学的な言葉で言えば、多くの人にとってビートルズは、まさしく天と地の間の仲介者、中流階級の文化の単調でつまらない仕事から宇宙意識、内的静けさ、永遠の高みといった何らかのもっと偉大な夢へと向かう架け橋だった。同様に、一九三〇年代の大恐慌の間、富裕や成功についてのハリウッド映画は極めて人気があった。何の希望もない人々が、タキシードとイヴニング・コート姿のフレッド・アステアが、豪華な遠洋定期船のデッキで踊るのを見るために映画館へと群がった。名声とファンタジーは、どんなことが可能であるかを垣間見させていた。

だが、一九六〇年代半ばの文化的不安は、お金ではなく、セックス、戦争、人種、宗教と関連していた。そして、一般人は混乱の彼方を垣間見るために、大抵の場合、ビートルズのようなバンドに目を向けたけれども、彼らのセレブリティのステイタスによってまき散らされた混乱は、異様なまでに特権を与えられた西洋の混乱の縮図となっていた。人々は、彼らの人生の全てがどれほど騒々しく面白そうに見えたかという理由だけでなく、むしろビートルズが文化的鏡でもあったため、そのあらゆる細部を知りたがった。そして、一九六七年にシンシアが駅で悲嘆に暮れたとき、人々は霊的望みと、この世の要求の間の緊張関係に内在する混乱を目撃することになった。

だが、バンガーでは、ビートルズ自身が驚くほど自然に静穏な瞑想的リズムへ収まっていっているように見えた。報道陣に臆することなく、ビートルズはＴＭの恩恵について即座に語った。初日の終わりまでに、彼らはマハリシへと改宗する準備が整っていた。記者会見でマッカートニーは次のように語った。「ヨーギの教えに興味を持つようになる前に、僕はすでにドラッグをやめていた。人々がドラッグをやる唯一の理由は、精神を拡張できる経験について、さんざん聞いているからだ。瞑想することによって、ドラッグなしで、しかもその悪影響なしで、この拡張を行うことができるんだよ。瞑想は精神を自然に拡張するための方法なんだ」。ほんの数カ月前、彼はＬＳＤの使用を認め、その恩恵を次のように称賛していた。「それを摂取した後、それが僕の目を開いた。僕たちは自分たちの脳の十分の一しか使っていない。その潜在的な領域をほんの少しでも活用できたなら、僕たちにどんなことが成し遂げられるかを考えてみてよ。それはまったく新しい世界をもたらすことになるんじゃないかな」。

一九六七年のロック・バンドにとって、特に、ＬＳＤの音楽美学をすでに「トゥモロー・ネヴァー・ノウズ（Tomorrow Never Knows）」や「ウィズイン・ユー・ウィズアウト・ユー（Within You Without You）」のような曲で方向づけていたグループにとって、反ＬＳＤの立場は急進的だった。だが、ハリスンはビートルズがドラッグを非難したときでさえ、説教が広まることに慎重であり、新たなヒッピーの精神を浅瀬に引き留めていた。それが東洋からやってきたのだとしても、主流派のキリスト教の布教活動が、別の種類の福音の伝統と交換されることなどない。「これが音楽の中でどういう結果になるかは分からない。ひっきりなしに超越瞑想が聴こえてくることを期待しないでほしい。僕たちは、このことがクリフやビリー・グラハムのようなものになることを望んではいない」(訳注2―9)。

あたかも新たに見出した平穏の状態を試すことが宿命づけられていたかのように、二日後、衝撃的な知らせを受け取り、彼らの旅は突然終わらせられることになった。彼らが慕っていたマネージャーであり友人のブライアン・エプスタインが、アルコールと混ぜたバルビツール系睡眠薬の過剰摂取によって三十二歳で亡くなった。エプスタインは、静養所でバンドと落ち合い、TMの実践を始めるはずだった。その代わりに、彼は自殺した。ビートルズがロンドンへ戻っていくとき、報道機関は即座に馬鹿げた質問で彼らを攻め立てた。これからどうするつもりなのか？　今後の予定は？　彼らはできる限り答えようとした。そのときの録画映像は、画像が粗く、ほとんど聴き取れないが、それでも動揺し悲しみに打ちひしがれた彼らの顔を明瞭に現している。だが、このマハリシから学ぶための旅、この不可解で支離滅裂な生活の真っただ中での彼らの突然の霊的訓練への献身は、何らかの意味があるものでなければならなかった。とりわけ目下においては。そのときの映像は、ショックを受けているハリスンを映している。だが、彼は自身の希望としていた、そして必要とさえしていたマハリシの真理から、その衝撃によって自身を脱線させることはなかった。そのため、これまでは嫌がっていたハリスンも、深い井戸から汲み上げるかのように報道陣に言った。「とにかく、死ほど現実を思い知らされるものはない。僕が言いたいのは、肉体レベルでの死はそうだけど、生命はどんなところでも存続するということなんだ……そして、人はとにかく活動を続けるんだよ、本当に。慰めとなる大切なことは、彼が大丈夫だってことが、僕には分かっていることなんだ」。

エプスタインの死は、ビートルズをマハリシのカリスマ的な教えへとさらに押し進めることになった。

笑顔を絶やさないグルは、ファンたちから、報道陣から、自分たちのマネージャーの痛ましい喪失から離れた沖合にある島であり、プライベートな避難所だった。だが、常に報道陣と接触する状態にあったビートルズは、内省と哀悼という最も私的な時間さえ許されなかった。マハリシの伝道者ではないというハリスンの約束にもかかわらず、超越瞑想は自分たちだけのものにしておくには、あまりにも重要で、あまりにも人生を変えるものとなっていた。ブライアンの過量摂取の一カ月後、レノンはその実践に関して報道陣に次のように語った。「当面、これは僕たちの人生の中の最も重要なことなんだ。そして、それは必要なときにやってくるものなんだ……僕たちは瞑想のことを正しく学びたいと思っている。だから、僕たちはそれを広めてもいいし、その本来の趣旨を全ての人に納得させていいと思っている」。

一九六〇年代、ロック・カルチャーとミュージシャンの人生と彼らが作った音楽は、切り離せないものだった。ビートルズのようなバンドにとって、その激動の時代の完全な縮図にならずにいることなどありえなかった。ハリスンはバンドの精神的な顔になった。彼のヒンドゥー教の霊性への関心は徐々に発展した。ハリスンが言うには、それはインドの音楽を聴くことで始まった。ハリスンとシタール奏者の故ラヴィ・シャンカールとの今では有名となった関係が始まった時点で、彼はビートルズの音楽と霊的目的が別々の領域に存在する必要などないと考えた。シャンカールは、シタールを学びたいと思っていた熱心な若者との最初の出会いを次のように述べた。「シタールを持った大衆向けミュージシャンは奇妙に見えます……

訳注2-9 ビリー・グラハム(一九一八―二〇一八)は、二十世紀のアメリカの最も有名なキリスト教福音伝道師で南部バプテスト連盟の牧師。「クリフ」は、グラハムのラジオ番組のホストを務めていたクリフ・バートン・バロウズ(一九二三―二〇一六)のこと。

それは私たちの古典音楽とほとんど関係ありませんでした。ジョージ・ハリスンが私のところに来たとき、私はどうすべきか分かりませんでした。私たちの出会いが、それほどの爆発を引き起こし、インド音楽が大衆向けの世界に突然出現するようになるなんて思いもしませんでした」。

一九六七年六月の三日間、カリフォルニア州モントレーでのモントレー・フェアーグラウンドで、東洋と西洋の霊性の融合が、音楽的才能の見事な陳列の中で実現した。モントレー・ポップ・フェスティヴァルは、その焦点が意識の政治学にあったヒューマン・ビーイン以上に超越の方法としての音楽へとカウンターカルチャーを向かわせた。公式のロゴは、サテュロスが花々のベッドの中でパーンパイプを吹くという単刀直入なヴィジュアルによって、フェスティヴァルの精神を告知した。その顔ぶれは、一九六〇年代の音楽の人名録になっている。また、そのパフォーマーたち、とりわけジミ・ヘンドリックス、ジャニス・ジョプリン、オーティス・レディング、サイモン・アンド・ガーファンクル、ママス・アンド・パパス、ザ・フー、バーズのどれか一つでさえ存在しなかったとしたら、ポピュラー・ミュージックがどんな形になったのかを想像することは難しいだろう。ロック史の中の最もアイコニックなパフォーマンスのいくつか(ザ・フーが自分たちの楽器を破壊し、ジミ・ヘンドリックスが自分のギターに火をつけた)が含まれていただけでなく、モントレー・ポップ・フェスティヴァルの雰囲気は、それを凌駕するマリファナの煙と特異な霊的ヴィジョンに波長を合わせた集合的無意識の両方で濃厚に満たされていた。アニマルズのリード・シンガーのエリック・バードンは、次のように分かりやすく述べている。「俺にとって、モントレーはポップ・ミュージックのフェスティヴァルなんかじゃなかったね。音楽のフェスティヴァルじゃなかったな、マジで。それは宗教のフェスティヴァルだったんだよ。それは愛のフェスティヴァルだったんだよ」。

週末の撮影映像では、ストーンしトリップしている多くの人の顔が、あたかも内側と外側の両方から照らされているかのように光り輝いているのが見られる。ロック雑誌や大衆紙の中のさまざまな記事は、古代の儀式の目撃証言と似た何かを描写している。『ニューズウィーク』誌に記事を書いたマイケル・リドンは、ヘンドリックスのギターが燃えているのを、異教の宗教的礼拝であるかのように表現している。「そして、あたかもギターが生贄に捧げる犠牲者であるかのように、彼がその前に跪き、それにライターオイルを吹きつけ、火をつけたとき、それは完璧で最も愛している物の奉納、すなわちまさしく生贄以外の何物でもなかった。そのため、その破壊が彼をさらに気高くすることができたのだ」。とはいえ、何か特別なことが起こっているという感覚をフェスティヴァルに注入したのは、アメリカで初めて公式の場に登場したシャンカールの演奏だった。シャンカールは、数千人のオーディエンスへ三時間のラーガを演奏した(彼はオーディエンスに演奏中はマリファナを吸わないように丁寧にお願いし、彼ら全員が余儀なくそうした)。

シャンカールは、モントレーでの歓迎に感謝し、ハリスンやビートルズが自分の音楽や霊的信仰心に示してくれた情熱を尊重していたが、一方でヒッピー・ムーヴメントについては概して懐疑的だった。フェスティヴァルから間もなくのインタヴューで、シャンカールは自分の音楽がヒッピーたちによって非常に愛されているということへ両面感情があることを是認した。トップ四十誌『ＫＲＬＡビート』の中でシャンカールは、自分の音楽の本質的な宗教的ルーツとドラッグ・カルチャーの間に一線を引いた。「私たちは、余分なもの、ないしは他の刺激剤が必要だとは思っていません。そして、そのことを若者たちに、もちろん彼らの感情を害することなく、理解してもらうことに私は最善を尽くしているのです」。

シャンカールにはファンがいたが、シタールの演奏がポップ・ミュージックへ織り込まれる際、彼のみではすぐに反響がやってくることはなかっただろう。ビートルズによって、これらの曲が若者のカルチャーへ単に提示されただけでなく、ロックという背景、とりわけサイケデリック・ロックという背景において、そのサウンド自体が若者たちと深く共鳴した。シタールが文化的にも音楽的にも本物の何かをLSD体験へまとわせたのだ。この時点までに、サイケデリックから神秘的なものを、ドラッグから魔術的なものを離婚させることは不可能となっていた。というのも、それらは意識革命の理念に、それだけ完璧に役立っていたからだ。そして、ジョージ・ハリスンの手によるシタールのサウンドは、これまであったどんなものよりもポップ・ミュージックを向上させた。「トゥモロー・ネヴァー・ノウズ（一切の思考を放棄して／虚空に身を任せてしまえ／それは輝くだろう／それは輝くだろう）」のような歌詞を通して、大衆の意識は変化させられた。ロックの最も重要な画期的出来事の全てと同様、それは最も皮肉な種類のコマーシャルやマーケティング活動へと広がっていくことにはなるが、より重要なのは、それがロックのサウンドと受け取り方を永遠に変化させたことだ。バンドの人気は、全ての言葉と全てのコードを傾聴していたビートルズのファンにだけではなく、皇帝が服を着ていないこと、規範的なキリスト教（場合によってはユダヤ教も）が空虚であり、次世代が必要とするような霊的滋養物を持っていないことを明らかにする特殊な化身として、すなわち司祭や使徒としてではなくトリックスターとして、ロック・バントやミュージシャンたちが持ち上げられるという前例を作った。ロックは世界の霊的秩序を変化させるための方法だった。ビートルズの神秘主義に関する率直な表明は、バンドとオーディエンスの間の電気的接続をひたすら過給するのみだった。

そのほとんどが確かに単なる模倣の霊性だったことは間違いないが、東洋の神秘主義は一九六〇年代のカウンターカルチャーの中で、すぐに大きな流行となった。ビートルズが信じているなら、それは真実であるに違いない。これは宗教組織の多くを警戒させた。その異なる霊的見解がいくばくかの希望を与えるものだとしても、それらは突き詰めていくとキリスト教の教義と対立する。ニューヨーク市五番街の長老派教会の敬愛すべき牧師であるジョン・サザーランド・ボーネル博士は、神秘主義やその他のオカルトの活動に惹きつけられているのは、大抵の場合が「霊的に未発達な人々」であると述べた。ボーネルは、キリストの簡素で完璧なメッセージから目を背ける悲惨な例としてビートルズを利用した。「私が思うに、この事例となるのは、キリスト教で受け入れらないものを見つけたと言われているが、その後、インドの神秘家マハリシ・マヘーシュ・ヨーギの足下へと夢を見るかのような目を着座させるためにインドへと旅をしたビートルズだ」。

一九六八年二月、ビートルズはマハリシに合うために、ミュージシャンのドノヴァンとビーチ・ボーイズのマイク・ラブと連れ立ってニュー・デリーにあるアシュラムへと向かった。なすべきことがなく時間をもてあました状況と、さらに長髪の忍び笑いをするヨーギが女性の招待客へ性的な誘いかけをしていたという風評は、ビートルズに当惑と怒りを抱えさせ、ロンドンへと帰国させることになった。

一九六〇年代のカウンターカルチャーの中でのグルの役割は、魔術に傾いた信念や実践の混合と対立していたように思われるかもしれない。だが、当時の西洋の見解では、神秘主義とオカルトはほとんど同義だった。ごく少数の熱心な仏教徒、またはヴェーダンタとして知られる哲学的伝統を中心としたヨガやその他のヒンドゥー教の実践の厳格な探求に深くかかわった知識人たちを例外として、宗教的な実践の代替形態は、アーティストや作家たちを通して世間の見識の中に保持され続けた。彼らの名声や才能、また霊性や宗教に関する彼らの率直な公式声明の全ては、彼らが何かを隠しているに違いない、また何らかの目に見えない力が彼らの人生や音楽を形作るのに作用したか、あるいは恩恵をもたらすと同時に呪いをかけることになるさまざまな陰謀（大抵は邪悪と信じられていた陰謀）の中で、彼ら自体が積極的な関与者だったのではないかという考えを呼び起こした。知能が人並みの人からすればありえない人生を送る多くのアーティストが、地獄の取引を疑われ、しばしば悪魔へと自身の魂を売ったのだと考えられてしまうように、ビートルズはあらゆる種類のオカルトの憶測を映し出すための鏡となった。

ビートルズが通りを横切るアイコニックなイメージと今やなっている『アビイ・ロード』のカバーは、害がない平凡な行為の場面であるが、これは彼らのこれまでの二つの風変わりなカバー、一つはセレブリティ、聖人、罪ある人たちとビートルズのコラージュを用いた『サージェント・ペッパーズ・ロンリー・ハーツ・クラブ・バンド』、そしてもう一つは単なる白いカバーであるため、何千人もの若者のペンやマジック・マーカーの落書きに使える白紙状態となっている『ザ・ビートルズ』——『ホワイト・アルバム』という名前でより知られている——からの脱却だった。だが、『アビイ・ロード』は、秘密のメッセージのテンプレートになった。

この最初に信じられた主張は、ポール・マッカートニーの噂されていた死について電話をかけてきた視聴者へ返答したデトロイトのＤＪが、『ホワイト・アルバム』の中の前衛的な曲「レヴォリューション９」を逆再生させることで発見したと言われている。そうすると「僕を作動させてくれ、死者よ」という言葉の繰り返しを聞くことができるが（もしそう聞こうと耳を澄ませばだが）、これは愛するビートルの死の知らせを隠蔽するための陰謀があったという最初の「証拠」となった。「ポールが死んだ」という噂にオカルト要素は含まれていなかったが、ビートルズのアルバム・カバーの中に証拠を偏執的に探すことは、ロックンロールを聴くという行為の中のお決まりの一部となること、すなわち全てのアルバム・カバーの中に隠された意味を捜し求めることを引き起こすことになった。常にバンドは意図的に神話を永続させようとしていることを断じて否定した。だが、彼らのアルバム・カバーの一部の寓意的な特質は、謎めいた薔薇十字団のポスターや十八世紀及び十九世紀のその他のオカルトの図像を喚起する。もともとルネサンス期に着想された寓意画は、より深い真理のため、しばしば秘教的な真理のための視覚的なアレゴリーとしての役目を果たしていた。象徴に思いを巡らすことは、霊的あるいは心理的な啓蒙をもたらす可能性がある。しかしながら、アルバムは伝統というコンテクストの中にあるわけではない。多くの寓意画は、聖書の真理、あるいは錬金術の真理を伝えることを明らかに意図していたが、アルバム・カバーは文化の広大な海の中に存在する。『サージェント・ペッパー』のカバー上の全ての人々やアイテムが、バンドにとって何を意味していたかは、何にせよ断言できない。アルバムのカバーをオカルト的にすることは、図像の形式に寓意画として機能するための力を与えるのとまったく同じことだ。LSDと神秘主義のモットーで溢れていた一九六〇年代の場合、見る者の欲望とロックンロールの核心の精神的反逆が団結した。ここでカルチャーが、オーディエンスとミュージシャンの間の特別で強力な結束ゆえに創り出された。画家でグラフィック・デザイナーのポーラ・シェアは、一九六七年に画学生として『サージェント・ペッパー』を手にした体験について尋ねられたことがある。「私の知り合いの誰もが、何時間もぶっ通しでそのカバーを見つめ、その意味への特別な秘密の手がかりを明らかにしようとしていたわ……そして、はっきりしない結論を果てしなく議論したのよ。以前も以後も、私にそれほど強く影響を与えたものはないわね。この先も二度とないでしょうね」。

この種の釈義をロックが呼び起こす方法には、否定的な面も存在する。飽き飽きする程の時間とその傾向を持っている人であれば、ビートルズのアルバムのカバーを、オカルト・テロリストの手引きとして、またサタンと彼の軍団が世界を征服するのを支援するための謎めいた段階的な指導書として解釈することも可能だった。今日でさえ、その探索は続いている。現代のあるブロガーは、もしその課題に適切なレンズが当てはめられるなら、見つけられる可能性がある、あらゆる秘教的な連関をわざわざ収集した。『ア・ハード・デイズ・ナイト（*A Hard Day's Night*）』のカバーから、「八つの目。8＝太陽崇拝」。『ヘルプ！（*Help!*）』から「H＝8（太陽崇拝の数）、HE＝13（オカルト）、ELP＝33（フリーメーソンの位階）……従って、『ヘルプ』＝フリーメーソンのオカルトの太陽崇拝のレコード（訳注2―10）」。『イエロー・サブマリン（*Yellow Submarine*）』から、「ジョン・レノンは悪魔の角（コルナ）の手信号をしている」。そして『サージェント・ペッパー』は、次のように隠されたオカルトの象徴の正真正銘の百科事典である。

水ギセル（マリファナ用水パイプ）、紫色のヴェルベットの蛇（蛇・サタン・男性器）、白雪姫（フリーメーソンであるウォルト・ディズニーからの）、メキシコの生命の木（通常、エデンの園で禁じられた知識をアダムとイヴに提供する蛇のサタンが描かれている）、L（九十度の直角）のそばにある土星のトロフィー（太陽・サタン）。

特定の宗教上の隠された意図を持っている人にとっては、マスメディアを通してサブリミナルなメッセージを作用させている巨大なオカルトの陰謀を主張するための必要なあらゆる証拠を、ビートルズの中に見いだすのは、あっけないほど簡単なことだ。ビートルズの名声は本人たちを、サタンの基本計画の支配の下、自ら進んで関与している者たちなのか、あるいはうぶで騙されている者たちなのか、そのどちらかだということにされた。ビートルズは、全ての原理主義者の神経を逆なでした。バンドの歴史には、グルとドラッグの使用の自白が含まれていた。そして、レノンの死の悲劇でさえ、彼らの地獄の取引の手がかりとみなされた。だが、これは大抵の場合、ある信者が他の信者へと説教している場合の声でしかない。それはそれ自体に燃料を提供し自らを永続させるただの妄想である。不幸なことにも、この種の混乱したオカルト解釈が、さらに雲行きを怪しくしていく場合もある。

ウェイバリー・ドライブ三三〇一番地のレノ・ラビンカと妻ローズマリーの家に警察が到着したとき、彼らが目にしたのは、カップルが殺された方法の残虐さだけでなく、犠牲者たちの血で書かれた壁の落書きだった。そこには、よく知られている「ヘルター・スケルター（Helter Skelter）」という言葉があった。『ホワイト・アルバム』の中のビートルズの曲のタイトルであり、それはカリスマ的なカルト・リーダーであるチャールズ・マンソンの残虐なスローガンだった。ラビアンカを殺害する前夜、マンソンの信奉者たちは、映画製作者ロマン・ポランスキーの妻シャーロン・テートを含む五人の人々を殺していた（また、

訳注2-10 「HE=8」、「H=13」、「ELP=33」は、いわゆる「数秘術」という占いで行われる文字を数に置き換える操作に基づいている。

一部のオカルト陰謀論者が指摘しているように、一年前ポランスキーは、上流階級の悪魔崇拝者たちによって悪魔を受胎させられた女性についての映画、『ローズマリーの赤ちゃん』を監督していた）。裁判でのマンソンは、実際にビートルズの歌詞がどのように人種間戦争を煽りたてるための具体的な指示となっているかを説明した。「『ヘルター・スケルター』は錯乱している。錯乱がひっきりなしに聞こえてくる。錯乱がひっきりなしに聞こえてくるのが分からないなら、それを好きなように名づければいい。それは俺の陰謀じゃない。それは俺の音楽じゃない。俺はそれが言っていることを聞いている。それは「立ち上がれ！」と言っているんだ。それは「殺せ！」と言っているんだ。なぜ俺を責めるんだ？　俺が曲を書いたんじゃない。俺はそれを社会の意識へ投じた人間じゃない」。ビートルズは、こうしたやり方で自分たちの音楽が解釈されたことに衝撃を受けた。そして、自分たちが一般の人々にどのように受け取られるかについて、ますます神経質になっていった。

ビートルズは、一九六〇年代の鏡となった。それは、キリスト教によって支配されない霊的意味や宗教体験を求める不安に駆られるほどの深い切望で調律された十年間だった。ビートルズは、オーディエンスと激動の十年の間を完璧に仲裁する公式だった。アシッドであれ、東洋の神秘主義であれ、あらゆる実験の結果を評価するための方法を、彼らは提供した。それがすっかり終わる頃までに、ビートルズの各々は音楽的にも精神的にも別々の道を進んでいた。後にレノンは、自分が一九六〇年代の失敗として目にしたことへの、また自分たちの「オール・ユー・ニード・イズ・ラブ」の絶対説の夢想的な愚直さに関しての個人的な返答を書いた。「僕は魔術を信じない……僕はタロットを信じない……僕はマントラを信じない……僕はヨガを信じない……夢は終わったんだ」（訳注2―11）。一九七一年の『ローリング・ストーン』誌のインタヴューで、レノンはさらに辛辣だった。一種の救世主的な人物になっていることに、また多くの人の人生に意味を放射することができるがゆえに私生活など存在しない霊的な救い主としてみなされていることに、彼は飽き飽きしていた。「僕はそれにうんざりしている」と彼は述べている。「僕は彼らにうんざりしている。彼らは僕をぞっとさせる。型にはまった熱狂者たちの多くが、いまいましい平和のシンボルを身に着けて、あちらこちらを歩き回っている」。

後のハリスンは、マハリシで事態が途切れさせられた点を遺憾としたが、自身の神秘主義的な探求は深まっていくのみだった。最終的に彼は、シャンカールとのつながりを通して、クリシュナ意識として知られる霊的運動に自らを捧げることになった。ビートルズの小規模レーベル、アップル・レコーズは、敬虔な詠唱から成るアルバム『ザ・ラダ・クリシュナ・テンプル（*The Radha Krishna Temple*）』さえもリリースした。そして、一九六九年、最初のシングル「ハレ・クリシュナ・マントラ（Hare Krishna Mantra）」は、ＵＫチャートの十二位にまで達した。ビートルズが解散し、ハリスンは自分の音楽を通して自身の霊性を自由に探求できるようになると、「マイ・スウィート・ロード（My Sweet Lord）」を売り出した。それは、これまでビルボードのシングル・チャートの一位を獲得した中で、最もあからさまな宗教的な曲となった。

文化的な探求と個人的な探求を架橋するためには、公的ペルソナだけでなくバンド仲間の私生活におい

訳注２-11　ここでの言葉は、ビートルズ解散後のジョン・レノンの初ソロ・アルバム『ジョン・レノン／プラスティック・オノ・バンド（*John Lennon/Plastic Ono Band*）』の中の「ゴッド（God）」という曲の中の歌詞。

ても絶対に主義を曲げないバンド、また多くの場合、判読できない楽曲の歌詞の中だけではなく報道陣とのインタヴューの中でも同様に霊的探求を掲げるバンドが必要だった。言い換えるなら、新たな霊的時代が真に始まっているということを納得させるためにはビートルズが必要だった。だが彼らは、そのことを人が単に理解できるように示すところまでのバンドだった。

Ⅲ

大きな影響力のあるアンダーグラウンド新聞の『サンフランシスコ・オラクル』の一九六七年一月号で全頁の見開きによって、ヒューマン・ビーインが表明された。それは一九六〇年代のカウンターカルチャーの仲違いすることの多かった仲間たちを政治的かつ霊的に一つに接合する「部族たちの集会」だった。この公示は大地に杭を打ち込むことになった。政治的革命は、霊的意識によって後押しされなければならない。予定されていた参加者たちには、ティモシー・リアリーやアレン・ギンズバーグが含まれていた。さらにグレイトフル・デッドやクイックシルバー・メッセンジャー・サーヴィスを含む、その当時に影響力があったサンフランシスコのバンドたちによって音楽が提供された。今やアイコンニックなものとなっているこの号の表紙には、ピラミッドの中に開いた第三の目を持ったヒンドゥー教の聖人がいる。その時代の人々にとって、LSDは第三の目を開くためのツールだと考えられていた。大学の教師たちでさえ、LSDの潜在力に目を向けていた。一九六六年一月の『ロサンゼルス・タイムズ』紙でインタヴューを受けたバーバラ・ブラウンのような一部の人々は、施行されようとしているLSDを禁止する法律を、ウィッチクラフトなどを禁止する同種の法律になぞらえた。(訳注2―12)「歴史的に言えば、魔術に反対する法律は常に存在してきた……そして、ＬＳＤは魔術をかけることができる」。ミュージシャンたちは、それが自分たちの人生をどのように変化させたかを語ることにしり込みしなかった。ビーチ・ボーイズのブライアン・ウィルソンは、それがどのようにポップ・ミュージックを、また女の子に夢中なだけの自身のポップ・ミュージックさえをも変化させたかを説明している。「白人の霊歌《スピリチュアル》。思うに、僕たちが聴くことになるのは、それだよ。信仰の歌だよ」。彼をアーティストとしての新たな道へけしかけたのは「宗教体験」、すなわち彼自身のＬＳＤのトリップだったと述べている。だが、研究者やミュージシャンたちは、一般の人々の風潮を止めることなどできなかった。一九六六年の春、カリフォルニア州では、その当時の州知事パット・ブラウンによって署名された法案において、サイケデリック・ドラッグは違法となった。ヒューマン・ビーインは、新たな法律に対するカウンターカルチャーの同族的応答になった。それはその意識を合法化することができなかった体制に向かってのうなり声だった。空気中には真の魔術が漂っていた。そして、カリフォルニア州の人々がそれを好むと好まざるにかかわらず、それは世界を変えることに取りかかっていた。ヒューマン・ビーインは、サイケデリック革命を止めることなどできないということを通知する炎だった。その長期的影響は、ＬＳＤが斑紋をつけた神秘主義の大衆化であり、それがポップ・カルチャーのあらゆ

訳注2―12　バーバラ・ブラウン（一九二一―一九九九）は、バイオフィードバックの研究を一般に広めたことでも知られる科学的研究を専門とする心理学者。アメリカのテレビ番組『ワン・ステップ・ビヨンド』の一九六一年一月二十四日に放映されたメキシコのサイケデリック・マッシュルームを調査した「ザ・セイクレッド・マッシュルーム」の回にもゲスト出演している。

る部分へ紛れ込んでいくことになった。結果として、人々が東洋の哲学や宗教的実践、魔術、オカルティズムの様式のあらゆる形を享受していくにつれ、キリスト教の群衆は猛烈な勢いで押しのけられ、西洋の霊性は劇的に変化した。さらに重要なことは、ヒューマン・ビーインが、ロックンロールをメッセージ伝達の主要な手段へと変化させたことだ。

ヒューマン・ビーインのアイデアは、二人のカウンターカルチャーのオカルト・アーティスト、ジョン・スター・クークとマイケル・ボーウェン——アート・エディターであり詩人のアラン・コーエンとともに『サンフランシスコ・オラクル』紙を創刊した——の間の会話の中で生まれた。ボーウェンは神智学やその他の秘教哲学を深く学んでいたが、今から見ると、彼のアート作品は幻視の伝統に属するものと言ってもいいだろう。彼はアウトサイダーのアーティストであり、超常的な周波数との同調をキャンバスへと送信していた。クークはハワイの裕福な家庭に生まれた。彼は子供の頃、タロット・デッキを普通のカードのパックだと思って何の気なしに購入し、タロット・カードを使い始めることになった。大人になるにつれ、クークはサイエントロジー、スーフィズム、最終的にはラティハンと呼ばれる技法を用いる秘教的な霊的実践であるスブドゥとかかわるようになった（ラティハンの間、プラクティショナーは、神的なものの霊が自分の中に入り、何であれその個人に特有な方法で表現させることを許す。人々は叫び、笑い、泣き、踊ることさえすると言われている。だが、ラティハンは霊的エクスタシーのトランス状態であるとはみなされていない）。一九六〇年代初頭に、クークはボーウェンと出会った。そして、二人は多くのことを話し合った。クークもボーウェンも新しい時代が幕を開けることを確信していた。ウィジャー・ボード上で「ワン（One）」として知られる存在者から受け取った答えに導かれて、クークはタロットの重要な新たな解釈であると自身が理解したことに対する絵を「チャネル」した。それをクークはブラバツキー夫人によって予言されていたものだと信じていた。そのデッキ、『T――ニュー・タロット』（水瓶座時代のための新たなタロットと呼ばれることが多い）は、サイケデリック・ポスターの会社イースト・トーテム・ウェストによって出版された一連のポスターとして最初は送り出された。また、『オラクル』紙の一九六七年八月号にも掲載された。

一九六七年一月十四日、ヒューマン・ビーインは、ゴールデン・ゲート・パークでの三千人以上のヒッピーとカウンターカルチャーのエリートたちの集会となった。ＬＳＤの預言者ティモシー・リアリーの有名な宣言「ターン・オン、チューン・イン、ドロップ・アウト」は、そこで行われた。そのメッセージは、ヒッピーたちにとって、ウォルト・ホイットマンの「野生の叫び声」となった。(訳注2―13) 後にリアリーは、これをアレイスター・クロウリーの霊的解放の呼びかけ、すなわち「汝の欲することをなせ、それが法の全てとならん」への自分なりの翻案だと述べている。自由は、社会的解放や政治的解放を単に意味するだけではなかった。それは意識の自由かつ霊的探求の自由を意味していた。しかし、元々のピューリタンの宗教的自由の呼びかけが実際に意味していたのは、自分たち自身の神政政治を確立するのに十分なだけの自由でしかなかったが、一九六七年の霊的自由は、超越的な経験から得た体験、すなわち司祭や救世主など必要とせず、恍惚としながら太陽の奥深くを凝視するディオニュス崇拝者への呼びかけだった。グレイトフル・

訳注2－13「野生の叫び声（barbaric yawp）」は、十九世紀のアメリカの詩人ウォルト・ホイットマン（一八一九―一八九二）の一八五五年の詩集『草の葉（*Leaves of Grass*）』に含まれている詩「ソング・オブ・マイセルフ（Song of Myself）」の中の言葉。

デッド、クイックシルバー・メッセンジャー・サーヴィス、ジェファーソン・エアプレインなどの傑出した音楽面での顔触れのために、ヒューマン・ビーインに参加した人でさえ、単に政治的演説にさらされただけではすまなかった。アメリカの最西端に東洋をもたらしただけでなく、さまざまな東洋の伝統を融合しさえしたアレン・ギンズバーグが、ヒンドゥー教のシヴァ神と仏教徒の菩薩に敬虔な祈りを捧げたとき、人々は彼の詠唱に従わせられた。政治的な変革の土台となる霊的改革という見解は、一九六〇年代の残りの時期を通じてカウンターカルチャーを変化させ、結果として引き続き数年のカウンターカルチャーの根底を流れ続けることになった。

最も政治的なヒッピーでさえ、悪ふざけの抗議の中でオカルトを使うようになった。一九六七年、すなわちその同年の十月、急進的な活動家アビー・ホフマンは、アレン・ギンズバーグを含む一団とともに国防総省に向かって行進した。そこで彼らは、例えば「四方向の聖別」、「魔術円の創作」、「諸力や霊たちの召喚」、「ロックンロールのレコード」を含む「愛の品物や装身具を国防総省へ置くこと」など、さまざまなオカルト的手法を用いて、国防総省を空中浮遊させるための試みを上演した。大規模な冗談でしかなかったにもかかわらず、ホフマンの悪ふざけは非常に大きな影響力を及ぼした。国防総省を実際に空中浮遊させられると誰も信じてはいなかったけれども、政治的な目的にオカルト言語を使用することは、それが社会的な武器として、または反逆が単なる抗議を越えて進んで行くこと——自分が反対する政治体制の周囲に築かれた宗教的大建造物の核心をめがけて、それが攻撃をしかけていくこと——を公衆に警告する手段として、潜在的に有用であることを明らかにした。政治的な面が取り除かれたときでさえ、オカルトは果敢な抵抗の標識として機能し続けた。ホフマンの方法からそれほど離れていない方法で、これらの象徴を採用したロック・カルチャーにおいては、特にそうだった。

何十万人もの反抗的な若者たちが、ヘイト・アシュベリーに押し寄せることになる同年の来るべきサマー・オブ・ラブを、ヒューマン・ビーインは予示していた。希望に満ちた霊的解放の中心地は、そのままではいられなかった。中毒性の高いドラッグ、貧困、犯罪が急増し始めた。ジョーン・ディディオンの一九六七年のヘイトでの悲痛な記録『ベツレヘムへ向かってうつむいて歩く』では、麻薬中毒と貧困の来るべき潮流が、すでに滲み出てきていることを感じさせられる。一九六七年十月、カウンターカルチャーの元々の開拓者たちは、「ヒッピーの死」と呼んだイベントを上演した。そこで、彼らは棺を運びながら通りを葬列し進んだ。だが、ヒッピーたちにとって事態が瓦解していったとき、ついに主流派はその波を捕まえ、神秘を注入されたロックの精神的反逆が、巨大なビジネスになることに気がつき始めた。

一九六七年にニューヨーク・パブリック・シアターでの最初のオフ・ブロードウェイで始まり、次に一九六八年にはブロードウェイに移って大衆向けを狙って完売となったロック・ミュージカル『ヘア』は、素晴らしく精巧に作られた舞台作品の中で、神秘主義を一般大衆に向けて提示した。それは結局のところミュージカル劇であり、ロック・ショーではなかった。そして観客たちは、ほぼ真正のヒッピーの精神に楽しんで身を委ねながらも、そこに首を突っ込まずにいることができた。その完全な題名『ヘア――アメリカの部族的ラブ＝ロック・ミュージカル』は、ヒューマン・ビーインの部族たちの集会に相槌を打ち、また一九六〇年代のカウンターカルチャーの共同体的で異教的な本質を際立たせている。そのミュージカルの本、歌詞、そしてキャッチーで覚えやすい曲が、その真正の力とその馬鹿正直な真面目さ全てにおいて、霊的革命がどんなものであるかを正確に明らかにしている。ショーの出だし「アクエリアス」では、「神秘のクリスタルの啓示／そして精神の真の解放」という若干馬鹿げていて陳腐な霊的な言葉によって、占星術による新たな時代の予言が要約されている。他の曲ではセックスやその当時の麻薬を大いに楽しみ、そればかりかミュージカルを単なる舞台のショーから宗教的儀式へと昇華するために必須となるハレ・クリシュナの詠唱さえも存在する。最後の強力なエネルギーを持つ曲では、ヒッピーたちを嘲ると同時に称賛し、なんら謎めいた言葉遣いなく「太陽の光を入れよう」という極めて単純なメッセージを提起している。

　ロック・バンドたちは、新たな大衆向け神秘主義の様式を多様な方法で取り入れていった。バンド名を冠したアルバム『ガンダルフ（*Gandalf*）』のカバーは、色彩豊かな蝶やその他の装飾品で覆われたフェミニンな異星人の顔になっている。H・P・ラヴクラフトは、「アット・ザ・マウンテンズ・オブ・マッドネス（At the Mountains of Madness）」という曲で、さらなる恐怖が詰め込まれた宇宙意識を選択する。(訳注2－14) テッド・ニュージェントの初期のバンドであるアンボイ・デュークスは、チャート一位の「ジャーニー・トゥー・ザ・センター・オブ・ザ・マインド（Journey to the Center of the Mind）」を「思考の海を越えた、どんな領域をも越えた」土地へと捧げた。こうしたバンドらが、サイケデリックな霊性の商業化を長続きさせた。しかもそれは、ついにアンダーグラウンドの住人であることが時代遅れに見えるほど、あからさまに体制側のものとなっていった。主要な雑誌のほとんどが、新たな宗教意識について語りたい何らかのことを持っていた。『プレイボーイ』誌ですら、流行に敏感であり、かつ文化の霊的な性感帯の上で脈動していると見られ続けようと努力して、生まれ変わりによる復活の信仰を論じた詩人で学者のロバート・グレイヴスの記事、女性のホロスコープが教えてくれる彼女を誘惑するための最良の方法についての特集記事、「魔術師」、「恋人」、「悪魔」などのタロットの中の登場人物としてポーズを取った裸の女性たちによって、メジャー・トランプの一部を表現したフォトギャラリーを掲載した。(訳注2―15)
ポピュラー・ミュージックは、三つ揃いのスーツを着た四人組のバンドから実験的で騒々しい共同制作へと完全に形を変え、三分間の歌が二十分の宇宙的即興演奏《ジャム》へ拡張され、甘ったるいラジオ好みの短い歌がフィードバックとテープ・ループで満たされた曲へと変化し、恋や十代の失恋についての歌を切り刻み、「逆さまに語る白の騎士」、風が「メアリーと叫んだ」などといったような謎めいた歌詞を提供するようになっていた。(訳注2―16)だが、レモン・パイパーズの「グリーン・タンバリン(Green Tambourine)」やストロベリー・アラーム・クロックの「インセンス・アンド・ペパーミンツ(Incense and Peppermints)」などのように、多くのバンドは当時人気のことであれば何でもやるという連鎖に閉じ込められていた。そのピークに達し

訳注2―14 H・P・ラヴクラフト(H. P. Lovecraft)は、一九六七年にシカゴで結成されたサイケデリック・ロック・バンドで、そのバンド名はアメリカのホラー作家H・P・ラヴクラフトから取っている。「アット・ザ・マウンテンズ・オブ・マッドネス(At the Mountains of Madness)」という曲名も、アメリカのSF雑誌『アスタウンディング・ストーリーズ(*Astounding Stories*)』で一九三六年の二月と三月と四月に連載されたラヴクラフトの同名の小説に基づいている。

訳注2―15 「ホロスコープ」は、占星術で使われる天体の位置を示した図のこと。「メジャー・トランプ」は、タロット・パックの中の重要な二十二枚のカードのこと。

訳注2―16 「逆さまに語る白の騎士」は、サンフラシスコのバンド、ジェファーソン・エアプレインの一九六七年のアルバム『サリアリスティック・ピロウ(*Surrealistic Pillow*)』の中の曲「ホワイト・ラビット(White Rabbit)」の中の歌詞。「風が『メアリーと叫んだ』」は、ジミ・ヘンドリックスの一九六七年のシングル「ザ・ウィンド・クライズ・メアリー(The Wind Cries Mary)」のタイトルとその中の歌詞を指している。

たのは、アーチーズがアニメ動画で動くバブルガム・ポップが製作され、彼らが点滅する電子パルスや永遠に輝く星々を背景に、色とりどりのペイズリー模様で装飾されたステージで演奏しながら、ファンたちに向かって「愛の列に加わって」と切望したときだった（『サブリナ』の十代の魔女さえ登場し、見たところ大人たちは気づかぬうちに魔法の麻酔剤を与えられたようで、グルーヴィな気分になっていく）(訳注2―17)。結果的に生じたのは、キャンディー工場で作られたかのように聞こえる曲を大量生産するペイズリー模様の服を着たバンドたちの行列だった。けれども、多くの人は、こういった全てをアートへと変える術を知っていた。そして、世界を完全に変えるとまではいかなかったとしても、アメリカ文化を変え、ロックンロールを永遠に変化させることになる精神的革命のかがり火として機能させる方法も分かっていた。

Ⅳ

スコットランドの吟遊詩人《トルバドゥール》ドノヴァンは、パーティーの最中に腰を下ろしギターを軽くかき鳴らしているとき、自分自身を催眠に陥らせるかのようなリフを思いついた。彼はそれを何度も何度も弾き、後に言われているところでは、それに七時間も取り組んでいた。新たな時代が、その幕開けとともに暗闇をもたらすことを仄めかす暗く予言的な歌「シーズン・オブ・ザ・ウィッチ（Season of the Witch）」を生み出す基となったのが、このリフだった。そこには何か突き刺さるものがあった（その後、この曲はロバート・プラントやジョーン・ジェットなどの多数のアーティストによってカバーされた）。「シーズン・オブ・ザ・ウィッチ」は、ドノヴァンの一九六六年のアルバム『サンシャイン・スーパーマン（*Sunshine*

Superman)』の他の曲とは懸け離れていた。表題となっている最初の曲は、「今日は太陽の光が、僕の窓をそっと通り抜けて入ってきた」で始まっている。だが、「シーズン・オブ・ザ・ウィッチ」は、いろいろな点で神託めいていた。ドノヴァンには暗いものが迫ってきていたのだ。同年、ドノヴァンは大麻の所持で逮捕された。イギリスの報道陣は、カウンターカルチャーが道徳観念を持たないドラッグ常習者だという中流階級の恐れをさらに引き出すために、深刻なドラッグ使用者ではない彼を典型的な人物像《ポスター・チャイルド》として用いた。報道陣とのインタヴューで、ドノヴァンは彼の仲間のロックスターたちとはまるで違っていた。彼はどんな政治的見解を発言することも先送りし続けたため、彼にスキャンダルを押しつけ続けることもできなかった。そして、彼は近隣の狐を自分の鶏から遠ざけるようにしていることについて語ることを好んでいだ。彼は一九六八年の『ロサンゼルス・タイムズ』紙で「狐も友人だけど、彼とはそのうち話をしなきゃならないだろうな」と語った。多くのロック・ミュージシャンがそうしたように、ファンやメディアは、彼が世界について、また未来のことについて、何かを語ってくれることを期待していた。この頃には、オーディエンスが叡智を捜し求めていた。そして、ロック・ミュージシャンはバッカス神のエネルギーの化身であるゆえ、霊的叡智も持っているに違いないと思われていた。彼らの音楽には、文化を形作るという点でも、まだら服を着た笛吹き男のように若者をドラッグやセックスや他の過激な反逆へと向かわせ

訳注2‐17『サブリナ』は、アメリカのコミック・ブック『サブリナ・ザ・ティーンエイジ・ウィッチ（*Sabrina the Teenage Witch*）』のこと。その中に登場する主役の十代の「半分魔女」（母親が普通の人間で父親が魔法使い）であるサブリナ・スペルマンが、アーチーズのアニメ動画の中に登場する場面がある。

たという点でも、明らかに力があった。だが、ドノヴァンは、そのいずれも持っていなかった。ドノヴァンはゲール人の神話と伝承の中で育った。そして彼の音楽は、それ以外にもボブ・ディランから東洋のラーガにまで広がる影響から汲み上げられた。そして、それらによって、彼は風変わりでサイケデリックなポップを見事に作り出したのである。『サンシャイン・スーパーマン』は、魔法使い、アーサー王伝説、宝石や貴石、王女からなる空想的な風景を通過していく。だが、「シーズン・オヴ・ザ・ウィッチ」はアンセムとなった。十年後のインタヴューで、ドノヴァンはこの曲を「儀式的」と表現した。ドノヴァンは一九六〇年代に不思議の国へと通じていた入口へ、はやる思いで飛び込んだ。そこで彼は、神性は天国にのみ存在すると決めてかかるのではなく、それはこの世界のまさに基礎構造の一部であるという考えを音楽的に探求してもよいという許可を得た。それは神話や自然を通して、それ自身を表現していた。それは汎神論でもある。そこでは、全ての木や花の中、全ての曲の全ての音符、恋人のベッドの中での陶酔した遊戯の中でも、神を見つけることができる。それはまた異教的でもある。そこでは、世界が精霊たちによって活性化されていて、自然は世界の秘められた物語を語る書物である。ドノヴァンは自身の代表的な歌について次のように述べている。「多分、それは僕がやった最初のケルト的なロックで、ブリテン島の中の自分たちのルーツの再発見なのかもしれないな。言うまでもなく、それがイギリスの音になったんだ」。

イングランド南部のニュー・フォレストは、広々とした一面の保護された森で、早くも十七世紀には木材の供給源として使用されていたが、それよりもずっと以前は、バロウと呼ばれる埋葬塚を残した古代の人々にとっての神聖なる場所だった。ここでは、キリスト教徒が西ヨーロッパを支配するようになる前から、角のある神を礼拝するカルトが儀式や実践を伝えてきたと考えられている。一九三九年、オカルトへ個人的な関心を持っていた退職後の人類学者ジェラルド・ガードナーは、森の奥深くに集まっていたカヴンと出会い、その一員となった。(訳注2―18) このガードナーの話は、風評がつきまとい論争を孕んでいるものの、一九三六年頃のどこかで、彼が魔女であると主張する人々のグループと出会ったということはありえなくはない。確かにガードナーは、マーガレット・マレーの理論によって深く影響されていた。彼女の主張では、キリスト教以前に（そして中世の魔女裁判まで）、さまざまな儀式や式典によって角のある神を崇拝する中央集権化していた魔女のカルトが存在していた。ガードナーは、現代のイングランドにこのカルトの特徴となるものが生き残っていると信じていた。何世代にもわたって神聖で侵すことのできなかったことを、彼は「公開」したいと思っていた。ガードナーの最初の本は、イギリスの不寛容を恐れたことから『高等魔術の救済（*High Magic's Aid*）』と題された小説として提示された。一五四二年から実施されていたウィッチクラフト法が一九五一年に廃止されると、ガードナーは『今日のウィッチクラフト（*Witchcraft Today*）』と『ウィッチクラフトの意義（*The Meanig of Witchcraft Today*）』という二冊のノンフィクションの本を書いた。そしてガードナーは、他の学者たちによって大部分が誤りであることを証明されたマレーの見解を永続化させることになった。異教崇拝の孤立した小集団が、西ヨーロッパの至るところに存在していた可能性はあるとしても、暗号を用いて秘教的叡智を伝達していた中央集権化された宗派が存在していたということは、これまで広く受け入れられたことがなかった。だが、ガードナーは自分自身の宗教を

訳注2‒18「カヴン（coven）」は、魔女たちの集まりのこと。

築くのに十分なものを手に入れていた。異教の礼拝の形式を実践していた人々から入手することができた断片と友人のアレイスター・クロウリーによる解釈を用いることで、ガードナーは宗教としてのウィッチクラフトという考えを一般の人々の意識の中に定着させながら、急成長するカウンターカルチャーに向けて、キリスト教以前の霊性がいまだ健在であると注意を喚起した。

　信奉者たちからウィッカと呼ばれているウィッチクラフトは、東洋の神秘主義と並んで、ヒッピーたちの間の必須の霊的体系だった。また、それは政治的問題を回避することを可能にする反逆の手段を提供した。それにもかかわらず、信奉者たちは、企業の機構がそれをすり潰して営利目的によってはき出すことを妨げることができなかった。一九六〇年代のポップ・カルチャーのウィッチクラフトと関連する領域は、その多様性において驚異的だった。ファブリック・メーカーのコリンズ＆エイクマンは、一九六四年九月十三日の『ニューヨーク・タイムズ』紙に、「ウィッチクラフトを実践しよう」という見出しと、それに続けて「これぞ黒魔術のように見えるガウン」というコピーとともに、暗い服を身にまとった女性が野原でぐるぐる回る姿を掲載した全面広告を出した。テレビでは『魔法にかけられて』というシットコムに、家を切り盛りする小粋な魔女を登場させ、また魔女の術の最悪の危険を迷惑な義母を使って描き出した（訳注2―19）。「ヒドゥン・マジック・ヘアスプレー」のコマーシャルでは、魔女のワンダが魔法のように自分の髪を解きほぐし続けた。だが、こうした全てが、実際に一般の人々の意識の中でオカルティズムの発想を生かし続けさせることになった。テレビ番組や広告ごとに、新たなオカルト教本が出版されていたのである。

　一九六九年、『ニューヨーク・タイムズ』紙の記者として裏で活動していたローマカトリックの神父アンドリュー・グリーリーは、大学のキャンパスで見られる新たな宗教に関する長文の記事を書くに足る十分な素材を収集していた。そして、学生が運営しているオカルト・ゲリラ集団WITCH（Women's International Terrorist Conspiracy from Hell［地獄からの女性の国際的テロリスト陰謀団］）、魔法使い《ウォーロック》の集まり、占星術と禅の講座、MITの成績優秀者たちによる瞑想、易経の実践、化学実験室でのアシッドのトリップといった実例を示して見せた。学生たちは「神聖なるものへの回帰」を主張したが、このことは科学が神的なものに意味を与えそこなっているだけでなく、主流派の宗教が神的なものと人々を結びつけるための神聖な責務を完全に放棄しているということへの重大な示唆でもあった。グリーリーによる『タイム』誌への記事は、現代社会の中の迷信を嘆き、俗世を越えた何かを探求する若者たちの広い範囲へと目を向けた。彼は次のように書いている。

郊外に住むミニスカートを履いた既婚婦人たちが、ディナーパーティーの日付を決める前に、易経で予測を立てるか、あるいはタロット・カードをシャッフルする。ドラッグで感作された魔術への切望を持ったヒッピーたちが、この現象の背後の原動力なのかもしれない。彼らは魔術的力があるとされている数珠や護符を誇らしげに示すだけではない。彼らはウィッチクラフトを断固として、また驚かされるほど信じてもいるのだ。ヒッピー神秘主義の一部は――アビー・ホフマンと彼の一団が昨年の十月に国防総省を空中浮遊させようとしたときのように――計算された悪ふざけだが、秘儀

訳注2-19『魔法にかけられて（*Bewitched*）』は、一九六四年から一九七二年までアメリカのABCで放映されていたシチュエーション・コメディ。日本でも『奥さまは魔女』という題名で、一九六六年から吹き替え版が放映された。

への新たな関心の多くは、無味乾燥な人生を豊かにしてくれるものを見つけることを心底求める試みとなっているのだ。

グリーリーの皮肉な言葉は的外れであり、かつ次のような最も重要な問いを尋ね損なっている。なぜオカルトが流行したのか、そしてなぜそれほど多くの若い男女が新たな時代の信奉者になったのか？　表面的に見るなら、その答えはまったく複雑ではない。キリスト教信仰が彼らに提供したのは何か？　教会はロックを嫌い（一九六六年、アラバマ州のキリスト教のラジオ・ステーションＷＡＹＥは、ビートルズのレコードを燃やすことを計画した）、セックスを憎み、戦争を愛しているようにも見えた。カトリックを含む多くの宗派が、ベトナムでのアメリカ軍を支持していた。若者たちの組織化された宗教への応答は必ずしも洗練されていなかった。だが、主流派のキリスト教の教会が、変化に対して、また何らかの自己決定することに対して、概して反対するとみなしていた点においては間違ってはいなかった。民主主義は、人種、階級、戦争に関する限り最高の責務を果たしていたわけではなく、また自由はそれを越えて重要なものでなければならなかった。無神論も何もなしえなかった。世俗的なもの、人為的なもの、独善的なものを越えた重要な何かが存在する必要があった。だが、それは非常に古いものを経由したとしても、新しいものでなければならなかったのだ。

一九六〇年代のＬＳＤ教祖へのへつらいとオカルティズムの強力な混合は、一般の人々の意識に向かって決して閉じられることのない扉を開いた。世紀末のオカルト・リバイバル以上に、一九六〇年代は霊の強力な召喚を遂行した。それはキリスト教が、その歌を鎮め、その発情を止めるために檻の中へと閉じ込めたとき、ほとんど消えたはずだった。だが、パーンやエシュの霊、あるいはそれが何であれ、特定の時の元型を最も良く表す顕現を閉じ込めておくことはできなかった。ディオニュソス神が「到来する神」あるいは「到着する神」としばしば呼ばれていたのは、彼がどれほど追い払われようが、閉じ込められようが、埋葬されようが、あるいは黒焦げに燃やされようが、帰り道を見つけることになるからだ。彼は周縁に、また時としてただ見えないところにいるが、ロックとともに彼は前面に現れ、反逆と反抗のリズムの中で自身の力を現すようになった。

最も広い意味で言えば、オカルトはしばしばグノーシスとも呼ばれる神的なものとの直接的な交わりをもたらす一連の霊的実践である。だが、それは古代の人間の衝動でもあり、それを通して踊る神々、騒がしい神々、トリックスターの神々、陶酔と狂気と恍惚の神々の精神が、それ自身を歴史の至るところで顕現させる。キリスト教の出現以前、古代世界の秘儀のカルトは、神々がいつも存在すること、また特定の儀式の行為を通して自分たちの知識を分け与えることを、新規加入者や信奉者に約束した。寺院や聖像の破壊によって彼らの祭壇が埋もれてしまったのだとしても、彼らが提示したことは決して永遠に葬り去られることはなかった。アフリカ系アメリカ人の大衆向けの音楽や宗教音楽を通して、アフリカのオリシャが知られるようになったように、このディオニュソスの精神は、一九六〇年代のロックンロールを経て完璧な媒体を見出し、そしてそこからポピュラー・カルチャー全体の中へ包み込まれていった。

不幸にも、暴力、戦争、ヘロイン、そして全般的な文化的枯渇は、ＬＳＤ、ヨガ、タロット・カードによる革新的で変化させる力を持った霊的解放の期待が入り込むための余地を、ほとんど残さなかった。霊的な六〇年代は、ディスコとコカインによって特徴づけられる一九七〇年代の過剰に取って代わられることになる。だが、賽は投げられていた。神秘主義はロックンロールに変化していた。そして、それが時折どれほど遠くに埋葬されたとしても、それは姿を現し続けた。最初はプログレッシブ・ロックの宇宙的神話の中で、より最近ではトランス、ハウス、アンダーグランド・アンビエントの実験的なエレクトロニック・サウンドの中で。とはいえ、神秘主義の復活の前に、ロックは別種の変化を被ることになった。全ての偉大な神話と同じく、ロックのオカルト物語は、地下世界への降下、変容、上昇を取り込んだのだ。しかし、ハデスへと向かうオルフェウスの旅は、危険を伴わずにはいられなかったし、光の下へと戻る長い道のりには犠牲が必要だった。少なくとも、彼はその道のりの間、ずっと音楽を演奏していなければならなかった。その最も暗い闇の時期の中においてでさえ、ロックンロールがやったことは、まさしく同様、ただそれだけだった。

第三章 ザ・デヴィル・ライズ・アウト

I

ジョン・レノン、エリック・クラプトン、ザ・フー、ジェスロタル、ローリング・ストーンズらの大物のラインナップに加えて、空中ブランコ曲芸師、火食い術師、小人たちなど満載のイベントが、ローリング・ストーンズ・ロックンロール・サーカスとして宣伝された。このサーカスはBBCテレヴィジョンのために撮影されたが、リビング・ルームへと直接狙いを定めた本物のロックのこの種の大がかりな見世物の最初となった。一九六八年までにミック・ジャガーは、悪魔の装身具に身を包んだしゃれた男として、あるいは文明を堕落させる、さもなければ少なくとも娘たちを堕落させるために現われた最上の誘惑者として自身のスタイルを形作っていた。かなりの悪評を受けた『ゼア・サタニック・マジェスティーズ・リクエスト（*Their Satanic Majesties Request*）』の後で、ストーンズは自分たち自身のルーツに戻り『ベガーズ・バンケット（*Beggars Banquet*）』をリリースしたばかりだった。一九六〇年代に襲いかかった不道徳を称賛すると同時に追悼する強く政治的な歌『ベガーズ』のオープニング曲「シンパシー・フォー・ザ・

デヴィル（Sympathy for the Devil）」では、ジャガーが強烈な自信に満ちた態度になっている。いまだ希望はあったとしても、ジャガーのパフォーマンスは予言的な瞬間となった。ウッドストックはいまだ一年先の話で、ポピュラー・カルチャーはペイズリー柄と原色で飾られていた。だが、ローリング・ストーンズはヒッピーではなかった。彼らの音楽は、ブルースを基礎とするロックの起源を取り戻すための意識的な試みだった。そうすることでサタンに変わったレグバを再び召喚し、ロックの真の守護聖人が誰だったかを思い出させた。悪魔がロックンロールのルーツであるということだけでなく、カウンターカルチャーの風変わりな神秘主義を黒ずませる荒々しい雲の中でも、いまだ健在だとジャガーが力強く公的に認めたことが、ロックンロールを再度シフトさせることになった。オカルトの想像力は、グルや占星術の愛のチャートから離れ、より邪悪な地平線へとゆっくりとその向きを変え始め、ロックの進路の地図を改めて作り直し、去勢されたサイケデリックな商業主義と化していた状態からロックを救い出したのだ。

サーカスでのジャガーの出演は、オーディエンスの前でライブ撮影されたが、その間、彼は憑依された男になっていく。彼のルシファーは完全に肉感的で、狂気じみた気配とともに、燻っているセックス・アピールを表現する。曲の絶頂の場所で、ジャガーは「俺の名前は？」と何度も繰り返し叫ぶ。彼は床で身をよじり始める。立ち直って膝をつき、タイトな赤いシャツを背中から頭の上へと引き上げ、完全に脱ぎ去る。カメラは彼の腕をズームし悪魔のタトゥーを見させ、次にカメラを引いて毛のない胸の上の完全な悪魔の頭を顕わにする。次に、ジャガーはあたかも地下世界へ祈っているかのようにひれ伏す。ジャガーが歌の中で人格化しているのがまさに誰であるかを、つまり地獄を王国に変え、羽毛のついた翼を脱ぎ捨て、後光を角《つの》へと屈曲させている高慢で美しい堕天使ルシファーでありサタンであることを、タトゥーが知らしめるとき、観客は激しく喝采を上げる。

ショーは放映されなかった。ストーンズは撮影画面の仕上がりに満足せず、一九九六年にVHSでリリースされるまで保管室に隠されていた。当時のオーディエンスだけが、ジャガーの一時的なタトゥーを目にした。だが、それはどうでもいいことだった。これは、あらかじめメディアや彼のファンによって決定されていたことを披露する単なる無益な見世物でしかなかった。『ワシントン・ポスト』紙の記者は、一九六九年のコンサートのレヴューで、ジャガーを「ロック・ミュージックが招き入れる悪の化身に最もふさわしい人物」と命名した。

バンドがそれ自身の神話によって容易く引き込まれてしまうこともあったし、ほんの見せかけの関心だったことがバンドの神秘性の決定的な部分となり、それを分離して考えることが困難になってしまうこともあった。バンドが作り出す音楽を越えたロックの名声の一部には、彼らの私的な生活を取り巻く噂が含まれる。一九六〇年代には、LSDの使用、酔っぱらっての突飛な行為、性的偉業などといったことによって、ミュージシャンの才能が正当化しうることを遥かに越えて、関心を高めることができた。だが、さらに物議を醸したのは、あらゆる種類の代替宗教の実践への関心だった。ファンたちは、タブーや秘教的な秘密が隠されているかもしれない歌詞を読むという胸を躍らせる興奮を感じたが、一方で両親たちは苛立ち、そしてキリスト教団体はアルバムを燃やすことに没頭した。噂を誇張することは売上に効果的だったが、ローリング・ストーンズのようなバンド――気がつくと自分たちがあらゆる知的、芸術的、精神的流行と衝突していたバンド――にとって、悪魔へと共鳴することが、どこまで単なる流行の考え方なのか、あるいは実際に自分たちの人生を陰鬱にしかねない不可視の諸力に、どこまで手をつけてしまっているのか、その場所を識別することは難しくなっていった。いずれにしても、ジャガーのペルソナにとって、これ以上に絶好のタイミングはなかった。ポピュラー・カルチャーの中では、悪魔が優勢になってきていたのだ。

一九六八年のハマー・フィルムの映画『ザ・デヴィル・ライズ・アウト（*The Devils Rides Out*）』では、クリストファー・リーが甥の失踪を調査する。そして彼の探索は、森の中で裸の女性を犠牲にする儀式によってサタンを召喚する悪魔崇拝者たちのカルトと偶然にも出くわすことになる。当時の優れたホラー映画の一つであり、クリストファー・リーのお気に入りの役の一つであるが、そのプロットは、最も広範囲に及ぶオカルトについての誤解の一つを、長く記憶に留めさせることになった。

悪魔がその姿を現すとき、確かに彼の古典的な表象であるパーン神と非常に良く似て見える。作家フィル・ベイカーが、悪魔崇拝の典型的なイメージを生み出すのに大きく貢献した人物だと評したイギリスの人気作家デニス・ホイートリーによる同名の本が、この映画の基になっている。「［ホイートリー］は、実際上、二十世紀のイギリスでのサタニズムの一般的なイメージを発明し、また彼はそれを異様なまでに魅惑的に見えるようにした」。

セックス、オカルティズム、サタンは、ポップ・カルチャーの多様なポケットの中で同義的になっていった。そして、さらに複数の映画が続いていった。その中で最も煽情的なのは、ロビン・ハーディが監督した『ザ・ウィッカー・マン（*The Wicker Man*）』（一九七三年）だった。そこではクリストファー・リーが、『ザ・デヴィル・ライズ・アウト』の中で演じていたキリスト教徒のオカルト専門家とは正反対の役を演じている。ここで彼が演じているサマーアイル卿は、果物の収穫から経済的な利益を得ている異教のカルトのリーダーである。だが、豊作には神々への生贄が要求される。エドワード・ウッドワード演じる信仰深く禁欲的なニール・ハウイー巡査部長は、少女が行方不明になっているということから島に誘い込まれる。このジャンルの多くの映画とは異なり、ハウイーのキリスト教徒の祈りは、ウィッカー・マンの巨大な建造物の内部で生贄になることから、彼を救い出すことはない。島の人々は上流階級のサタニストというよりも、むしろフリーラブのヒッピーである。父親的な人物であるクリストファー・リーでさえ、長髪で明るい黄色のタートルネックを身に着けている。その姿は、古き神々を崇拝し自身の悲運に自らを差し出すことになってしまったしゃれた男、ローリング・ストーンズの故ブライアン・ジョーンズとよく似ている。

サマーアイルの「邪教徒たち」は、サタンや悪魔を崇めるわけではないが、彼らの宗教は明らかに快楽主義的であり、必要とあれば残忍となる。異教の宗教には、恐ろしく邪悪な力としての役割が割り当てられているのである。それによって素晴らしいホラー映画が生み出されているが、一方でユダヤ教とキリスト教の伝統の成熟した合理性と思われているものと、他の代替宗教の実践の中での不合理で未成熟で性への関心が強い慣習との間の砂地の線を濃くさせてしまっている。また、これはオカルトの微妙なニュアンスを理解することには害となったが、一方でロックンロールにとってはもってこいだった。こういった類の典型的な表現が、ロック・ミュージックのパフォーマンスと表現の両方に着想を与え、それを神話的な地位にまで高めていくことになるのである。

映画の中のサタンや悪魔崇拝と日常会話での「オカルト」という語の関連は、ティーンエイジャーの反抗的な気まぐれにだけでなく、特定のキリスト教団体の強迫観念にも油を注いだ。ただし、映画の方はそれほど標的にならなかった。映画は架空であるがゆえに、一般大衆への直接的な攻撃としてみなされること——ないしは真剣に受け止められること——は少なかった。一方、ロックンロールは、現実の生身の人間であるミュージシャンが音楽を製作し、それが影響を受けやすい子供たちに数百万枚単位で売られていた。

ロックスターの人生は紛れもない放蕩として、また彼らの音楽は怒りとセックスと反抗的な態度を混ぜ合わせたものとしてみなされた。これらはしばしば暗号化されることもあれば、また時としてあからさまなオカルトのメッセージとなることもあったが、文明化された（すなわちキリスト教の）世界を台無しにしかねなかった。確かに一部のバンドは、明らかにサタニックな歌詞や表現によって悪魔の抱擁を受諾していた。だが、そうしたミュージシャンたちでさえ、どの程度が見せかけ——ハマー社のホラー映画の音楽上での役割演技——だったのか、あるいはどれだけ本気の精神的方針であったのかは必ずしも明瞭ではない。

一九六〇年代後半——バルビツール酸系睡眠薬の乱用とファッション性の高い時代——のロックとアートの舞台にしっかりと定着したローリング・ストーンズは、映画製作の限界を押し上げるためのアイデアを持っていた前衛的な映画製作者ケネス・アンガーと出会った。彼は異教の神々、呪文、そして彼にとっての英雄アレイスター・クロウリーを導き入れる最初の真面目な試みを詰め込んだ魔術儀式となる映画を製作した。一九六三年、アンガーは映画『スコーピオ・ライジング（*Scorpio Rising*）』を完成させた。この三十分の映画——バイカー文化、同性愛、ナチス、オカルトの一連の敵意に満ちた映像——は、アンガーのカウンターカルチャーでの最初の紛れもない成功となった。続く数年にわたって、彼はアンダーグラウンドのアート・カールチャーに確固たる地位を占め、ヒッピーたちの寵児となった。その名声は、彼が十代の頃から作りたかった映画をフィルムへと保存するのに必要な自信を自らへと与えることになった。また、彼はハリウッドの乱痴気騒ぎのスキャンダラスな報告である『ハリウッド・バビロン（*Hollywood Babylon*）』という金を生み出す出版物を、一九五九年にフランスで最初に出版し、次に一九六五年にアメリカで出版し、そこから必要となる資金を得ていた（同書はすぐに発禁となり、一九七五年までアメリカでは再販されなかった）。アンガーは映画を作るために、ボビー・ボーソレイユという名前のミュージシャンに、まず役を与えた。彼は少年のような顔にヤギ髭を生やし、いたずら好きな目をしたハンサムな男だった。

ボーソレイユは、サウンドトラックを作曲し演奏した。アンガーは世界の頂点にいると感じていたので、ヘイト・アシュベリーで公開儀式を上演することを決め、「神々の分点」というビラで宣伝した。イベントは一九六七年九月二十一日（秋分の日）にストレイト・シアターで開催された。ボーソレイユと彼のバンド、マジック・パワーハウス・オブ・オズがメインを務めた。儀式の大部分は撮影され、アンガーはそれを『ルシファー・ライジング（*Lucifer Rising*）』と名づけた映画の中の映像に組み込もうと思っていた。ショーの後、アンガーと数人の友人たちはアイスクリームを買いに出かけた。シアターに戻ってくると、彼らの興行収入と撮影映像が盗まれていて、ボーソレイユに持っていかれたことに気がついた。アンガーは錯乱状態となり、翌日、『ヴィレッジ・ヴォイス』紙に「ケネス・アンガーの死」を告げる広告を出した。ボーソレイユは姿を消したが、結局のところ、チャールズ・マンソンの命令に従って自分の音楽教師ゲーリー・ヒンマンを殺害したという罪で、後に姿を現すことになった。

ボーソレイユを失ったアンガーは、即座にミック・ジャガーを『ルシファー・ライジング』の中の主役のための完璧な祭壇奉仕者とみなした。ジャガーと仲間たちは、アンガーと暗黒のアートの魅力に興味をそそられた。そしてアンガーは、ストーンズが音楽を通して強力な魔術を作り出せると信じていた。アンガーはキース・リチャーズのガールフレンドのアニタ・パレンバーグと特に親しくなった。彼女はブライアン・ジョーンズと以前付き合っていたため、二人はスキャンダラスな関係だった。アンガーはリチャーズとパレンバーグのために異教的な結婚式を執り行いたがっていた。だが、リチャーズとパレンバーグが眠っている間にアンガーが儀式のための部屋を入念に準備したとき、二人は自分たちの人生から彼を追い出したくなったようだ。

当時、アパートメントにいたバンドのアシスタント（そして風評では麻薬密売人）のトニー・サンチェスによると、彼らが目を覚ましたとき、ドアの両面が全てゴールドに塗られていることに気がついた。このことは、アンガーが誰にも気づかれず真夜中に出入りできていることを示していた。これは誰をも不安にさせたが、リチャーズはそのときからオカルト全般、とりわけアンガーに夢中になる気が失せ始めたとサンチェスは述べている。最終的にジャガーもアンガーからの強制力を感じ、『ルシファー・ライジング』に関して表題の役割を演じることをやめることにした。

アンガーはそれを深刻に受け止めていた。一方、ジャガーはメタファーとしての悪魔の魅力に関心を持っていただけでなく、そのメタファーが実際に指し示していることに関心を持っていた。トニー・サンチェスは、このことについて次のように述べている。「［ジャガー］を魅了したのは力であり、個々の人間、オーディエンス、そして社会さえをもコントロールする能力だった——そして、その方面での彼の力が、サタンのおかげではないということを知っていた」。

彼らの一九六七年のアルバム『ゼア・サタニック・マジェスティーズ・リクエスト』でさえ、ビートルズの『サージェント・ペッパー』への（一部の人が言うには皮肉で浅はかな）応答だったとしても、地獄の扉を音楽的に解錠するための試みとして生まれてきたわけではなかった。かつてのバンドたちは、世間の関心の中の首位を獲得するために絶えず愛想よく競い争ってきた。だが、『サージェント・ペッパー』はゲームを完全に変更した。ついにアートとロックは思いもしなかった方法で合流したのだ。そして、ストーンズには同等の何か良いものを作り出さなければというプレッシャーがあった。そこで彼らは自分たちの確実に信頼できるブルースを基にしたロックを放棄し、弦楽器とシタールとホルンを満載したサイケデリックな種々雑多な寄せ集めを作り出した。アルバムのタイトルは暗く邪悪な中身を示唆しているが、カバー全体において試みられているのは、ほぼパロディだった。ストーンズはルネサンスの衣装を身に着けていて、その中央には先の尖った魔法使いの帽子をかぶった偉大な魔術師ジャガーがいる。彼らは『サージェント・ペッパー』のカバーを思い出せるコラージュによって囲まれているが、ビートルズのアルバムに隠された意味やオカルトとのつながりを醸し出す独特の雰囲気を付与しているシンボリックな重ね書きはなかった。曲は概ねサイケデリック特有のマニフェストであり、「木々や花々が青かった」場所は、『キャンディ・ランド』のボードのようだ。(訳注3―1)「シーズ・ア・レインボー（She's a Rainbow』）」のような卓越し

訳注3―1 「木々や花々が青かった」は、『ゼア・サタニック・マジェスティーズ・リクエスト』の中の「イン・アナザー・ランド（In Another Land）」の中の歌詞。『キャンディ・ランド（*Candy Land*）』は、アメリカの子供も向けのボードゲーム。

た曲もわずかにある。だが、明らかにオカルト的な曲は「ザ・ランタン（The Lantern）」のみしかない。そこでは、おそらく六〇年代の広大で時として不可解な精神的な光景のメタファーである不可解な魔法の森を、光で明瞭に照らされた小道を辿って抜けていくようにとジャガーが名のない旅行者へ懇願している。

オルタモント・スピードウェイでの一九六九年のローリング・ストーンズのコンサートで、水瓶座時代がすすり泣きではなく、刺し傷とともに終わったとき、ジャガーはもはや暗黒の君主としての自身のイメージを利用することができなくなった。ストーンズは秘法や魔術から離れ、エンターテイナーやチャート首位者として、自分たちの遠い昔のロックのルーツに戻りたいと思っていた。結局、アンガーがストーンズにどれほどの影響を与えたかは明らかではない。アンガーは「シンパシー・フォー・ザ・デヴィル」のアイデアは、自分の映画に由来すると言っていた。だが、ジャガー自身が影響を受けたと述べているのは、「悪魔の最も洗練されたトリックは、自分が存在しないと人に信じ込ませることだ」と書いたボードレール、そしてベルゼバブがモスクワに顔を出すミハイル・ブルーガコフの小説『巨匠とマルガリータ』だけだった。キリスト教の陰謀論者たちは、アンガーとストーンズの関係こそが、ロックンロールの背後にある地獄の力について知っておくべき全てのことだと言うかもしれない。ここに真実があったとしても、彼らが考えているものとはまったく違っている。

アンガーのオカルト神学は、キリスト教がサタンの概念として信じていることを実際には包含していない。だが、彼の映画を縁取っている包括的な闇や不吉さは、ミック・ジャガーのような人々にとって魅力的だった。ジャガーが長きにわたって培ってきたのは、退廃的な問題児のイメージ、堕落した雰囲気とメフィストフェレス的な気配を漠然と醸し出すボードレールのような人物像だった。

だが、何のために？ 名声、お金、創造的自由が与えてくれなかったことを、オカルトは何か与えてくれたのだろうか？ アンガーとのローリング・ストーンズの関係についてはいろいろ語られてきたが、彼らの関係性はその時代を特徴づけていた終わりのない意味の探求の兆候でもあった。特にジャガーは、それ以上に奇妙で実験的で霊的な発見物の諸相と自分が付き合ってしまっていることに絶えず気づいていた。プロセス・チャーチ・オブ・ザ・ファイナル・ジャッジメントが発行していた雑誌にでさえ、彼は登場することになっていたのだ。この集団は、二人の高位のサイエントロジストが、自分たちの霊的道にはもう少しだけ個人の意志が必要とされると判断したときに結成された。（訳注3―2）ロバートとメアリー・アン・デグリムストンは、サタンとキリストが手を組み、世界を新たな時代へ先導することになるときを約束した終末論的なヴィジョンを生み出した。彼らはヒッピーの美学を重用していたし、また不吉なファシストの比喩的表現が彼らの雑誌を満たしていたにもかかわらず、それは典型的なアンダーグラウンドのくず雑誌のように見えた。ジャガーは断じてメンバーではなかったが、「幻覚を起こさせる《マインドベンディング》」と題した号のカバー上の彼の顔は、その偶像的な顔の真下にある鉤十字を連想させるプロセス教会の異様なロゴによって、彼の人格の邪悪化が深められていた。

サタンは反キリスト教としての世評だけでなく、セックス、権力、エクスタシーの肖像として、精神的反逆のシンボルを求める人々にとっての霊的詩神であり続けた。これは、最古の宗教から人類が持ち続け

訳注3―2 「サイエントロジスト」は、アメリカの作家L・ロン・ハバードが一九五三年に設立したサイエントロジー教会（Church of Scientology）という新宗教組織に属し、その思想を信奉している人のこと。

てきたパーンや他のトリックスターの神々を、その真の顔とする悪魔ではない。これは反キリストであり、破壊者であり、子供たちを誘惑するためにやってくる。ミュージシャンたちは、悪魔のペルソナやイメージが強い力となり、ベッドルームの壁に逆さまの五芒星を吊るすことで行うことができる単純な反逆行為によってだけでなく、音楽が掻き立てる激しいセクシュアルで熱狂的なエネルギーによっても、ファンたちに強い力が付与されるのを感じさせるよう刺激することができることに気がついた。

このことは、オカルティズムがその本質上、定義不可能であり、白紙状態《タブラ・ラサ》にあるということの最たる例である。そして、そこにはどんな恐れであれ、また主流派（キリスト教徒）の環境内部に適合しないけれども文化が必要としているどんな欲望であれ、投影される。例えば、アンガーのルシファーは、ミルトンの『失楽園』やキリスト教の神話の堕落したサタンでなくてもまったく問題ではなかった。その暗示的意味は、ストーンズにとって、自分たちが暗闇の中へ足を踏み出すという発想を生み出すのに十分だった。

この物語の中でのストーンズの皮肉は、ジャガーのオカルトへのほとんど気まぐれな関心とアンガーのような人々やプロセス・チャーチとの親しい付き合いは別として、重要な衝動である音楽を作ろうとする動機を上回る霊的動機が、まず間違いなく長続きしなかったということだ。だが、ジャガーが熱心に培ったためかし屋でボードレール的なペルソナと等しく、彼らにサタニックな威厳を授けようとするファンとメディアの間の承諾が、ともかくも彼らの世評を悪の華の種を撒く人にさせた。サイケデリック・ロックとフラワー・パワーのヒッピー・カルチャーは、庭の中にサタンの蛇を必要としていた。ＬＳＤで増幅されたどんな色彩豊かな神秘主義よりも、世界の歴史の中で果たされるより大きな役割を持っているのはどうやら悪魔である、と誰もが――バンド、一般人、メディアが――認めることになったのだ。

引き続き存在する戦争、そしてかつてはユートピア的な可能性の理想的な手本だったはずのコミューンから睨みつけてくるマンソンのような人々の陰惨な顔によって、愛の宇宙的力への無邪気な信仰は日ごとに損なわれていった。ローリング・ストーンズは精神的な不安のサウンドトラックであり、またどんなに悪いことが起こったとしても、それでもなお素晴らしい音楽があり続けることを思い出させてくれた。今やロックンロールは、カルチャー、バンド、パフォーマー全ての発熱状態への体温計となり、付随する希望や恐れを完璧に表現するようになっていた。

Ⅱ

テリー・マニングは、『レッド・ツェッペリンⅢ（*Led Zeppelin III*）』と名づけられたアルバムのビニール盤の上に背中を丸めた。彼がランオフ――溝がカットされていない滑らかな内側の輪――の上に言葉を刻むとき、彼の手は超自然的な落ち着きを見せていた。彼が作業している領域だけが露出した円盤の上に、特別なレコード盤が置かれた。それによって彼は、ビニールを誤って傷つけて原盤を損なってしまうことから予防されていた。ギタリストのジミー・ペイジは、興奮しハイになって見つめていた。全てのレコード店の全ての盤に、そして全てのファンの手に最終的に渡るメッセージを刻み込むようマニングへと懇願したのはペイジだった。その言葉は探さないかぎり基本的に見えないが、それらのレコード上でのまぎれもない現存は、世界が必要としているとペイジが確信した偉大な真実である「汝の欲することをなせ」を銘記させることになった。この一瞬は、オカルトがロックンロールに与えた影響全体の縮図となっている。

それはマニングもバンドも予測できなかった形で、ロックの大気圏の中へ広がっていった。タイミングは完璧だった。音楽ファンは、神が死んでいないことを自分たちに思い出させてくれるディオニュソスの次の化身を切望していたのだ。サイケデリック・ロックの星の痕跡が消失していく間、彼はただ機が熟すのを待っていた。レッド・ツェッペリンは、オカルトの想像力の持つ力が、その表現を見出し続ける方法を、またロックンロールを電撃的な新たな方向へ全面的に推進させることを可能にする方法を、内部へと完璧に封入するのである。

レコードをエンジニアするために迎え入れられたマニングはペイジの古くからの友人であり、いまだ若々しかったロック業界の中では経験豊かだった。一九七〇年七月、メンフィスのマスタークラフト・スタジオで、彼とペイジは最終ミックスを行い、そして原盤を生み出した。それは若干異なるアルバムとなるはずだったが、イギリスのフォークの影響でツェッペリンのハード・ロックの鋭さは和らげられることになった。だが、冒頭の「イミグラント・ソング（Immigrant Song）」は、純然たるツェッペリンであり、冷たい北欧の風とバルハラの宴会場の周囲でのお祭り騒ぎというバイキングから着想を得た曲となっていた。当時、ペイジはアレイスター・クロウリーに心を奪われていた。世紀の変わり目での彼の悪名高い魔術的かつ性的で突飛な行為は、急進主義的行動の燦然と輝く功績として、六〇年代のカウンターカルチャーの大方で理想化されていた。ペイジはクロウリーが「誤解された天才」だと信じていた。また、クロウリーの至上の命令「汝の欲することをなせ、それが法の全てとならん」を広めることが自分の任務だと考えていた。ペイジ自身の情熱には伝染性があったとはいえ、彼がまさに物事を扇動しようとしたとき、それを理解することは必ずしも容易ではなかった。後にマニングは、ツェッペリンのギタリストがそもそも実際に呪文を唱えようとしていた、あるいは儀式を執り行おうとしていたなどということを、まったく知らなかったと述べている。だがペイジは、クロウリーの入手困難な手書き原稿に巨額の金を使っていた。また、ネス湖沿岸のクロウリーの住居――暗黒の魔術師が召喚した霊たちによって取り憑かれていると噂されていた屋敷――を購入すらした。マニングは、アルバムの原盤にクロウリーの言葉を刻み込むことに同意することで、たとえ原盤を損傷する危険が大きかったとしても、友人の機嫌を取ることになった。

マニングは二十年後――その日まで大方、彼はそれを忘れることがなかった――、テレビのチャンネルを切り替えていたとき、ロックンロールへの悪魔の影響を説教しているテレビ伝道師を偶然に見かけた。そのテレビ伝道師は、『レッド・ツェッペリンⅢ』のレコード盤を、そのときまでに批評家やファンたちによって史上最も偉大なレコードの一つとみなされていたアルバムを、手に取って持ち上げた。カメラがアルバムへとズームインしたとき、テレビ伝道師の指がランオフの上に彫り込まれた言葉をなぞり始めた。これらは、かつて生きていた中で最も悪魔的な人間の一人、黒魔術師でサタニストのアレイスター・クロウリーの言葉であるとテレビの伝道師は説明した。マニングはくつろいで椅子に腰かけて微笑んだ。彼は独り言を口にした。「それをやったのは俺だよ」。

マニングが、ロックンロールへの悪魔的な影響の象徴として生育した自分の手仕事を目にしたときには、サタンと取引したバンドとしてのレッド・ツェッペリンの噂は堅固なものとなっていた。そうした想像は、バンドによっても、またロックスターの生活の騒然とした周囲の状況によっても誘発され、ポピュラー・ミュージックの全範囲に広がっていった。オカルトやクロウリーへのペイジの関心は、こうした全てが始まる場所であり、またそのことについては広範に考証されてきた。また、ましてやクロウリーについては、レッド・ツェッペリン以上に多くのことが書かれてきた。クロウリーの思想の芸術的及び霊的な功績については議論の余地があるとしても、その影響力は否定しようがなく、彼と彼の遺産を把握しようとする試みに捧げられた言葉の総量に相当するだけの価値はある。クロウリーを魅力的にさせるのと等しく苛立たしい思いにさせるのは、彼を特定することが不可能なことのように思えるということだ。彼は自分のやっていることを通して世界を変えようと望んでいた真面目な魔術師だったのか、それとも男や女を一様に誘惑するための奇異な儀式を功名に作り上げるために自分の才能を使っていた単なるペテン師だったのか？

クロウリーは一八七五年にイングランドで生まれた。ちょうどオカルト・リバイバルが本格的に始まり、スピリチュアリズムや神智学協会(クロウリーの出生と同じ年に結成された)が一般の関心を獲得していっていた頃だった。子供の頃のクロウリーはいたずら好きで、彼の母は彼を「大きな獣」と呼んだ。後に彼はこのフレーズを自分の名刺につけ加えた。クロウリーは多くの肩書を身につけた。彼は侮れない登山家であり、チェス・プレイヤーだったが、彼の最も偉大な才能は、道徳廃棄論者の才能だった。彼が多数の本や論説で述べている魔術体系の核心は、セクシュアリティやその他のふるまいと結びつけられている規範が、真の霊的解放を達成することから人類を引き留めているという考えを基にしている。ゴールデン・ドーンやその他のオカルト友愛会などの同業者たちの多くを狼狽させたのは、クロウリーが性的表現のいかなる形からもしり込みしない「セックス魔術（Sex Magick）」（クロウリーが言うには、「偉大なる業」を舞台マジック（stage magic）から区別するためにkを追加した）の体系を開発したことだった。

魔術的にも性的にも行き過ぎた行為の噂だけでなくドラッグへの愛好も、悪魔崇拝者としての風評を高めるのに一役買った。だが、実のところ、彼の著作の中のどこを見ても、サタンは極めてまれにしか見られない。一方で、間違いなく見られるのは、神とは人間であり、個人が顕現させたいと望んでいるものを越えて、神性など存在しないという見解である。クロウリーにとって、ルシファーはミルトン的な自己決定という考え方の単なる代用にすぎなかった。ルシファーの高慢は、単に天へ中指を立てるというしぐさではなく、自分自身の運命に関与することを強固に意図することだ。魔術（magick）は自分自身へと没頭するための手段である。従って、クロウリーが六〇年代のカウンターカルチャーにとっての偶像となったのはもちろんのこと、サタンの最上の唱道者としての世評を享受した人々によって受容されたということも何ら不思議ではない。時とともに、クロウリーは実在の人間であることを止め、代わりに必要に応じ、どのようにでも解釈可能な暗号と化していった。ティモシー・リアリーは、かつてのドラッグを介した意識の探求を不可譲の権利にしようとする自身の試みが、クロウリーの「汝の欲することをなせ」の延長線上にあると思っていたと述べている。ビートルズは『サージェント・ペッパーズ』のカバー上の登場人物の名簿にクロウリーを含めたが、あらゆる種類のオカルティストやウィッカ信者や魔術師たちも自分たち自身の思想や実践のために、クロウリーの考えを自由気ままに借用した。

昨今のペイジは、クロウリーへの関心を自分の人生で探求してきた多くの新奇な関心の単なる一つとして片づけてしまおうとしがちである。二〇一二年の『ローリング・ストーン』誌のインタヴューでの彼は、何年もの後でそれについて答え続けなければならないことに少々苛立っているようにさえ見える。「ダンテ・ガブリエル・ロセッティ［ラファエル前派の詩人で画家］に惹きつけられた理由は何か？　それについて人が俺に尋ねてくることはない。だけど、クロウリーについては尋ねてくる。そして誰もが耳をそばだて、偉大な啓示を期待する……それが均衡の取れた評価を完全に奪ってきたんだ。それへのバランス感覚は維持していたんだよ。もしそうでなかったとしたら、俺が今ここにいることはないだろう」。だが、彼の異議申し立てに説得力がたとえあったとしても、レッド・ツェッペリンの一般に認められた歴史の中で、ペイジの魔術に手を染めた物語は欠くことのできないものとなっている。

最も人気があるバンドの最も古いバイオグラフィーの一つである『ハマー・オブ・ザ・ゴッズ（*Hammer of the Gods*）』の中で、著者のスティーヴン・デイヴィスは、かなり若い頃のペイジが「バランス感覚」を少々失っている発言を引用している。「魔術は極めて重要だよ、もし人々がそれをやり通すことができるならね……俺はアレイスター・クロウリーが申し分なく今日的な意味を帯びていると思っている。俺たちはいまだ真実を探求中だ——その探求は進んでいく」。引用の出典は示されていないが、それが確かに響かせているのは、タブーとダークな事柄が格別な魅力を持っていた一九七〇年代初期の典型的な若者の考え方である。それを彼の年齢とロックスターとしての彼の人生の環境のせいだとしておこう。一九七六年の『ローリング・ストーン』誌のインタヴューでは、クロウリーへの関心について率直に語っているものの、布教活動のような印象を与えることには注意していた。彼はピート・タウンゼントの「バーバー・オライリィ（Baba O-Riley）」という曲の題名にインドの霊的導師メヘル・バーバーの名前を公に掲げていることに言及し、それは自分がクロウリーを使っては決してやりたくなかったことだと述べている。だが、彼はクロウリーの思想を自分の「日常生活」へ取り入れたことを公表することにはしり込みしなかった。ここでのペイジはより大人になり、夢中になって語ることもなく、もはや誰かを納得させる必要もないと感じているかのようだ。彼の二〇一二年のインタヴューでは、その質問にほとんど苛立っているかのように見えるが、同時にそれは人の考えを熟成させてきた長い人生を示している。

クロウリーと魔術に感じている魅力を論じるペイジの意欲には盛衰があった。しかし、ペイジを長年にわたってインタヴューしてきた『ギター・ワールド』誌の編集者ブラッド・トリンスキーは無口なギタリストの信頼を獲得することができたため、二人の会話の中でより鮮明な事実を浮かび上がらせた。ペイジは自分の秘教的な知的好奇心がクロウリーだけでなく、「魔術とタントラの東洋と西洋の伝統」の全領域に及んでいたことを、トリンスキーに対して認めている。だが、メディアはずば抜けて邪悪な人物を引き合いに出すためにクロウリーを恰好の餌食として見出した。そして、面白みのあるインタヴューの質問をするには、例えば人目を引くことのない地味なグリモワーよりも、クロウリーはおあつらえ向きだったのだ。それにもかかわらず、ペイジにとってのクロウリーは「個の解放」のまさに最良の模範を象徴していた。尽きることのない金銭と無制限にドラッグを利用できる機会を持つ若者だった頃のペイジは、それを字義通りに受け取った。「一九七三年に『ザ・ソング・リメインズ・ザ・セイム（*The Song Remains the Same*）』の撮影のためにニューヨークに着くときまで、俺は五日間、眠らなかった！」。

だが、カルチャーの実相は、ペイジが人生の中のさまざまな段階で、どのようにオカルトについて語っているかよりもはるかに重要である。オカルトとロックの物語が創造されるのは、多くを語らないミュージシャンとのインタヴューの中ではなく、カルチャーという場である。バンドの生涯の軌跡に沿った事実は神話と似ている。それは壮大な物語であり、どのように神話が作られるかという点だけでなく、どのように神話が伝えられるかという点でも似ている。だが、レッド・ツェッペリンにとって、彼らの神秘的雰囲気は、意図的なもの、すなわち一部は彼らが懐胎し生み出したものであると同時に、熱狂したメディアやファンの憶測だったものにも根差していた。ペイジはトリンスキーに次のように語っている。「俺はそれを生きていた。それだけのことだよ。それが俺の人生だった——音楽と魔術の融合が」。

ペイジがアレイスター・クロウリーの著作と最初に出会ったのは、十一歳のときだった。好奇心をそそられたものの、クロウリーのしばしば不可解で断定的な散文を、実際には理解することができなかった。大人になり、その魔術師の著作に戻ったとき、彼はクロウリーの自己解放の哲学によって魅了された。一九六〇年代後半、ペイジはクロウリーの珍しい作品を収集し始めた。そして一九七〇年、スコットランドの謎や怪物の伝説を引きつけ続けていた場所、ネス湖南東部沿岸にある、かつて魔術師クロウリーが所有していたボレスカイン・ハウスと呼ばれていた家を購入した。クロウリーがその家を購入したのは一八九九年のことだった。クロウリーが言うには、その家は魔術の実験にとりわけ資する場所に位置していた。当時のクロウリーは、魔術師が自分自身の神聖な守護天使と出会う儀式、貞操と集中した祈りを必要とする一年間に及ぶ作業、善と悪の両方の霊の召喚などを試みていた。

その儀式は、『魔術師《マギ》アブラメリンの聖なる書』として知られる中世のグリモワーの中に含まれている。そのテキストは錯綜しているけれども明白な宗教的嘆願（「祝福された聖なる三位一体の名において……」）、地獄と天の霊たちの名前の羅列（アカネフ、オマゲス、アグラクス、サガレス……）、複雑な規定（樹脂のミルラを必要とする。全体分の一はきめ細かなシナモンから、全体分の二はガランガルから……）などで満たされている。とはいえ、グリモワーの実用的な目的は、不可視になること、宝物を見つけること、そればかりか置き忘れた本を探すことなど、がっかりさせられるほど平凡で面白みがない。しかしながら、クロウリーは神聖な守護天使が外的な神的存在ではなく、実際には「高次の自己」のための代役であると信じていた。彼はボレスカイン・ハウスで儀式を完了したわけではなかった。だが、その試みは、その土地を不気味な光輝の電流で帯電させるには十分だった。

クロウリーに先立って、この家はすでに悪評の高い場所となっていた。かつてそこにあった教会は全焼し、その中にいた人々全てが死んだと言われている。クロウリーの黒魔術の噂が、その場所の不吉さを倍化した。贅沢なパーティーを開くこと以外に、ペイジが実際にそこで何をしていたのかは分からない。ギタリストは最終的に家を売却し、クロウリーの機関誌にちなんで名づけられた「イークィノックス」という名前の書店をロンドンにオープンした。ペイジは、店がありがちなカビ臭い書店、あるいはちょうどその頃に水晶を店の棚に並べ始めた幻覚剤販売店のように見えないようにするために努力を傾け、多額のお金を費やした。いつもロマンティックでめかしこんだ男だったペイジは、建築家に頼んで店を十九世紀のオカルト・ロッジのスタイルでデザインさせ、そこをエジプトのモチーフとアール・デコの装飾品でいっぱいにした。

ペイジの急速に成長するクロウリーへの関心は、ロバート・プラント自身のケルトの伝承やファンタジー、とりわけJ・R・R・トールキンを経由したそれらへの愛着と申し分なく一致した。レッド・ツェッペリンの歌詞の中でのトールキンのホビットが居住している中つ国への言及は極めて率直だった。(訳注3―3)例えば、「モルドール」や「神秘の山脈」のような愉快で残酷な場所、また極悪な「ゴラム」や指輪の亡霊と呼ばれた「黒い騎手」などの名前を、さも親しそうにプラントは使用している。プラントは自分の歌詞が神話

訳注3-3 「中つ国は」、J・R・R・トールキンの物語作品の中の架空の世界。原文のMiddle-earthは日本で一般的になっている訳語が「中つ国」となっているので、それに従った。

的な意味を保持することを望んでいた。また、ケルトの神秘主義を、レッド・ツェッペリンの魂にとって極めて重要な源であると述べたこともある。一九七三年の『ニュー・ミュージカル・エクスプレス』紙の記者に対して、プラントは「俺が誇りに思っているのは［そうした］歌詞なんだ」と語っている。「誰かが俺のためにペンを押し動かした、そう思っているよ」。

プラントは伝承や伝説が豊富なイングランドの地域、ウェスト・ブロムウィッチで育った。キリスト教以前の神話が、彼のすぐ目の前の戸口にあった。そして、ペイジの魔術的なギター・ワークは、フォーク・ファンタジー的な歌詞を引っ張るには完璧な乗り物だった。「イミグラント・ソング（Immigrant Song）」が、その強力な実例を示している。この曲は、バンドが自分たちの音楽で神話、ファンタジー、オカルトと融合していったのとまったく同じやり方で、それらを時代が融合していく一九七〇年代という新たな十年の封を切るドラゴンの炎のような息吹となった。たぐいまれな才能のある熱狂的なロック批評家のレスター・バングスが、一九七〇年の『ローリング・ストーン』誌での『レッド・ツェッペリンⅢ』のレヴューで予言したのは、この古代の神話から切り出されて想像された世界とロックンロールの核心にある精神的反逆との結合だった。バングスが特記しているのは、その「野蛮な豊穣の儀式の地獄のような炎」と一体となったプラントのオープニングの叫びである。「イミグラント・ソング」ではなおさらのことだが、バングスはロックの未来を次のように断定している。「私がやったのと同じように、音を消したテレビの中で『アウター・スペースからの炎の処女たち』(訳注3−4)の燃え立つ生贄の祭壇の前、カーの儀式の踊りを演じる異教の女司祭を見守りながら、君たちもその曲をかけることができるだろう。そして、私を信じてほしい。ゼップはわたしの血を、そうしたジャングルのリズムへと、さらにもっと熱狂的に脈動させたのだ」。レッド・

ツェッペリンは、たちまちにして一九七〇年代の超自然的でオカルト的なもの一切の再配列に対する基準となった。一九七〇年代のオカルト偏愛の闇の出発点は、トールキンからクロウリーまで、パルプ誌のファンタジーから大衆向け魔術まで、あらゆるところで見つけられた。

エースやバランタインのような出版社は、安価なペーパーバックで遥か昔の剣と魔法に関する物語を出版していた。これらの多くは、一九七七年にゼブラ・ブックスが出版して人気を博した『闇に抗う剣（*Swords Against Darkness*）』などのような複数の作家の作品を集めた選集だった。このジャンルの小説やコミックの多くは、熱心な一群のファンたちを夢中にさせていたが、一九七〇年代中頃までには、概ねダークな風味を持った魔法とファンタジーの表象が、ポップ・カルチャーの景観で優位を占めるようになっていった。チェーンの書店は、ボリス・ヴァレホやフランク・フラゼッタのような画家の才能を紹介した安価な画集を取り扱い始めた。それらの絵には、巨大な蛇と戦うバイキングのような戦士たちが主役であり、その英雄たちの足下には、肌をわずかにしか隠さない服を身に着けた乙女たちが描かれている。書店と同じショッピング・モールにあるギフト・ショップは、小さなピューター製の魔法使いやドラゴンの像を販売していた。(訳注3—5)

映画製作者ラルフ・バクシは、二つのメジャーなアニメーション映画――『ウィザーズ（*Wizards*）』と『ザ・

訳注3-4　『アウター・スペースからの炎の処女たち（*Fire Maidens from Outer Space*）』は、一九五六年のサイエンス・フィクション映画。
訳注3-5　「ピューター」は錫と鉛の合金。

ロード・オブ・ザ・リングス（*The Lord of the Rings*）』――を公開した。また、ランキン・バス社は、『ザ・ホビット（*The Hobbit*）』という広く人気のあるＴＶ向けの長編アニメーションを製作した。レッド・ツェッペリンは、これらの非現実的なファンタジーに本物のオーラを与えた。確かに、Ｄ＆Ｄで魔法使いをロール・プレイングするのは単なるゲームにすぎないが、ビートルズがマハリシから教わった通りに超越瞑想の恩恵について語ったように、ペイジはインタヴューでクロウリーの魔術について語っている。トールキンはフィクションを書いたが、同じ「神秘の山脈（Misty Mountains）」に言及している曲では、公園でストーンした現実のヒッピーを描写している。プラントが知っていると噂されていた秘密の魔法の山頂、彼が虚栄や名声から離れて霊たちと交流した隠れ場所は、実在しているのではないか?

こうしたことの全ては、バンドがその音楽と歌詞に与えた曖昧で不気味な暗さによって強固なものとなった。ロバート・ジョンソンから生まれたと考えられている交差路の契約という亡霊は、彼らのブルースの盗用と称賛を経由してバンドに付着することになった。彼らの本質的なサウンドは、マディ・ウォーターズの「トレイン・フェア・ブルース（Train Fare Blues)」、ジーン・ヴィンセントの「ビ・バップ・ア・ルーラ（Be-Bop-A-Lura)」、エルヴィス・プレスリーの「ハウンド・ドッグ（Hound Dog)」などのブルースや初期のロックの最も重要な曲のいくつかの中で見つけられる。

レッド・ツェッペリンの主要な作品には、ハウリン・ウルフ、ウィリー・ディクスン、メンフィス・ミニーの曲の明白な解釈から生じたカバーが含まれている。二〇一二年のトリンスキーによるジミー・ペイジとギタリストのジャック・ホワイトのインタヴューで、ホワイトはブルースの力を表現するためのレッド・ツェッペリンの能力を次のように説明している。「ジミーのようなヴィジョンを持っているなら、それが照準になると思う。できるかぎり全てを強力なものにすること」。ペイジは同意したが、さらにもう一歩踏み込んだ。「だけど、それは単なる力じゃなかった――俺たちに非常に重要だったのは、その上でさらなる雰囲気だった。俺たちは、ナイフでカットできるほどの厚みがある雰囲気を作り出したかったんだ。俺たちのゴールは、背筋をぞくぞくさせる音楽を作ることだった」。バンドにその暗い神秘的な装いを与えることになったのが、まさしくこの雰囲気だった。そして、それはレッド・ツェッペリンが、ロックとオカルトの間の尋常ではない相乗効果を、かくも完璧に具象化している理由となっている。レッド・ツェッペリンは、これまでに発掘された諸要素の全てを包含しているのだ。

人は中世の吟遊詩人を、透視のための鏡や水晶を通して霊界と交信することを試みようとしたエリザベス朝の占星術師で魔術師ジョン・ディーのように想像する。その人物は木のふもとで見つけたマッシュルームを食べるのをやめ、そこに座り、そして夢を見始める。彼は今や馬に乗り、傍らに剣を携え、海岸、丘、谷の光景を進む。さっそうとした英雄は城に行き当たるまで森を走り抜ける。次に我が英雄は、暗黒の騎士と戦い、悪役を打ち負かし塀へと追いやる。

もちろん、これはレッド・ツェッペリンのバンドの各々のメンバーごとの空想的な一連の画面が組み入れられたコンサート映画『ザ・ソング・リメインズ・ザ・セイム』からの場面である。勇敢な冒険家であるロバート・プラントは、最終的に探していたもの、すなわち意志に反して城に囚われていた王女を見つけることになる。プラントは守衛と戦い、降りかかろうとしているどんな恐ろしい運命からも彼女を救い出す。

一九七六年にリリースされた『ザ・ソング・リメインズ・ザ・セイム』は、ヒッピーの牧歌的趣味よりも暗いファンタジーが吹き込まれた神秘主義、そして菜食主義やヨガではなく偉大な闘いやロマンスが霊的な探求を特徴づける場所となった一九七〇年代のスナップ写真の中に、剣と魔法、トールキン、アーサー王伝説、ケルト神話を混ぜ合わせている。プラントの一連の場面は、個々のメンバーが元型として機能する壮大な叙事詩として、レッド・ツェッペリンの神話体系をさらに純化している。ロマンティックな英雄としてのプラントは、彼がステージ・パフォーマンスで披露するほとんど両性具有的で肉感的なディオニュソスのセクシュアリティには反しているように思われるかもしれない。だが、この種のイメージがロックの妖しい魅力なのであり、まさにロックが豊かな幻想的な美学に霊的恍惚や危うさを非常に効果的にうまく結びつけてきた方法なのだ。

別の場面では、チェロの弓で演奏されたエレクトリック・ギターの不安を掻き立てる旋律が、霧の夜の光景へとつながる。向こう見ずの探求者ジミー・ペイジが、足元のおぼつかない暗く孤独な山に登っていく。頂上には、彼が探しているものが待っている。山頂に立っている年を重ねた――ほぼ老齢の――隠者が、ランタンの光で最後の一歩を案内する。若い男は年長者に手を伸ばし、彼の目を覗き込む。ペイジは隠者の顔が自分自身の顔に変化していき、次に子供へ変化し、胎児へと変化するのをじっと見つめているが、最後の瞬間は、『二〇〇一年宇宙の旅（*2001: A Space Odyssey*）』のスター・チャイルドを思い起こさせる。その後、魔法使いの顔が再び現れるまで、ヴィジョンは逆に動く。彼は杖を持ち上げ、それを振り、たなびく多彩な色を作り出す。

この隠者のイメージは、レッド・ツェッペリンの四枚目のアルバムの見開きカバー内側のアートワークで最初に登場する。題名がついていないそのアルバムは、大抵の場合、「レッド・ツェッペリンⅣ」と呼ばれるか、あるいはアルバムを飾っている言葉で表しえない記号を発音するために工夫して編み出された「Zoso」という言い方で呼ばれている。有名なライダー＝ウェイト・タロット・デッキからほぼ完全に写し取られた隠者は、杖できゃしゃな体を支え、ランタンからの光だけで村を見下ろしている。

バンドが自分たち自身と自分たちの音楽にオカルト的オーラを深めようとしていたのなら、彼らにとって記号以上に優れていて、より説得力のある手法などありえなかった。実際に、アルバムとして、また芸術品として『レッド・ツェッペリンⅣ』のパッケージ全体が、ロック史の中で最も完璧な魔術的瞬間の一つとなっている。ビートルズの「ポールは死んでいる」という噂が、アルバムのカバーをオカルトの寓意画にさせるための舞台を作り、またマンソンによる『ホワイト・アルバム』への殺人釈義が、曲の歌詞に不気味な重みを与えたのに対して、『レッド・ツェッペリンⅣ』は一種のグリモワー、すなわち魔術書としての役目を果たした。個々の歌は呪文であり、ビニール盤はその中で霊の召喚を執り行う一種の魔術円であり、アルバムのカバーはそこに捧げものをする（場合によっては、マリファナから種を取り除く）ための祭壇だった。

ロックがサブリミナルなメフィストフェレス的な支配のための手段であるという噂を増大させたのは、バックマスキングと呼ばれたテクニックでミュージシャンたちが秘密のメッセージを録音しているという度々繰り返される風説のためだった。曲を逆再生させると、その真の意味、例えばビートルズの歌の中に「マスクされた」と信じられているマッカートニーの死の手がかりが明らかとなる。『レッド・ツェッペリンⅣ』の原動力であり、ロックンロールのレヴィアタンである「天国への階段（Stairway to Heaven）」は格別にバックマスクされた歌で、「我が最愛のサタンへ……」という忌まわしい一節を持った悪魔への文

字通りのラブソングだと考えられている。(訳注3—6)

その後のアルバム・カバーもオカルト的な憶測を掻き立て続けた。『聖なる館(*Houses of the Holy*)』(一九七三年)は、未知の恐ろしい栄光へ向かって、裸の子供たちが石の上を這い上がっていっている。見開き頁の内側はさらに不穏である。古代の廃墟の丘の上には、子供を持ち上げ、投げ落とそうとしているかのような裸体の人物がいる。このカバーは、ピンク・フロイドの『ザ・ダーク・サイド・オブ・ザ・ムーン(*The Dark Side of the Moon*)』のような非常に偶像視されているレコード・アルバムのカバーを担当したデザイン会社ヒプノーシスのオーブリー・パウエルによりデザインされた。パウエルは、そのアートワークのアイデアが、アーサー・C・クラークの著書『幼年期の終わり(*Childhood's End*)』によってもたらされたと述べている。同書の中での地球外生物は人間の考える悪魔の姿と似ているがゆえに、その姿を隠し、地球を絶滅に向かわせようとして人類に干渉している。そして、単一の集合精神を共有するまでに進化した子供たちの集団だけが生き残る。しかしながら、とりわけロックに関して言えば、真相が憶測の妨げになることはめったにない。パウエルのカバーの発想の源が何であれ、それが邪悪な魔術の風評を発火し続けたという状況に、バンドが喜んでいたとは想像し難い。音楽評論家の故キース・シャドウィックは、バンドに関する著者の中で『聖なる館』について、次のような考察を述べるにとどまっている。「その絵は、伝説、神話、秘儀へのペイジとプラントの関心が、バンドと彼らの音楽が何であるかという包括的なコンセプトを形作る助けになり始めたということを、これまでで最も強く示唆している」。

ロイヤル・アルバート・ホールのコンサートと同年の一九七〇年の後半、イギリスの音楽世論調査では、レッド・ツェッペリンがビートルズをナンバーワンの座から追い出した。ビートルズは、八年間その地位を維持してきた。だが、レッド・ツェッペリンは、変化の精神を、またかつてのロックの王者を退位させる強烈な疾駆するリズムをもたらした。ビートルズの内省的でメランコリックな神秘主義──それは愛（必要なのはそれだけ）と平和（それを試してみようよ）のメッセージやマハリシの忍び笑いの霊性を介して伝えられた──は、一九六〇年代の終焉を特徴づけた冷笑や失望に対して、もはや語りかけることができなくなっていた。ロックの魂は、サタンの金床で新たに鍛造される必要があった。レッド・ツェッペリンは、そのハンマーだった。

ロックを中傷する人たちが、ポスト水瓶座時代を、ポピュラー・ミュージックによって典型的に示されている過剰の時代として診断を下すのに時間はかからなかった。宗教指導者たちは、ロックンロールを快楽主義の最悪の形態とみなした。ロックンロールには、セックスとジェンダーの可変性、大概はブルース（迷惑きわまりない音楽の「原始的」な形態）から取り出された騒々しく攻撃的な音楽、社会への反抗といった最も不道徳で気分を害する全てのものが含まれていた。一九七一年にソルトレークシティのモルモン教のコミュニティの指導者エズラ・タフト・ベンソンは、古代ギリシャやローマの放蕩でさえ、ロック・ショーと比較すると色あせていると『ワシントン・ポスト』紙に語った。ベンソンが言うには、ロック・フェスティヴァルは「サタンの最大の成功」なのだ。

ツェッペリンを取り巻く悪魔的なオーラを特に増大させたのは、ペイジがケネス・アンガーと対面した

訳注3-6　「レヴィアタン」は、もともと聖書に登場する巨大な怪物のことだが、巨大なものや畏敬の念を起こさせるものに対して比喩的に使われる。

ことだった。一九七三年、サザビーズのクロウリー関連物のオークションで、アンガーは、二十九歳で甚だしく裕福だったジミー・ペイジによって高値をつけられた。アンガーはペイジと出会った。そして、両者の魔術への共通する関心から、アンガーは『ルシファー・ライジング』への放置されたままになっていたサウンドトラックを書くことをペイジに依頼した。ペイジは同意し、この有名なアンダーグラウンド映画製作者と仕事をすることを喜んだ。だが、続く数年、ペイジとバンドのメンバーにとって過酷な時期となった。一九七六年までにペイジはヘロイン中毒になっていた。そしてアンガーは、それをギタリストが彼の約束を果たすことができない理由だと信じていた。ペイジはようやく二十三分の音楽を作ることができたが、アンガーは満足しなかった。二人は仲違いした。そして、最終的にペイジは、服役囚となっていたボビー・ボーソレイユに、監獄の中でサウンドトラックを完成させるよう呼びかけた。

「ルシファー」という名前は、多くの人にとって、聖書のサタンへと必然的に注意を向けさせる。だが、一部のオカルティストにとって、ルシファーのイメージは「光」、すなわち知識を求める人間特有の面を象徴するために用いられた。かつてアンガーが『ＮＭＥ』紙でミック・ファーレンに説明したように、「ルシファーは英雄だ。彼をキリスト教の悪魔と混同してはならない。ルシファーのまたの名は明けの明星、すなわち光をもたらす者だ。彼は真実と啓蒙を捜し求める人間を助ける存在だ」。しかしながら、その呪わしい連想――ペイジのクロウリーへの関心によって強められた――は、結局のところバンドから引き離すことが不可能となっていった。ツェッペリンのすぐ後を悲劇や不幸が地獄からの猟犬のようについていったときは、共感的なファンたちでさえ、何が真実なのかと疑問に思い始めた。悪い出来事が起こり始めた。一九七五年、ロバート・プラントは自動車事故で危うく命を落としかけた。そして二年後、彼の幼い息子がウィルスで亡くなった。三年後、抑制を失ったドラマー、彼らの大切なジョン・ボーナムが、ドラッグの過剰摂取で亡くなった。噂と公的ペルソナと私生活が万華鏡のように複雑に混ざり合い、ファンと中傷者のどちらをも催眠状態にした。レッド・ツェッペリンがそうなったのは、当然のことながら悪魔と取引したからに違いなく、最終的に代価を支払うべきことを求められたのだと。

一九八二年のカリフォルニア州議会の消費者保護及び有害物委員会の会議の間、議員たちは逆回転で再生させた「天国への階段」へと熱心に耳を傾けた。すでに何年もの間、そこここでマリファナに陶酔していたティーンエイジャーたちは、この可聴の蜃気楼で盛り上がっていた。だが、ウィリアム・ヤロールという机上の空論に耽る神経科学者は、サタンの陰謀を確信した。そして、レッド・ツェッペリンは疑うことを知らない一般大衆に「我が敬愛するサタンを祝して」というサブリミナルなメッセージを吸収させようと意図して録音したのだと主張した。これは、人々が無意識のうちに「反キリストの信奉者」になってしまわないよう守るため、警告のラベルをロック・アルバムに張りつけるという運動の始まりとなった。

ツェッペリンの守護神はサタンではなく、むしろ「到来する神」である。彼はディオニュソスと呼ばれてきた。そして、その陶酔した神に味方して最後のマイナスが丘へと駆け込んでから数世紀経ってもまだ残っていた彼の力を、リード・シンガーのロバート・プラントは、どんなことをしてでも引き込もうとしていたかのようだった。ディオニュソスの側近で主要な役割を務めたのは、絶えず発情している半分山羊で半分人間のフルート奏者のサテュロスたちだったが、彼らのリーダーはディオニュソスの兄のヘルメスの子供であるパーンだった。ディオニュソスが崇拝者たちから完全な宗教的陶酔をまぎれもなく要求するフロントマンであるとすれば、パーンは笛を吹く者であり、真のミュージシャンであり、その恍惚とした状態を大地へとつなぎ留めてくれる。パーンが思い出させてくれるのは、どれほど神々に自分自身を従属させることを許したとしても、それでもなお人はセックス、飲酒、ニンフとの森の散策を不可欠なものとして必要としているということだ。真の魔術は、ここにある。そして、なぜパーンの姿が悪魔の姿と重ね合わされ、魔女たちの神として採用され、また彼が角のある神であり、グリーン・マンであり、また魔術師たちを象徴する神であるバフォメットでもあると信じられていたのかの理由もここにある。

レッド・ツェッペリンの存在する場所は、ここ、すなわちディオニュソスの陶酔の狂気とパーンのセクシュアルな世俗性の中ほどにある。また、これらの神々を崇拝した秘儀のカルトたちのように、ツェッペリンのコンサートは共同体的であり、激しく叩きつけられたドラムやティンパニーと同様、トライバルなリズムによって駆動される。彼らのファンたちは、個のリズムでグルーヴしながらも、バンドという形で顕現した神々の芝居がかったジェスチャーによって鼓舞され、集合的なオーディエンスの意識でもグルーヴする。劇場の最初期の形態がディオニュソスへと敬意を表したように、レッド・ツェッペリンのショーの見世物はその古代の衝動を再点火した。だが、パーンのことを忘れてはならない。古代のサテュロスの演劇の中では、彼の特性、すなわち暗く悲劇的な人生の局面の場で歓喜に満ちて跳ね回ることが褒めたたえられていた。それはペイジのギターのオープン・チューニングとプラントのこの世のものとは思えないほどの高音域の声に体現された。そして、サテュロスが自分の勃起した男性器を誇示したように、バンドは骨盤と直立したギターによって自分たち特有のうぬぼれたジェスチャーを見せつけたのだ。

III

一九八〇年代初頭、オジー・オズボーンのソロ・キャリアのピーク時の煌びやかなステージ・ショーでは、大きな階段の最上段の玉座に座っていたシンガーが、松明で炎の球を着火しながら、ステージへと降りてくるという場面があった。セットは二つの大きな石のアーチによって両側から挟まれていた。そして、蝙蝠のようなデーモンが荒々しい翼をはためかせるのを、頭上のライトショーが映し出した。オジーは大きな十字架を持って現れた。これはオジーだけでなく、ゴス・ロックのバンドにも必需品となるものだ。ミュージカル・ホラー映画のパフォーマンスを背景とした十字架の使用は、ちょっとした邪悪な気まぐれに端を発したものだった。

十字架はそのキリスト教的な背景を公然と無視したものなのか、あるいは何らかの現実の悪を偶然に招き寄せてしまうことを避けるための護符なのか？　オジーが、例えば五芒星（それは至るところで目にするメタルのアイコンになる）を自分の典型的なシンボルとするのではなく、むしろ十字架を選び、それを自分の利益のために用いることができたことは、本質的な矛盾を露呈している。彼の若いファンたちは、「ミスター・クロウリー（Mr. Crowley）」についての歌（その歌詞自体は、悪名高い魔術師が崇拝すべき人物であるか、あるいは嘆かわしい人物であるかについて、どっちつかずになっている）に耳を傾け、羽目板張りの地下室で黒いキャンドルに灯を灯した。だが、オジーは自分のことをキリスト教徒だとしばしば述べ、悪魔的な大言壮語は全て売り込みのための手腕だったと主張している。インタヴューの中で、オジーは自分が鳥たちについて歌ったとしても、人々はそれを「サタン」のことだと聞いてしまうと嘆いた――もしかすると、嘆いたのは本心ではないかもしれないが。オーディエンスにさえ、ショーが始まる前に、「ただの音楽だ」と思い出させる必要を感じていた。だが、たとえオジーがどう異議を申し立てようが、彼はサタンの卑劣なシンガーとしてみなされた。

元々在籍していたバンドであるブラック・サバスを離れると、オジー・オズボーンは、ステージ上の異様な行動、例えば蝙蝠の頭をかじり取るなどによって、ダークで非道なペルソナを意図的に育て上げていった。後に彼は、その蝙蝠がゴムだと思い込んでいたと主張している（その後の狂犬病の予防注射は、彼に自分が口に入れるものについて注意するよう学ばせた）。彼の歌詞は、あらゆる種類の憶測を掻き立てる誘因となった。そして、それらは結果として、オズボーンが「スーサイド・ソリューション（Suicide Solution）」という曲でティーンエイジャーへと自殺するよう呼びかけたという旨の告訴さえもたらすことにもなった。彼の最初の二枚のソロ・レコード『ブリザード・オブ・オズ（*Blizzard of Ozz*）』と『ダイアリー・オブ・ア・マッドマン（*Diary of a Madman*）』のカバーは、どちらもオズボーンが何らかの種類のよこしまな魔術を実践していることを連想させる。ファンたちは、それを大いに気に入った。彼らは一九七〇年代の間、ポップ・カルチャーの人工物の身の毛もよだつ恐ろしいパレードを目の当たりにした子供たちの世代だった。ホラーは映画だけでなかった。玩具店では、両親が自分たちの子供たちに非常に薄気味の悪い製品を買った。一九七一年、オーロラ・プラスチックスコーポレーションは、「吊るされた檻（熱い石炭をつかむペンチつき）や極悪な見た目の機械と診察台がついた「苦痛の診察室」などを含む『モンスター・シーンズ（*Monster Scenes*）』という一連の模型を発表した。その後一九七五年には、ミルトン・

ブラッドリー社が『圧縮された頭――リンゴ彫刻（*Shrunken Head: Apple Sculpture*）』のキットを製造した。その箱に見えるのは、実験用の白衣を身に着けたヴィンセント・プライス――当時のホラー映画で最も見覚えのある顔――が、二つの小さな干からびた頭を持ち上げている姿だった。

実際のモンスターの流行は、ジェイムズ・ウォレンが、ホラー映画を大胆に称賛し、インタヴューや静止画やレヴューを含めた『フェイマス・モンスターズ・オブ・フィルムランド（*Famous Monsters of Filmland*）』誌に乗り出した一九五八年に始まっていた。コミック・ブックに含まれている暴力や性的な中身のレベルに応じて、あるいは超自然的な中身のレベルにさえ応じて、その素材を承認――あるいは検閲――したコミック出版社の自治機関であるコミックス・コード・オーソリティーの荒っぽい道徳上の重圧により廃刊となっていた『テイルズ・フローム・ザ・クリプト（*Tales from the Crypt*）』誌のようなECコミックスの伝統の中で失われてしまっていた血みどろの連続画《シーケンシャル・アート》を、ウォーレンはウォーレン・パブリッシングの下での最初の雑誌から、そしてその後で出版した雑誌でも生き返らせたのである。承認を得ることは、コミックの上部の隅にスタンプを押してもらうことを意味していた。これはドラッグストアーやマガジン・スタンドや書店で、さらに多く流通することを意味していた。ウォーレンは、自分のコミックを雑誌の通常サイズにし、回転するコミック・ブックのラックに合わないようにすることによって規約を無効にした。

ウォーレンは三つの重要なホラー・コミック雑誌、『クリーピー（*Creepy*）』、『イアリ（*Eerie*）』、『ヴァンピレラ（*Vampirella*）』を出版した。ストーリーを書いて絵を描いたのは、新たに獲得した自由を大喜びで活用した、並外れた作家や画家たちの集団だった。一九七〇年代にウォーレンの雑誌は、多数のオカルトをテーマにした物語を提供した。そして、スパイダーマン、ファンタスティック・フォー、ザ・ハルクといったマーベル・コミックス社の明るい感性が上向きになっていくとともに一九六〇年代を牛耳るようになっていった華やかなスーパーヒーローたちへ激しく反発していたコミック・ブックの読者に向けて、暗い憂鬱な世界の光景を一コマごとに提供したのである。風潮は、水瓶座時代のサイケデリックな柔らかい色彩からそっぽを向き、より不吉な何かへと向かっていた。マーベル・コミックス社も影響を免れなかった。一九七〇年代、同社は『ドラキュラの墓（*The Tomb of Dracula*）』に登場するドラキュラ、『サタンの息子（*The Son of Satan*）』に登場する超自然的な能力を持つダイモン・ヘルストーム、『ゴースト・ライダー（*Ghost Rider*）』に登場する死者でも生者でもないオートバイ乗りによって自分たちのヴァージョンを発表した。他には『夜にまぎれた狼人間（*Werewolf by Night*）』、『モンスター軍団（*The Legion of Monsters*）』、『モービウス、生きているヴァンパイア（*Morbius, the Living Vampire*）』などがあった。ユニヴァーサル・スタジオズによるホラー映画の安価なパッケージである『ショック・シアター（*Shock Theater*）』のローカルテレビ局への配給によっても促され、雑誌やコミックは熱狂的愛好者を集めることになった。

モンスター映画やオカルト映画が、さらなる別の後押しを受けたのは、一九六〇年代や七〇年代になって、それらが衣装を身に着けた司会者を呼び物としたボストンを拠点とする『サイモンの聖域（*Simon's Sanctorum*）』のような深夜番組から昼近くや昼過ぎへと移動し、そしてUHF放送局によって土曜と日曜の朝に『クリーチャー・フィーチャーズ（*Creature Features*）』や『クリーチャー・ダブル・フィーチャー（*Creature Double Feature*）』が放映されるようになったときだった。アメリカの若者たちが最初に体験したのは、モンスターたちのえり抜きの集団――フランケンシュタイン、ドラキュラ、狼男、ミイラ――だけでなく、『血を滴らせた家（*The House That Dripped Blood*）』や『復活するドクター・ファイブス（*Dr. Phibes Rises Again*）』などのよりダークで、より秘教的で、背筋をゾッとさせるような映画だった。

オジー・オズボーンのブラック・サバスは、この誇張されたホラー映画の感受性を採用した。彼らのバンド名でさえ、ボリス・カーロフが主演の映画『ブラック・サバス』から着想を得たものだ。ベース・プレイヤーのギーザー・バトラーは、映画館の上に突き出たひさしの看板で、この映画に目を留め、同じ題名で曲を書くことに決めた。当時、バンドはアースという名前で通っていたが、彼らの頭の中にあったサウンドをより良く反映させるために変更することにした。この不吉でヘヴィなリフのサウンドに加えてダークな歌詞は、地獄の協定を結んだのだという風評をバンドへ与えることになった。神聖さの倒錯した観念を想起させるブラック・サバスというまさにその名前は、事実上、ルシファーのメッセンジャーだった。マリファナによって、またベトナムとチャールズ・マンソンの残像によって焚きつけられ、ブラック・サバスは「ウォー・ピッグス（War Pigs）」や「アイアン・マン（Iron Man）」のような曲とともにハード・ロックの新たな権威の印となった。

ブラック・サバスの皮肉は、彼らの歌詞に注意深く耳を傾けると、それらは彼らが演じているように見える悪魔を奉じているというよりも、世界が地獄へ向かっているように見えている時代の警告の叫びであることが明らかになることだ。「ウォー・ピッグス」（「their masses（彼らの集団）」に「black masses（黒ミサ）」で韻を踏むロック史の中で最悪の対句を含む歌）では、はっきりとサタンの名前が口にされるが、ただ彼は笑い、そして戦争の挑発と大量虐殺のために「翼を広げる」。歌は鏡であり、呪文ではない。

それにもかかわらず、ブラック・サバスはロックンロールの悪魔崇拝の遺産を作り出し、ロックの表現と美学を様変わりさせた。バンドはロックの中のオカルト的な顕示の両極端を演じていたという理由で、ロック史の中に興味深い問題を提示している。一方で、彼らの音楽とパフォーマンスは、最大値を越えたところまで邪悪なペルソナを強めることでメディアの注目を得ようとする意図的な試みでしかないと見ることもできる。この芝居じみた行動は、批評家に必ずしも気に入られたわけではなかった。一九七五年に『NME』紙でミック・ファーレンは、彼らのホラー映画的な誇大な言動を、カーニヴァル的な悪ふざけにすぎないと評した。「これは心理劇《サイコドラマ》なんかじゃない。それは遊園地のお化け列車だ。同じ安っぽさがあり、最低の共通点があり、同程度のどうなるか分からないスリルもあるが、それを取柄として魅力的にさせる類の華麗な無邪気さが完全に欠如している」。オズボーンも、そうではないふりをしようとしなかった。一九七八年、彼は『ローリング・ストーン』誌で次のように語っている。「俺たちが黒魔術やブードゥーに夢中になっていると人々は思っているけど、俺たちは一度もそうなったことなんかない……そうしたことの多くは、バンドを売るための最初の推進力と関係していたんだ。俺たちはブランド、言ってみればパッケージを作ったんだ」。

他方でブラック・サバスは、ロックの根本的な精神的動機を形成している、さらに深い源泉から直接的に引き出された音楽的要素を採用した。誹謗する人たちによって、地獄の業火で黒焦げになった魂の証拠として頻繁に掲げられるのが、三全音《トライトーン》ないしは悪魔の音程と呼ばれるものを使用していることだ。そのコードは、その強烈な不協和音のために注目され、昔の作曲家たちは不快であり避けるべきものとした。カトリック教会がそのコードを不吉なものを連想させるがゆえに禁止したという風説が生き残っているが、その使用をやめさせる、あるいは罰するための多少なりとも組織的な取り組みがあったという証拠は存在しない。リヒャルト・ワーグナーやフランツ・リスト――彼の作品『ダンテ・ソナタ』や『メフィスト・ワルツ』で三全音が使われている――のような後の作曲家に至るまでは、そのコードが悪魔の表象と結びつけられていたわけではなかった。

二〇〇六年の『ＢＢＣニューズ・マガジン』で、ブラック・サバスの巨匠ギタリスト、トニー・アイオミは、自分が不気味なサウンドを求めていたが、バンドの周りに悪のオーラを作り出すつもりはなかったと語っている。「サバス作品を書き始めたとき、それはピンときただけだった。それを悪魔の音楽にするなんてことは、まったく考えてなかった」。それにもかかわらず、サタンと彼の軍勢は、ブラック・サバスの歌の中に数えきれないほど多く登場する。意図的か偶然かどちらにせよ、バンドのサウンドとテーマは完全に膠質化し、完璧で斬新なルシファー的なヘヴィ・メタルの響きを生み出した。

バンドの最初の曲であり、かつ最も明白にサタニックな曲「ブラック・サバス（Black Sabbath）」は、名指しで悪魔に言及しているが、語り手は決して彼を目にして興奮するどころではなく、「オー、ノー、ノー、どうか神よ、俺を助けてくれ」と呼びかけている。彼らの名を冠したファースト・アルバムの二曲目の「ザ・ウィザード（The Wizard）」は、デーモンを罰し「涙を喜びへと変える」魔術の使い手を紹介している。彼らの最も伝説に残るほど有名な曲「ウォー・ピッグス（War Pigs）」は、戦死した兵士たちの体を見渡して恍惚とした満足に浸っているサタンを目にした証言となっている。悪魔ないしは悪事へのほとんど全ての言及が警告で応じられている。この点において、ブラック・サバスは、砂漠でイエスを挫折させようとする誘惑者というよりも、聖書の預言者にむしろ近い。

マイケル・モイニハンが、ブラック・メタルについての自著『混沌の主たち（*Lords of Chaos*）』の中で書いているように、サバスの歌詞は「デーモンや妖術に関するほとんどのキリスト教徒の恐れを明かしている」。それは重要なことではなかった。サバスは自分たちが現実の魔術を実行するのに足るほど、悪やルシファーについて頻繁に歌った。その名の下に全てがあるのだ。儀式を行う魔術師が魔術円を築き、デーモンたちの名を呼び召喚するように、ブラック・サバスは大衆の意識に取り憑く悪霊を呼び覚ましたのである。概して音楽が、とりわけロックが、いかにしてオカルト的な想像力を伝達するための格別に強力な手段として機能するかを示すもう一つの例となるのは、ブラック・サバスが人の望んでいるどんな手がかりにも合わせて解読可能な暗号となったことだ。キリスト教徒であれば、彼らを悪魔の使者とみなすだろう。ティーンエイジャーは、彼らを反逆の代行者とみなした。実際のところを言えば、彼らは今日的な意義と力のある偉大なロックンロールを作ることを求めていた若いミュージシャンたちのグループだった。ブラック・サバスは、オカルトの君主の力によって容易に埋められる真空が、カルチャーの中のどこに存在するかをかぎつけることができた。レッド・ツェッペリンは、サイケデリック・ロックを更地にまで解体し、より暗く、より重く、そして深遠な豊かさのある音楽の基礎を再建することで攻撃の先頭に立った。だが、ブラック・サバスは、それを名指しで、または過剰によって特徴づけられる十年間となる一九七〇年代全体へとつけられたあだ名で呼び出した。それはミック・ジャガーを影で覆ったロマンティックなルシファーでもなければ、ダンジョンズ&ドラゴンズの『モンスター・マニュアル』の中に含まれる合法的な悪魔たちの悪事でもなかった。それはロックの城郭を急襲するためにやってくるサタンであり、その汚れた呼気で破滅が迫る地球を窒息死させる反キリストの獣だった。

最初からサバスはオカルトへの関心の話になると、承認から否認までの間で激しく振れていた。『ローリング・ストーン』誌の初期のインタヴューで、ギーザー・バトラーは、たびたびそうされてきたこと、すなわち彼が地元の映画館で上演されているのを見たボリス・カーロフの映画名を引き合いに出されながらバンド名に関して尋ねられたとき、苛立っていたようだ。ほぼ四十年後、アルバム『パラノイド（*Paranoid*）』の製作過程についてのドキュメンタリーでも、バトラーはまさに同じ質問を尋ねられている。今回の場合、最初にバンドが結成されたとき、彼はオカルトに深い興味を抱いていたと説明している。その後の二〇一三年、『ガーディアン』紙でトニー・アイオミは、バンドが「オカルトに手を出していた」と語っているが、これはツアー機の中で退屈して酔っぱらっているときに、タロット・カードのデッキで単に遊んでいた程度のことを意味しているにすぎなかった。

事後的に思い出された出来事は、オカルティズムとロックの関係の重要な一面である。噂や告発を防ぐためのトリアージを行っているブラック・サバスのようなバンドにとって、どんなオカルトの影響についても、メンバーたちは分からないと主張しなければならないこともあった。だが、バンドの神話がいったん確定されたら、白状した方が無難だった。あるいは、真実はその逆なのかもしれない。バンドが実際にはオカルトにまったく関心はなかったが、後にその連想が彼らを金持ちにする助けとなったときになって初めて、それを受け入れることになった可能性だって十分にある。しかしながら、真実はその間のどこかにあるという方が蓋然的だろう。

ジョン・ウィーダーホーンとキャサリン・ターマンによるヘヴィ・メタルの卓越した物語的歴史《ナラティヴ・ヒストリー》『ラウダー・ザン・ヘル（*Louder Than Hell*）』で、バトラーはウィッチクラフトの本、彼が言うには「少なくとも三百年前」の本を、オズボーンから贈り物としてもらったことについて語っている。その夜、バトラーはその本があまりにも自分の近くにあることが気がかりで、バスルームに置いておくことにした。だが、その魔力は強力だった。「俺は目が覚めたら、こんな黒い形のものが、ベッドの足下をぼんやり漂っていた」と彼は述べている。彼はそのとき、オカルトを軽視すべきものではないことを知った。一方で、その出来事はバンドの残りのメンバーに影響を与えたに違いない。なぜなら、オジーはオカルトの本を読み、自分たちが好んで用いようと決めていたホラー映画とそれがまったく別物であることに気がついたと説明している。そしてバンドの曲の歌詞が、リスナーたちに暗黒の魔術と戯れることへの注意を提言しているにもかかわらず、自分と同じ趣味の人やオカルト導師を捜し求める、あらゆる種類の人たちを惹きつけることになった。ブラック・サバスは、オカルトがロックンロール・カルチャーの中でどのようにして顕現するかということの最も完璧な典型例を表している。サバスを始めたとき、メンバーたちは若者だった。音楽は、彼らがイギリスの労働者階級地区を越えていくための手段だった。ロックは運命に対する一種の反抗であり、大工や配管工として以外にも仕事があると彼らが口にするための手段だった。そして、さらなる何かを若者たちが探しているとき、アレイスター・クロウリーやウィッチクラフトに関する本を経由して、オカルトが提起したのは、慣習に挑んでいくための別の方法だった。オカルティズムの暗黒の領域は、この上なく適していた。社会的かつ精神的な反逆はロックの試金石である。そして、何がノーマルであるかを挑発し批判する感受性を自分たちの音楽へと注入することこそが、まさにブラック・サバスをとてつもなく強靭にし、そしてその後にやってきた無数の多くのバンドへ影響を与えることになった。

仕切りの反対側には、メディア、一般人、ファンたちがいた。そして、彼らの誰もが最も求めている、あるいは最も恐れている何もかもを代わりに表現するバンドを必要としていた。ブラック・サバスは進んで挑戦を受けて立った。彼らはファンたちを満足させ、かつキリスト教原理主義者たちを怖がらせるのに足る十分な底知れぬ妄想を掻き立てながら、等しくどちらの頭からも噂されたバンドの悪意を離れられなくさせた。結局のところ、これはロックのそう考えられていた取引、すなわちティーンエイジャーを誘惑し、清らかな家族の価値観から離れさせ、彼らの生殖器官にはセクシャルな火を、彼らの心には反逆の炎を掻き立てる音楽を授けるために悪魔と交わされた契約だった。ロックはそのまさに最初から、サタンのメッセージをダンスや青春の恋に関する歌でティーンにまとわせ、両親や神父、教師や牧師に背を向けるようにと呼びかけていた。単にブラック・サバスは、誰が実際にロックの重要な原則を掌握しているかについて、さらに歯に衣を着せなかっただけだ。キリスト教原理主義者たち、道徳の擁護者たち、陰謀論者たちは、証拠を握っていた。悪魔崇拝は、恐怖映画や血みどろのコミック・ブックのための単なる餌にすぎなかった。サタニストたちは、すぐ隣に住んでいて、自分たちの子供を学校へ車で送り、芝生を刈り、普通の人々が行っていること全てを行っている可能性があった。彼らは教会さえ持っていたのだ。

一九六六年、ロシアが宇宙船ルナ九号で最初の人工物を月に着陸させたということで、世界が畏敬の念で上へと目を向けていたのと同じ年、元サーカスのパフォーマーのアントン・ラヴェイは、チャーチ・オブ・サタンを開始するようにとの「呼びかけ」が聞こえてきた地下世界へと目をこらしていた。当初のチャーチは、それ自体を、いかがわしいことに関心がある三十代以上の人の集まりのための場所としてみなしていた。そして、メディアは、その見世物——例えば、一九六七年にラヴェイは最初のサタニックな結婚式を執り行った——を楽しんでいた。ラヴェイは悪魔の衣装を身に着けた。そして女性が祭壇の上に横たわると、（非）神聖なる結婚を祝福することを悪魔に嘆願する黒ミサの歌を詠唱した。その年の後半、彼は原罪へのキリスト教徒の信仰に反しているという彼が言うところの儀式で、自分の三歳の娘に洗礼を施した。

マンソンの殺人事件が全てを一転させた。新聞はマンソンを悪魔崇拝と結びつけた話を連載し、当初は彼をプロセス・チャーチと結びつけようとした。だが、後になるとマンソンが自分は悪魔だと匂わせたありとあらゆる事例へと注目させるようになった。世間の意識からすると、チャーチ・オブ・サタンは、悪魔に関するものであれば何でも一カ所で買えるお店のようなものだった。そのため、すぐさまラヴェイは、殺人についての質問を浴びせられることになった。

その結果、当世風で無毛の頭のカリスマ的なチャーチの指導者は、彼独特のサタニズムが実際に意味していることについて、なおさら公然と述べることができるようになった。一部の人が考えていたように、チャーチは実際の反キリスト者の崇拝ではなかった。ラヴェイは、意志の力のためにうってつけな象徴としてサタンを用いた霊的なリバタリアニズムの究極のヴァージョンだとサタニズムを説明した。全ての宗教は弱者をひいきにするとラヴェイは考えていた。そして彼は、チャーチ・オブ・サタンを自由思想の孤立した島だとみなしていた。ラヴェイはヒッピーたちを体制順応者でしかなく、彼らの精神はドラッグとひどく不快な音楽で腐らせられてしまっているとすらみなしていた。彼が『ロサンゼルス・タイムズ』紙に語ったように、「それはアイン・ランドの哲学に式典や儀式が追加されただけのものだ（訳注3—7）」。なおもラヴェイは、チャーチが法と秩序の正当性を信じているとし、彼がディオニュソスの快楽主義として売り込んでいたものの真ん中にある奇妙なアポロン的見解を説明した。

チャーチにおけるサタンは悪の擬人化ではなく、むしろ「発見、自由思想、反抗の精神」の代役であるとラヴェイは主張し続けた。それでも依然として彼は、音楽を新たな領域へ推し進め続けるだろうエネルギー、すなわちロックの精神的反逆への永続的な欲求のために、完璧な偶像を提供することになった。一九六〇年代末に、いかに若者たちが精神的に失われてしまったと感じていたかを強調しておくことは重要である。いまだニューエイジ・ムーヴメントは、一九六〇年代に採用されていたさまざまな実践を集めた縮約版ではあるけれども包括的である霊的百科事典を、主流派に対して提示するに至ってなかった。多数の歴史家や批評家が引き合いに出すのは、ローリング・ストーンズのオルタモントのコンサートでの暴力である。なぜなら、一九六九年のその日に誇示された粗野な男性性とドラッグにいかれた攻撃性によって、いかにヒューマン・ビーインのようなフェスティヴァルで予示された芸術的で精神的な変革が、完全に台無しにされてしまうかということの象徴として、まさにそれ以上のものがないからだ。

文化のスペクトラムのどの目盛り上にいる人々も、何かが完全に変わってしまったことに同意した。保守派の評論家ウィリアム・F・バックリーは、『ボストン・グローブ』紙の社説でそのイベントを「ウッドストック国の死骸」と呼んだ。また、『ローリング・ストーン』誌は、オルタモントは「ひょっとするとロックンロールの史上最悪の日」だったと述べた。さらに悪いことにも、オルタモントはさらに重大な病気を警告するサインでもあった。

訳注3-7 アイン・ランド(一九〇五―一九八二)は、二十世紀のロシア系アメリカ人の作家でリバタリアニズムの思想家。

一九六九年と一九七〇年に、それぞれ最初の意図的に悪魔的なロック・アルバムをリリースした二つのバンド、カヴンとブラック・ウィドウは、ポピュラー・ミュージックの中へとその手法を忍び込ませ始めたことで、この有害な出来事の出発点での重要な例となっている。また彼らは、黒魔術への信仰を公言した人たちでさえ、鍵をかけてしまい込んでいるような魔術や異教主義、そしてそれらのサタンとのかかわりについての歴史的な誤りを都合のいいように乱用した事例にもなっている。

カヴンのファースト・アルバム『ウィッチクラフト・デストロイズ・マインズ・アンド・リープス・ソウルズ（*Witchcraft Destroys Minds & Reaps Souls*）』は、不吉な雰囲気の中に包まれたサイケデリック／ジャズの表現手法をバックに、シンガーであるジンクス・ドーソンのグレース・スリックと似た歌唱法があいまって、なかなか素晴らしいロック・レコードになっている。(訳注3―8) アルバムは民話や伝承を混合し、最後は十三分間の言葉の語りによる儀式「サタンのミサ（Satanic Mass）」という曲で終わる。その真正性を主張してはいるものの、そこにはサタニズムに関する大衆小説、一部は中世の出典、そして権威づけのためにクロウリーさえもが混ぜ合わされている（そのミサは「汝の欲することをなせ、それが法の全てとならん！」で終わり、その直前で最後に繰り返される文句は「サタン万歳！」である）。また、ヘヴィ・メタルのファンたちの定番のジェスチャーとなった人差し指と薬指を上にあげる手のサイン、「角《つの》を投影する」を行った最初のバンドの功績も、カヴンにあると考えられている。

ブラック・ウィドウのデヴュー・アルバム『サクリファイス（*Sacrifice*）』は、カヴンの『ウィッチクラフト・デストロイズ』と類似した策略を用意していた。だが、一九七〇年の『ビート・インストゥルメンタル』誌でのインタヴューで、ブラック・ウィドウは、実際に自分たちが実践者であるというよりも、サタニックなミサのような何かを上演する演劇的なことに関心があったと主張している。『サクリファイス』が提示する曲のラインナップは、「太古にて(In Ancient Day)」、「サバトへ来たる(Come to the Sabbat)」、「デーモンの攻撃(Attack of the Demon)」のようなタイトルのために、実際の悪魔崇拝というよりもハマーのホラー映画のようにも読み取れる。

バンドは彼らのマネージャーを通して、信奉者たちによって「キング・オブ・ザ・ウィッチズ」として任命されていたイギリスのウィッカンであるアレックス・サンダースと親交を持つようになった。サンダースはジェラルド・ガードナーのカヴンに属していたが、最終的には自分自身の流派(ガーデネリアン・ウィッカに対してアレクサンドリアン・ウィッカ)を結成し、すぐにウィッチクラフトの公共の顔となり、自身のアルバム『ア・ウィッチ・イズ・ボーン(*A Witch Is Born*)』をリリースするまでになった。それに基づいて、サンダースは自身のカヴンへのイニシエイションを執り行う。儀式は、ことのほか肯定的で、サタンが登場しないだけでなく、俗世界のイメージで満たされていた。そのイニシエイションには、ウィッカンのドリーン・ヴァリアンテがジェラルド・ガードナーのために書いた女神のチャージとして知られている祈りも含まれている。サタニックなミサの背後に想定される姿とは異なり、この女神は血を必要としない。「彼女は捧げものも要求しない。なぜなら、見よ、彼女は生きているもの全ての母なのであり、彼女の愛は地上へと溢れ出ているのだ」。ということからすると、サンダースがブラック・ウィドウの暗黒

訳注3-8 グレース・スリックは、六〇年代のサンフランシスコのバンド、ザ・グレート・ソサエティとジェファーソン・エアプレインのヴォーカルを務めた女性。

のオカルト的なヴィジョンとかかわることは意外なことではないか。だが、彼がそうしたのは、オカルティズムの全ての風味が、ほとんど味のないシチューに混ぜ合わされていた時代と概して足並みを揃えるためであり、またショックを与えてメディアにスキャンダルを作り出せるようにしておくためだ。カヴンとブラック・ウィドウは、古代から絶えることなく続いてきたオカルトの知識を利用する代わりに、中世で最初に生まれ、またアメリカの宗教権力者たちによる魔女裁判が行われていた時期にも目につくようになった観念やイメージを使った。例えば、魔女のサバトは、単に非キリスト教徒の儀式としてだけでなく、悪魔的な儀式として着色された豊穣の儀礼であり、魔女がイニシエイトされるために、また恍惚として踊るためにサタンと接触する儀式であるという観念は作り事である。

この信念は残存し、一七九八年のフランシス・ゴヤの有名な絵画『魔女のサバト』の中で、その最も典型的な形が与えられた。そこでは、堂々とした角の生えた山羊が女性と幼児の集まりを聖別しているかのように見える。さらに昔のもので、それほど有名ではないものの等しく影響力があったのは、一六〇八年の魔女狩りの手引書『魔女への鉄槌』のイラストである。そこでは腰を屈め、悪魔の尻へ文字通り接吻することで、魔女の集会へとイニシエイトされる女性が見られる。貧しい農民が自分の魂をルシファーへと売るが、結局は七年後に悪魔が戻ってきて、自分の一人息子を連れていくというカヴンの曲「ルシファーとの契約（Pact with Lucifer）」は、同様の悪魔的な田園情緒を表している。

カヴンとブラック・ウィドウは、当時のウィッカンの実践の正確な表現であると言えるものを提示してはいなかったが、それでも彼らの音楽とパフォーマンスは、その広大なスペクトラムに沿った真正のオカルトである。オカルティズムが古代の源からのただ一つの流れではないように、オカルトの表現される方法の多様性は今に始まったことではなく、昔から、時として奇妙に類似している要素を、また時として完全なまでに異なる要素をまとめてきた。ルネサンス期の魔術師たちにとってのそれは、それ自体がエジプト思想、キリスト教グノーシス主義、新プラトン主義の集積である『ヘルメス文書』だった——それにユダヤ教カバラ、占星術、自然魔術と呼ばれていたものが混合されることで、秘教的な伝承の複雑だが大きな影響力のある形が作り出された。一九七〇年代までには、すでにその口を開いて引き出すことができる豊かな歴史的水脈があり、その後、それは現代のカルチャーの表現様式へと応用されていった。新たなオカルトのアイデンティティの創出を促進するため、古代の典拠と前近代の典拠が、コミック・ブックやホラー映画、さらにウィッカなどの現代のより魔術的な要素とも混ぜ合わされた。それがビニール・レコードに刻み込まれ、ステージの上で掲げられ、拳を上げるファンたちによって詠唱され、その全てが、マスメディアによってせき立てられた両親たちの恐れを煽り立てることになった。

一九七〇年代後半から一九八〇年代にかけてのポピュラー・ミュージックの中で、悪魔崇拝の非難を免れた人は誰もいなかった。一例となるのはハートで、バンドのメンバー同士である姉妹のアンとナンシー・ウィルソンは、過剰な性欲を持った異教の女司祭としばしばみなされた。『ワシントン・ポスト』紙のバンドの紹介では、ばかげた不合理が指摘された。「つい最近、『リトル・クイーン（*Little Queen*）』のカバー上でのジプシーのモチーフは、バンドがサタニズムとオカルトへと関与しているという噂を生み出した。それは「アン・」ウィルソンからやや憤慨した笑いを引き出している」。これまで最も過剰な頻度で演奏されている曲の一つであるイーグルスの「ホテル・カリフォルニア」は、地獄に関するメタファーであると信じられていた。そのカバーの折り込みの写真ではホテルの中庭にいるバンドと取り巻きが見えるが、そのバルコニーにはアントン・ラヴェイが見られると主張している人もいる。だが、厳密に精査しても、単にぼやけた人物が見えるだけで、もし自分がそこに見つけたいのが聖パウロであれば、そうだということになるだろう。

悪魔という主題は、市場に売りに出すための美学としても、また精神的な飼料としても、どちらにおいてもロックの電流に力を供給し続けるだろう。オカルティズムは新たな霊的思想を目覚めさせるための力を持っていたのと同時に、ショックを与える力も持っていた。そして、一九八〇年代初頭のヘヴィ・メタルという現象は、悪魔がギターを手にして地上を歩いていることを確信させることになった。アルバムに警告ラベルを貼りつけさせることを促してしまうような歌詞を抑制することなく、むしろ多くのバンドはタブーとなるものを作り出すだけで、ある種の注目を生み出すことができることを喜んだ。すでに多くのヘヴィ・メタル・バンドは、自分たち特有の性的で暴力的な歌詞のために攻撃の的になっていたが、悪魔的な激しさや暗い終末の差し迫りを感じさせる雰囲気を加えることにより、自分たちの音楽を強化していった。

ヘヴィ・メタル・バンドが、アルバムのカバーを角のあるデーモンと上下逆さまの五芒星で飾り、非道な行為や邪悪なことについてファルセットで歌い、おまけにファンたちが「角《つの》を投じ」たことで、しばらくの間、サタンと彼の軍勢はほとんど滑稽にさえ見えるようになってしまった。また、彼らはかなり卓越した音楽も作った。そのことは彼らに着想を与えたものが何であれ、そのような激しいエネルギーの多くが、果たして彼らの身にまとった暗いオカルトの神秘性に起因していたのかどうかという疑問を浮上させることにもなる。不吉なオカルトの形象を使用するヘヴィ・メタル・バンドは相当数いたが、その細かな区別、ないしは相違する主張を、ヴェノム、ペンタグラム、スレイヤーのようなバンド、またパンク・バンドのミスフィッツでさえ気にすることはなかった。とはいえ、彼らそれぞれが少々異なる解釈をしていた。

例えば、スレイヤー独特のサタニズムは、アントン・ラヴェイによって刺激された。故ジェフ・ハンネマンは、『NME』紙に次のように語った。「その原則の多くは、単に自分自身らしくあるということと関連している。もし何かしたいなら、それをやれ。やりたいことがあるなら、やっていい。だが、俺たちは日々の儀式を開くなんてことは決してしない」。激しく強力な暗黒のメタル・ミュージック、それに加えて、廃れた一九七〇年代の悪魔映画を思わせるアルバムのカバーや曲のタイトル（「悪の種子(Evil Seed)」、「食屍鬼（The Ghoul)」、「悪の花嫁（Bride of Evil)」、「吸血鬼愛（Vampyre Love)」）にもかかわらず、現在は悔い改めて穏やかさをたたえるリード・シンガーのボビー・リーブリングは、善と悪の力の両方が人の魂を獲得しようと争っている世界を提起することで、ペンタグラムがより道徳心の高い立場を取ったのだと主張している。(訳注3−9)「バンドは示しているんだ……人は選択しなければならないと」。

だが、時には大言壮語から空気を抜く必要があった。パンク・バンドのミスフィッツが全ての人に思い出させたのは、ロックの悪魔的な嘲りの多くが、いかに二本立て白黒のホラー映画やスラッシャー映画に由来していたかということだ。ミスフィッツはB級映画のモンスターに似せて自分たちの顔を化粧し、「悪

訳注3−9 ボビー・リープリングは、ペンタグラムのヴォーカリスト。

魔の売春宿（Devil's Whorehouse）」や「宇宙のゾンビ（Astro Zombies）」といったタイトルがつけられた曲を演奏した。

　しかしながら、彼らの誰もが、それは結局のところ、ただのロックンロールであり、概してオーディエンスが悪意の幻影に魅了されることを求めてくるアートの形式でしかないと主張した。それがロックの核心にある精神的反逆であり、その血液にはオカルトによって酸素が送り込まれる。お前は危険であり、お前には侮りがたい力があると告げることに勝る方法などない。アルバムのカバー上の逆さまの五芒星は、うんざりするほど遍在するようになったとはいえ、それは俗世のありふれた感性に支配されていない音楽が、そのレコードのジャケット（あるいはＣＤジュエルケース）の内部に入っているという分かりやすく暗号化されたメッセージとなった。これらのバンドが単に芝居じみた行動をしていたときでさえ、それらのメッセージは依然として同じままだった。一年に数回のヘヴィ・メタル・ショーでしか起こらなかったとしても、人々は恍惚とした体験への切望をやめることなく、思うままに踊り酩酊し姦淫を犯した古き神々を崇拝しようとする衝動は、友人たちやレコード・プレーヤとともに地下の週末のたまり場で、あるいはカセット・プレーヤーとともに森の中での焚火のパーティーで充填され、なおも表現を求め続けるだろう。

　ロック・アルバムのレコードの溝の間に悪魔が潜んでいる――ミュージシャンが悪魔のひそかな使者である――という恐れは、ヘヴィ・メタル・バンドたちの冗談めいた、また大抵の場合、馬鹿げているサタニックな装飾によって増幅された。だが、このことは、かつてティーンエイジャーが両親や他の権威ある人たちと経験してきたどんな戦いをも越えて、まさに現実的な形を取り始めることになっていった。

Ⅳ

一九八五年に米国上院の聴聞会で、ペアレンツ・ミュージック・リソース・センター(PMRC)——アル・ゴアの妻ティッパー・ゴアなどワシントンの知名度の高い女性たちでメンバーが構成されたロビー活動のグループ——が、最初の会合を行った。十分に資金提供され、有力な縁故さえもあったこのグループは、プリンスの『パープル・レイン(*Purple Rain*)』の曲「ダーリング・ニッキ(Darling Nikki)」——「雑誌を使って自慰行為を行っている」のを見られる女性を主役にしている——などの自分たちが特に不愉快だとみなした一握りの曲に焦点を合わせることで、激しい怒りを扇動することに成功した。グループは、アルバムのカバーに印刷された全ての曲の歌詞を含め、さまざまな範囲の変更を求めた。セックスと暴力に重点が置かれたが、PMRCが最悪に不快なものとみなした十五曲中の二曲が、オカルトへの明白な言及のために選び出された。デンマークのヘヴィ・メタル・バンドのマーシフル・フェイトの曲「イントゥ・ザ・カヴン(Inte the Caven)」は、ルシファーのカヴンへのイニシエイションを描写している(ミュージシャンがサタン崇拝とウィッチを一つにしているもう一つの例)。また、デスメタル・バンドの祖であるヴェノムの曲「ポゼスド(Possessed)」は、親を恐怖で縮み上がらせるのに適切なあらゆる言及——娼婦、司祭、血——を含んだ悪魔のどきつい訓戒になっている。

PMRCは、歌詞の中身について両親へ警告する文字、すなわちX(セックス)、V(暴力)、D/A(ドラッグとアルコール)、O(オカルト)をアルバムに対してつけるラベル方式を考えた。PMRCは、どんな宗教団体とも提携していなかった。そのことからすると、カテゴリーとして「オカルト」を加えているのは異例に見えるかもしれない。だが、一九八五年までに国中が、サタニックな儀式虐待と呼ばれた話題にどっぷりと浸かってしまっていた。その多くは法廷証言で語られた。性的及び肉体的に虐待され、その記憶を抑圧していた子供たちから明かされていったその話は、後になるほどより恐ろしいものとなっていった。催眠状態で記憶が想起される劇的瞬間は、堕落した邪悪な目的のために子供たちを利用しているサタンのカルトが広く行きわたっているという証拠となった。極度の恐怖は、ミシェル・スミスという名の女性と心理療法士のローレンス・パズダーの間での口述の記録とされている一九八〇年に出版された『ミシェルの記憶（*Michelle Remembers*）』という本から始まった。

スミスは、自分の母親が一員となっていたサタニックなカルトによる自身の虐待についての詳細を煽情的に語っている。キリスト教よりも古い組織としてサタン・オブ・チャーチの名前を挙げているだけでなく、スミスは儀式の間の悪魔の出現、そして処女マリアからの神的介入さえも詳細に語っている。パニックがその最高潮に達したのは、預かった子供たちに対して、ありとあらゆる恐ろしい虐待を行ったことで検察官から告発された幼稚園のオーナーの裁判の間のことだった。数百人の子供たちが目撃者としての役を務め、その申し立ての理不尽さにもかかわらず、大衆は卑しむべき詳細を鵜呑みにした。「サタニック・パニック」の多くが虚偽であることが証明されてきたにもかかわらず、代理人によるサタンの陰謀が至るところにあるという考えを非常に多くのアメリカ人が受け入れたという事実は、一九五〇年代の赤狩りとよく似ていて、それが信じられている限り、誰もが隠れ悪魔の崇拝者でありえるということだ。幼稚園の先生たちのような私たちの社会の中で最も信頼すべきメンバーですら、悪魔の足下に腰をかがめるのだとしたら、誰を信頼できるというのか？

捜査当局者でさえ、ゲームに巻きまれた。バージニア州アーリントンの国際警察署長協会のために書かれた一九八九年の報告書「サタン信仰、犯罪的行為」で、執筆者は危険性がある犯罪者のパーソナリティーの兆候の一つとしてヘヴィ・メタルへの興味を挙げた。その同じ年、悪名高いジャック・チック——駅やバスの座席に置かれている図解入りの宗教小冊子の中の絵を描いていることで知られている——が、『天使？（*Angels?*）』を出版した。その中の売れようと奮闘しているロック・バンドは、ポピュラー・ミュージック産業全体が悪魔によって密かに操られていること、そして「クリスチャン・ロック」でさえ「サタンによって支配されている強力な悪魔的力である」ことを知る。ここには矛盾がある。もしサタニストたちが日常生活の平凡さの中に隠れることで秘密裡に最良の働きをしているのだとしたら、なぜ彼らはロック・コンサートの間、巨大な逆さまの五芒星を直立させ、自ら正体を暴露するのか？

けれども、悪魔は実際に至るところにいると考えられていた。ダンジョンズ&ドラゴンズの『神々と半神人（*Deities & Demigods*）』の初版が悪化させた。同書は多様な神々との付き合い方を紹介しているが、一九八一年にサクラメントのあるテレビ宣教師は、それを「まさしくウィッチクラフトのような」ものだと述べた。『モンスター・マニュアル（*Monster Manual*）』はさらに悪かった。それはアスモデウスやビルゼバルなど十二種のデーモンと十一種の悪魔を掲載した。後者は次の呪文を唱えることができた。「痛みの象徴、狂気の象徴、（非）神聖なる言葉」。ロックと同様に、D&Dは悪魔が子供たちをつかまえる主要な方法の一つとしてみなされた。それを出版した会社ＴＳＲは、一般にどう見られるかを強く懸念し、第二版ではデーモンや悪魔という語はルールから取り除かれ、タナーリとバーテズに置き換えられた。Ｄ

&Dで遊んでいる問題を抱えた若者について述べている逸話でも、彼らがヘヴィ・メタルに取り憑かれていることが確信を持って頻繁に語られた。サタンが私たちに混じってうろついているという信念は、アルバムの販売を促進したが、それは同様のレコードを単に聴きたいと思っていた人の生活に悪影響を与えたし、キリスト教主流派を越えて、その空想を高く舞い上がらせた。

とはいえ、因襲にとらわれない霊性へと向かう別の選択可能な道のために、悪魔が唯一の源泉だというわけではない。神秘主義がロック・ミュージックを思いもつかなかった方法で変化させた――ロックのシナプスをドラッグに誘発された霊性と癒合させ、来る数十年の間、表現方法を見つけ続けさせた――ように、そして悪魔がロックのその邪悪な冷笑を与えることになったように、魔術がロックに突拍子もない衣服を身に着けさせ、ロックのパフォーマンスを儀式やシャーマニックな祭式へと変化させるためのツールを、ミュージシャンへと授けることになっていくのである。

第四章
ザ・ツリー・オブ・ライフ

I

ザ・クレイジー・ワールド・オブ・アーサー・ブラウンのシングル「ファイア（Fire）」が、イギリスでナンバーワンになったのは一九六八年のことだった。『シカゴ・トリビューン』紙への寄稿でロブ・ベイカーは、ブラウンが「ポップ・ミュージックの新たな黒人カルトの司祭」になりそうだと述べた。ヒット・ソングとともにイギリスのアンダーグラウンドから姿を現し、その後、アメリカの騒々しいツアーに乗り出したブラウン自身が、自分は燃えていると感じていた。彼のステージ・パフォーマンスは、ヒッピーたちにとってさえ過激だった。ブラウンは膨らんだ赤いローブを着て、歯を黒く塗り、オイルを浴びせ燃え立たせた真鍮のヘルメットで頭を飾るという一式で現れてきた。「俺は地獄の火の神だ！」というブラウンの叫びとともに曲は始まる。ミュージシャンがオーディエンスを催眠状態にし、彼らの魂を再び震えさせる一種のシャーマンとなるロックンロールの新たな時代の到来を、自分が告げているのだとブラウンは信じていた。ロンドンのＵＦＯクラブのステージ上の着色光の下で、アーサー・ブラウンはキャリアを開始した。だが、彼はアシッド・ロックの超越性を越えていくヴィジョンを持っていた。ブラウンはスワミやサタンを導いていたわけではなく、むしろ古代の魔術の中でのオカルト本来の表現のための導管となった。それは宗教儀式で公式に執り行われ、また歴史の至るところ、中世の魔術師の秘密の部屋の中で、またはルネサンスの魔術師たちの作業場の中で、または十九世紀の魔術結社の殿堂の中で、違った形を取っていたものだった。ブラウンはロックンロールに魔術を持ち込み、それを以前にやってきたものとは大きく異なる新たなサウンドで、新たな比喩的表現で、より一層の眩暈さえ起こさせる神秘的雰囲気で、高みへと向かわせた。ブラウンは昔の魔術師たちのように、ロックを呪文のように成形し、ファンたちの意識を変化させ、彼ら全員を強力な魔法で呪縛していく様を見せてくれた。

その年の後半、名声の効果から少々自信たっぷりの態度でブラウンは、食料品を持って自宅へ向かって歩いていた。近所の少数の子供たちは、彼に気がついた。痩せこけ筋張っていて、大きな鼻と彫の深い顔をした彼は、化粧をしてなくてもかなり人目を引いた。少年たちは彼の周りに集まり、最初は嘲りながらからかった。

「よお、あんたが地獄の火の神だって聞いたけど、そうなのか?」と彼らは尋ねた。「きっと、そいつは物事を悪くするんだよな」。ブラウンは自分が即座にステージ上でのキャラクターに切り替わり、交信する存在の霊が何であれ、まさにロンドンの街角のすぐそこで自分に取り憑こうとしているのを感じた。「逆に、そいつは何もかもうまくいかせられるのか!」。ブラウンは彼らにつきまとわれ続けたため、呪文を唱え続けた。最終的に、彼らは玄関までやってきた。ブラウンは鍵を持っていなかったので、中に入るにはベルを鳴らさなければならなかった。インターコムを通じて妻の声が聞こえ、ブラウンは応答した。「ああ、ごめんよ。ミルクを忘れてしまったよ」。ストリート・キッドたちは吹き出した。「こいつは地獄の火のくそ神なんかじゃないぞ！」。後にブラウンはそのときのことを次のように語った。「ミルクを忘れたために謝る地獄の火の神は、完全に狼狽していたに違いないな」。

一九六〇年代から一九七〇年代への著しい文化的かつ精神的な転換が、ロックの神話の中で、さらに憂鬱になっていく様相として大概は描かれていたとき、当初のブラウンはロックの美学の中に悪魔が執拗に干渉してくるのを巧みに利用している単にもう一人のミュージシャンに見えたかもしれない。だが、ブラウンはより深いものを企てていた。子供のとき、彼はアフリカの司祭たちの映画を見て、いかに演劇や見世物が叡智を伝達する手段となるかを知った。彼はウォルター・ペイターの「全ての芸術は音楽の特性を常に熱望している」という考えによっても刺激された。それをブラウンは次のように説明している。「音楽は特定の脳葉へ直行し、思考、ないしは思考と通常呼んでいるものを迂回する」。背中を突如揺らし、目覚めさせる必要がある生徒を、禅師が強打するのに使用する杖に、ブラウンは自分の音楽をなぞらえている。ブラウンの地獄の火の神は、キリスト教に反対することを意図していなかった。むしろ人の注意を求め、そうするにはどんな手段をも使うメッセンジャーだった。「ショックを与えることで、人々の精神に何かをはっきりと理解させることができると思うならば、彼らにショックを与えるべきだ」。

ブラウンが十代だったとき、彼の父は超越瞑想を彼に経験させた。それは若きアーサーを、自分の曲の中にその道を見出すことになる霊的探求へと向かわせた。だが、すぐに彼は自分の意図したやり方で、オーディエンスが歌詞へと注目などしないことが分かった。

「デヴィルズ・グリップ（Devil's Grip）」は、人々が聞き慣れていないことを自分が歌っているということを自覚させられた歌だった。これは愛や自由へのヒッピーの叫びについての歌ではなかった。それは険しい霊的旅についての歌だった。「驚異から生まれた／俺はすぐに滑り落ちた」。ブラウンはロックロールを、オカルトの受難劇へと変えるための表現手段を捜し求めた。ブラウンは超俗世の感覚を呼び起こすために、自身のアフリカのシャーマンへの興味から選り抜いた演劇的要素をパフォーマンスに加味し、それによって音楽や歌詞に神話的性質を与えた。彼は標準的なロックのパフォーマンスを、むしろ新たな世界の創造に近いものへ再形成するため、顔に化粧を施し、シンボルが刺繍された式服を身に着けた。色とりどりのストロボライト、悪評高い燃えるヘルメット、時として彼が全裸になることは、「興行物を退化させる」という非難をもたらした。

ブラウンの最初のアメリカのツアーは、批評家たちによって酷評された。一九六八年のアナハイム・コンヴェンション・センターでのショーの後、『ロサンゼルス・タイムズ』紙は、彼を「目立ちたがり屋で、その儀式は安ピカもので飾りたてたいかさま」だと評した。それにもかかわらず、ブラウンはホテルの部屋で自分を待っている半ダースほどのファンを見つけた。彼らは、生、死、宇宙についての質問を彼に尋ねた。ツアーの間の数週間、彼は注目されること、パフォーマンスをやり続けること――ステージ以外でさえ――での興奮を大いに楽しんだ。その後のある夜、ブラウンはこれを続けていくことはできないと口に出した。彼は、自分が実際のところ何も分かっていないということに気がついたのだ。ブラウンは自らの霊的探求を真剣に開始することになった。彼の体験は、ステージへの献身をひたすら深めていき、ブラウンの伝記作家のポリー・マーシャルが「真に演劇的な異教主義」と呼んだことを完全なものにしていった。

ＵＦＯクラブで、彼は自分の魔術結社へと加入することを望んでいるオーディエンスを発見した。一九六七年に毎週クラブへ群がった人たちは、すでにロックの見世物の新規参入者たちだった。もちろん、ここはピンク・フロイドやソフト・マシーンの本拠地だった。そしてすでに両者は、ＬＳＤに浸された集団をさらなるアストラル・プレーンへと一気に移行させるべく、映写、照明、音を使うことに熟練していた。ブラウンのファースト・アルバム『ザ・クレイジー・ワールド・オブ・アーサー・ブラウン（*The Crazy World of Arthur Brown*）』は、音楽による「影の書」であり、各々の曲は自身の精神や魂に宿るさまざまな存在者《エンティティ》たちを呼び覚ますことを意図した呪文である。(訳注4―1)ブラウンはアルバムを制作すること、また聴くことを「内なる旅」であると述べ、その中の各々の曲を通して「神々や霊的存在」を呼び起こした。ブラウンは、神話の神々の中に内在する二元性や葛藤に興味があった。彼は自身の役割を、人間たちと神々の間を仲介し、分界線を突破することの冒険をやって見せるトリックスターだとみなした。ここでもう一度ディオニュソスの誕生の物語をなぞらえるなら、その神のこの世への到来は、彼の母が神聖な火にあまりにも近づきすぎた結果だった。その苦境の中にはキリスト教的な含意もある。地獄の火は焼き尽くすのか、あるいは浄化するのか？　地獄は永遠の苦しみの場所なのか、あるいは罰を通り越すと贖罪が待っているのか？

これら全てを土曜日の夜のロック・ショーで具現化するのは、まったくもって奇抜なことだったとはい

訳注4―1　「影の書（book of shadows）」は、ウィッカたちの新異教主義における魔術儀式の指導書。

え、それはむしろ血統の一部でもあった。ほぼ一世紀前に前衛派が手を出した霊的探求の諸要素を、ブラウンは統合したのだ。作曲家クロード・ドビュッシーやエリック・サティと関連して述べたように、一八〇〇年代の多くの芸術家や音楽家たちは、主流派に抗って突き進み、ハーメティック・オーダー・オブ・ザ・ゴールデン・ドーン、及びさまざまな薔薇十字の魔術友愛団の中で、霊的にも創造的な面でも滋養物となるものを調達し、それによって革新を起こした。

一六〇〇年代初頭、薔薇十字団員たちが謎に包まれながらドイツに出現し、各地に一連の小冊子を流布させた。最終的に信奉者たちはヨーロッパ中に広がり、ついには天文学者で数学者のジョルダーノ・ブルーノ、医師で神秘主義者に転身したロバート・フラッド——西洋の魔術やオカルティズムに大きな影響を与え続けた二人——などを含む十七世紀の多くの思想家たちを鼓舞することになった。最初の薔薇十字団の文書『友愛団の名声(*Fama Fraternitatis*)』は、人類の霊的な繁栄へと向かう新たな時代を先導する役目を担うクリスチャン・ローゼンクロイツという名の人物の風変わりな旅から生まれた神秘的な共同体を告知した。巧妙に仕立て上げられたでっち上げでしかなかったとしても、この秘密の兄弟団という着想は、とりわけキリスト教の教えが気の抜けたものでしかなくなっていた人々の想像力へと火を点けた。プロテスタントの改革は、聖職者の介入なしの直接的な救済を約束したが、それでも尚、それは信徒たちの方を向く説教壇の後ろに牧師がいるという聖職者制度として機能していた。薔薇十字団の神秘主義的なキリスト教は、新参者たちが一連の試練を通過させられ、最終段階に至るまでの間の各々の段階で、世界の偉大な秘密が徐々に明かされていく、むしろ古代世界の秘儀のカルトに近いものを期待させた。

一八〇〇年代までにフランスやイギリスでは、元々の薔薇十字団の直接的な末裔であると主張する多数のグループが芽を出し始めた。多くの場合、その複雑で洗練された一連の儀式によって知られていたフリーメーソンを介して、メンバーたちは秘密の友愛団の伝統を教え込まれていた。メンバーには、位階ごとの新たな教え、秘密の握手、合言葉が提示された。こうした秘密主義が要因となって、結果的には誤りを暴かれている（とはいえ永遠に止むことのない）悪辣な陰謀論を引き起こすことになった。だが、他方でフリーメーソンは、古代の秘儀、オカルト的な力、魔術などを強調する秘教的友愛団を発展させていくための基盤としてもみなされた。これら神聖なる真実を教えるための方法は、まさしく演劇的以外の何物でもなかった。

しかしながら、オカルトの信念体系を作り出すために、薔薇十字団のオカルト的感受性をフリーメーソンの儀式の壮大さへ組み込み、そして今日でもいまだに活発な会員活動が見られる西洋世界で最も影響力のある魔術団体となったのは、ハーメティック・オーダー・オブ・ザ・ゴールデン・ドーンだった。それは一八八八年のイギリスで、三人のフリーメーソン会員が人間文化の地平線を眺め、そして前方の歴史に、ただ二つの可能な道、すなわち神秘を情け容赦なく攻撃する強固な実証主義に傾いた純粋に唯物論的な科学、あるいは驚異を失った厳格な宗教の陳腐な思想、それらしか見えなかったときに始まったと言われている。ウィリアム・ロバート・ウッドマン、ウィリアン・ウィン・ウェストコット、サミュエル・リデル・マクレガー・マザーズは、アングリアの薔薇十字会（ＳＲＩＡ）という同じ薔薇十字団のメンバーだったときに出会った。だが、彼らは同団が提供できるものでは満足できなかった。彼らには自分たちが樹立しようと求めていたもの――科学とキリスト教という対立する二本の柱を越えていく進路――があった。

当時のイギリスでは、オカルティズムが完全な流行遅れというわけではなかった。スピリチュアリズムは、不気味で興をそそる応接室での集まりや井戸端会議を生み出していた。また、ブラバツキーの神智学協会は、信奉者を獲得し始めていた。同時に新聞や雑誌では、それに対する懐疑的な記事も増え始めていた。だが、三人のフリーメーソン会員は、自分たちがＳＲＩＡで手に入れた神秘的なつながりを、さらに深めていくためのより厳密な霊的体系を追い求めていた。ウェストコットは、「暗号文書」とみなされる一連の文書を手に入れたと主張した。それはタロット・カード、占星術、アストラル・プロジェクション、カバラを関連づけるオカルト心理学の方法を教えることを目的とする儀式について説明した一群の著作物だった。ウェストコットらは、ゴールデン・ドーンの最初のロッジを設立し、徐々に多彩な会員を引きこんでいった。その中には、フリーメーソンやその他の結社では、通常除外されていた女性の会員も多かった。ゴールデン・ドーンの儀式魔術の秘儀伝授の体系は、作家のフランシス・キングが述べているように、いかにして「一貫した論理的な体系へ統合させる」のかということの他には何ら独創的なものが明示されているわけではない。今日に至るまでオカルティズムに刺激を与えているその全ては、秘儀伝授を受ける者たちを魅了するために、儀式的装飾を華麗に施されたパフォーマンスを頼りとしている。

フリーメーソンから多くのものを取り入れたゴールデン・ドーンの儀式では、志願者が簡素なローブを身に着け、目隠しをされた状態から始まる。目隠し自体は、騙される、ないしは引っ掛けられることを意味する慣用語句の「フードウィンク」と呼ばれている。新規参入者は方向感覚を失うが、それによって他の感覚を強化させることが意図されている。ロッジのメンバーたちは、秘儀伝授の中で各々が規定された役割を与えられ、大概は自身の地位と職務に合ったエジプトのモチーフを取り入れた特有の儀式の衣装を身に着ける。メンバーが高い段階（フリーメーソンの位階）へと達するにつれて、儀式はますます複雑になっていき、さらなる光と音の使用が体験を強化していく。

アーサー・ブラウンのステージ・ショーも、同様にこうした要素が活用された。そこには、式服、仮面、「これら幾何学的パターンがつけられている大がかりな衣装」、各曲のために定められた特有の踊りなどがあった。ブラウンの光のショーは楽曲の雰囲気によって制御された。それは元々十九世紀に、ロシアの作曲家アレクサンドル・スクリャービンによって生み出されたアイデアだった。他の作曲家たちも音で光を制御するというアイデアを使って演奏していたが、一八七七年にベーンブリッジ司教によって申請された米国特許さえもあった。その中で、彼は次のように説明している。「実質的に指定された通りに演奏される音符と対応した一連の色を見せるために準備された装置の楽器との連合」。

スクリャービンにとって、音楽と色を組み合わせるのは、単に解決すべき技術的な問題にとどまらなかった。芸術学者のジョーンズ・レジオは、人が音を見たり、色を聴いたりする共感覚として知られる現象に、スクリャービンがどのように興味を惹きつけられていたかを説明している。色には特定の対応する音があるという考えは、スクリャービンの別の関心事だった神智学とも一致していた。レジオが指摘しているように、ブラバツキー夫人によって提起された神智学において、人間は肉体とアストラル体の両方を持っていて、後者の方はオーラとして見ることができる。その人の霊的叡智の状態ないし水準は、オーラの色で知ることができる。

スクリャービンは、自身の交響曲『プロメテ――火の詩（*Prometheus: The Poem of Fire*）』では、楽譜の中に色彩オルガンによって制御された色の投影のための指示が含まれていた。この作品のオカルト的な主題は、スクリャービンが「プレローマの和音」と呼んでいたものを使うことで強調されている。これは最初の楽章の間に劇的に上昇していく不協和音で、それによって人間の通常の知覚を越えて存在する神的なもの全体と調和することが意図されている。和音は神的なものへの架け橋であり、色彩は神的なもののエコーとなっている。

ブラウンは、すでに啓発されていたグノーシス主義の観点からではあるが、ほぼ同じような方法で自分自身のパフォーマンスを説明している。クレイジー・ワールドと彼の次のバンドであるキングダム・カムのより暗く不気味な局面は、いかに人間が神的な源から分離されているかを示すための試みだった。「俺たちが提示しているのは、人間の精神がそれ自身の創造物の中で、故意の自己欺瞞の罠にかかり、その真の中心である神的な霊の流出との接合点から排除されているという体験、現代の概念で言えば疎外と呼んでいる体験だ」。

十九世紀のモダン・オカルト・リバイバルの核心には、神的な源からの分離という考えがある。ゴールデン・ドーンは、神のごとくなるという目的に人間を再統合するための方法が魔術であると考えた。ゴールデン・ドーンの初期のメンバーであるアレイスター・クロウリーは、魔術を「意志に従って変化を引き起こさせる科学であり技術」だと定義した。この定義は、後のゴールデン・ドーンのメンバーで魔術師のディオン・フォーチュンによって改訂された。彼女は次のように書いている。「魔術は意志に従って意識の中に変化を引き起こさせる科学であり技術である［傍点は筆者］」。後者で追加された語は、むしろ精神に関して何が実際に起こるかを強調しているがゆえに、肝要である。もちろん真の魔術は、ここで起こる。それは、志願者が催眠をかけられることを求めているときにのみ起こる壮大な幻想である。

一九七〇年にブラウンのバンドは解散したが、彼はプログレッシブ・ロックの一団、キングダム・カムによって再開し、三部作のアルバムを制作した。それぞれのアルバムは、霊的な秘儀伝授の手段として音楽を用いるという彼の探求を深めていく鍵となっている。その少し前のブラウンは、ほぼ完全に音楽へと見切りをつけていて、これから自分の時間を過ごすためにチベットの僧院に向かっていこうとしていた。だが、メスカリンでのトリップ中、彼はウィリアム・ブレイクの絵からそのまま抜け出したかのような鎧と剣を備えている戦士である天使のヴィジョンを見て、彼が言うには「死の恐怖」に満たされた。ブラウンにとって、これは一つのこと、すなわち新しいバンドを始めることを意味した。キングダム・カムは、「最大値を越えるところまで」演劇色を強化しながら演奏した。そこでは、巨大なピラミッドがセットされ、十字架が炎を上げ、ドルイド僧たちがオーディエンスの中で踊り、おまけに道化師として扮装したギタリストを含め、各々のバンドのメンバーが式服と化粧で飾り立てられた。ブラウンはアシッドの乱用から完全なリンゴ食療法まで、多様な方法で霊的栄養源を探し求めた。だが、その音楽は革新的であったとしても、あまりにも軟弱なプログレッシブ・ロックでしかなく、大きな市場に届く段階にまでは至らなかった。キングダム・カムはフェスティヴァルを好調に巡回したが、バンドのメンバーはたびたび変わった。最後のアルバムは、ドラマーが不在のままレコーディングされた。そのためキングダム・カムは、ドラム・マシーンを使った最初のバンドにならざるをえなかった。コンサート中のオカルト中継を楽しみたいと思っていたオーディエンスも、最終的にはブラウンのいくぶん闇雲なシャーマン的ヴィジョンに、すっかり身を委ねてしまう気にはならなかったようだ。

だが、ブラウンはこのことも分かっていたのかもしれない。キングダム・カムが解散した後、ブラウンはスーフィズムを学ぶためにトルコへと旅をし、最終的にはテキサス州のオースティンに着地した。ここで彼は、それほど大げさではない方法によって音楽を精神的変容の手段として追求する着想を得た。ブラウンはカウンセリング心理学の修士号を取得し、音楽セラピーの実践を開始した。患者たちは恐怖症や不安について語った。そして、ブラウンはギターを手に、その場で曲を作り、患者自身の言葉から歌詞を引き出した。患者は、その歌のテープを家に持ち帰り、不安や鬱が始まるたびにそれを聴いた。ここに催眠術と魔術の出会う場所がある。

催眠術の最初の主導者の一人となったのは、十八世紀のドイツの医師フランツ・メスメルだった。彼は人間の体を駆け巡っている磁気的特性を持った超自然的な一種の不可視の流体が存在すること、そして正式な訓練を受けた施術者が、この流体を操作することで治療効果をもたらすことができると信じていた。メスメルはこれを「動物磁気」と呼んだが、その後すぐに、この考え方は信用を失っていった。だが一方で、当初「メスメリズム」と呼ばれていたその技法は、後に暗示を使ってトランス状態へ誘導する正真正銘の有力な手段となり「催眠術」へと変化した。

ブラウンの音楽療法は、催眠術とよく似ていた。というのも、その歌は患者が最初にセラピストの診療室で誘導された催眠状態へ、後に自分自身を戻すために使うことができる暗示の手段となっている。実のところ、催眠状態は変性意識の一形態であり、ＬＳＤのトリップよりも潜行的であるが、より深い長期的な影響を与える可能性がある。暗示はステージ・マジシャンのあらゆる手段の中で最も強力なツールとなりえるが、それは部族のシャーマンの儀式にとって、またフリーメーソンの儀式にとってでさえ、同じような力を持つツールである。ブラウンは式服を脱ぎ、化粧を落としたかもしれないが、彼のセラピーの技法は何ら変わったわけではない。そして、それはロックンロールのオカルト的な力の主要な作用でもある。

超自然的なことが本物であるかどうかという論点は重要ではない。オカルトは、それに客観性を与えるための神秘の力を必要としない。それに必要なのは、伝達手段と自発的なオーディンスだけだ。実際にはメスメルの精妙な流体など存在していないかもしれないが、施術者と患者、司祭と新参者、ミュージシャンとオーディエンスの間を走っている流れは、効果的だし、はっきりそれと分かる。

ブラウンは、主流派に覆い被さる魔力を維持することはできなかったが、彼がくみ上げてきたアイデアと伝統は、他の上演者たちの手で人気を獲得した。幻視者たちが砂漠をうまく越えていくことはめったにないが、ブラウンも例外ではなかった。ブラウンのシャーマン的魔術のより消化しやすいヴァージョンを供給することになったのは、別の人々――アリス・クーパーやキッス――だった。アリス・クーパーが自分の名前をどうやって獲得したかについては、真偽の怪しい物語がある。ヴィンセント・ファーニアとして生まれた彼は、高校での自分のロック・バンドが有名になることを夢見ていた若者だった。彼とバンド仲間がウィジャー・ボードで遊んでいると、ボードを支配していた不思議な力は、実は自分が十七世紀のセイラムの魔女裁判のときに火刑で焼かれた魔女アリス・クーパーの生まれ変わった魂なのだと伝えてきた（別のヴァージョンでは、カーニヴァルで占い師から運命に関する秘密の真実を、彼が学んだということになっている）。

バンドは、アリス・クーパーとして知られるようになった。だが、すぐにリード・シンガーとバンドの名前の間の区別はなくなった。ファーニアは、アリス・クーパーとして知られるようになった。そして、彼はその仮名を積極的に受け入れた。クーパーはいかにその名前が簡素でかわいらしく聞こえるかということと、それがいかに彼のステージの出し物と正反対であるかということを気に入っていた。アリス・クーパーは、血まみれのベビードール、ギロチン、電気椅子、絞首刑の模倣、イヴォンヌと名づけた南米の大蛇《ボア・コンストリクター》を取り入れることで、不気味な死を連想させる劇場へとロックを変貌させた。これら小道具の全ては、途方もない印象を与えるために、正装し、かつレオタードやレザーで身を包みながら、自身を特徴づける道化師の目の化粧を施したクーパーによって使用された。クーパーは、この世へ神々を招聘するシャーマンであると自身をみなしていたわけではなかった。むしろロックンロールの罪を背負う者、人間たちが内側に隠している全ての瘴気の集積物とみなしていた。クーパーはその全てを可視化した。彼はそれをオーディエンスへと投影し返し、それを見世物へと変えたのだ。

キッス（一部のキリスト教団体は、そのバンド名［Kiss］をサタンに仕える騎士たち［Knights in Satan's Service］の頭文字だと信じ、その音楽を拒絶した）は、アリス・クーパーの芝居を取り入れ、そして完璧に効果を上げる現代の秘儀のカルトへと自分たちを仕立て上げた。『サウンズ』誌への寄稿でシルヴィー・シモンズは、キッスのパフォーマンスがどのようなものであるかということを、アリス・クーパーのバンドが「常に求めていたが、そうはならなかった」ものだと語った。アリス・クーパーは、ツアーごとに新たな舞台装置を作り出し、毎回、最大限の努力を傾けた。キッスは、十代のファンたちが本当に求めているのは模倣するための何かであり、ときたまの新曲は別として、ほとんど変わらないままの儀式であるということが分かっていた。

そのためバンドは、デーモン（ジーン・シモンズ）、キャット（ピーター・クリス）、宇宙人（エース・フレーリー）、スター・チャイルド（ポール・スタンレー）という完璧にこしらえられたペルソナを採用した。彼らの化粧は決して変わらなかったため、ファンであり信奉者たちは同一の外観を身に着けることができた。この心酔者たちの「軍団」は、そう呼ばれていた通り、彼らの神々と直接的に対峙することを求めていた。そしてキッスは、それを彼らに提供するために、油圧式で上昇するドラム・セット、装備した追撃砲の爆発、相次ぐ火炎、そしてジーン・シモンズの甚だしく長い舌を使った。音楽批評家たちによって酷評された彼らの音楽は、複雑なものではなかった。全ての芝居じみた技巧の下にあったのは、結局のところ単なる大衆向けのものでしかなかった。だが、音楽など重要なことではなかった。キッスとは、アーサー・ブラウンがロックのステージへと持ち込もうと非常に熱心に取り組んだ、あの古代の技巧によって、熱狂へと掻き立てられた思春期直前の子供たちのホルモンが活気づけた現象だったのだ。

今日でさえブラウンは、こうした他の上演者たちが行おうと試みていることを正当に評価しているものの、それら題材の陳腐さによって、彼らの取り組みが台無しになっていると考えている。それは単なる演劇ではなかった。ブラウンは自分の劇作法に、部族の司祭やシャーマンたちのパフォーマンスを結びつけた。彼らの芝居じみた行動は、神的なものを引き下ろし、共同体へとそれを示現させることを目的とした魔術実践の一形式だった。仮面のような要素は、とりわけ強い効力があった。ワルター・オットーが説明しているように、仮面は「ただのうわべであり……ここではただ遭遇するしかなく、そこから引きこもるものは存在しない――動かせないもの、魅惑するものとは正反対のものなのだ」。仮面における霊の表象は、他の何かと間違えられることはない。これに詠唱、ドラムなどの楽器による恍惚とさせる音が加わり、集団催眠のような何かが起こりやすくなる。そして、オーディエンスが神の面前へと自らを進んで明け渡すとき、トリックはさらに成功しやすくさえなる。これはロックのパフォーマンスの全てのための定義となりえるとはいえ、なおさらふさわしいのはブラウンのような人物、また彼のアイデアを取り入れた後の上演者たちである。しかしながらブラウンは、例えばアリス・クーパーの「スクールズ・アウト（School's Out）」のような曲は、シャーマン的な演劇に値しないと感じていた。クーパーやキッスのようなミュージシャンたちは、名声や富という目的へ向かう手段としてショックを使いながら、それを純粋なエンターテインメントへと変えた。ブラウンは、自分もショックを与えていた可能性があることを認めているが、それは単にシャーマンが行っていたのと同じく、意識を変容させ、神々を招き入れるための場所を開くための方法としてのことだった。

Ⅱ

一九七五年、『ローリング・ストーン』誌のインタヴューのために、十九歳のキャメロン・クロウは、デヴィッド・ボウイを訪問した。そのときクロウは、コカインでラリっているボウイが窓の外の目に見えない超自然的な力から自分自身を守るために、黒いキャンドルへ火を灯しているのを見た。ボウイはニコラス・ローグ監督との映画『地球に落ちて来た男（*The Man Who Fell to Earth*）』の撮影を終えたばかりだった。それはＵＦＯや異星人との遭遇に興奮させられていた時期のことだった。そしてボウイにとって、その役の型に合わせて自分自身を形成するのは容易なことだった。以前から宇宙空間の実存的な恐怖や異星人のロックスターについて歌っていたが、彼は文化的意識よりもずっと先にいた。『地球に落ちて来た男』が公開されたとき、進行中のポップ・カルチャーは、宇宙の存在者たちによって重度に侵略されていた。ＵＦＯについての本やテレビの特集番組の数は、その当時に実際に目に留まったものを、はるかに上回っていた可能性が高い。だが、そのときまでにボウイは、古代の宇宙飛行士よりも魅惑的なものの水路を切り開いていた。彼はサイエンス・フィクションを、魔術とコカインに混ぜ合わせていた。その結果、オカルトの注射をロックに供給し、ポピュラー・ミュージックを変容させる進路を歩み続けることになった。だが一方で、ボウイの正気は犠牲になった。幸運なことにも、アーティストはそれをほとんど無傷のままでなんとか切り抜けたが、その魔術と正気の間の戦いの遺産は、ロックの継続していくオカルト的変容の中での次の局面となっていった。衣装、演劇、止むことのない創造的活力によるボウイの自らの意識の探求は、音楽がどんな流行にも決して留まっていられないことを、ミュージシャンとオーディエンスへ再度明示することになった。オカルトの想像力は、ロックが決して死にはしないことを確信させた。そして、ボウイはロックを覚醒させ続けるために、たとえどういう結果になろうとも、そこに純然たるスピードボールを注入したのだ。(訳注4−2)

彼の歌詞の多くは、多様なオカルティズムの色調や様式——大抵の場合、ニーチェ哲学信奉者の比喩的表現、風変わりなファシストのイデオロギー、異星人の救世主を通して濾過された——に対する言及をそれとなく口にしている。だが、そうした中で、このロック・カルチャーを具体化した形式は、例えば東洋の神秘主義への傾倒によって駆り立てられたハリスンによるシタールの使用、あるいはレッド・ツェッペリンのアルバムのカバーを装飾し、その不吉な雰囲気を作り上げたペイジの魔術への関心と同じほど明瞭

訳注4-2「スピードボール（speedball）」は、コカインをヘイロンとモルヒネで混ぜ合わせたもの。

ではない。神秘主義やその他の秘教的実践へのボウイの移り気な関心に焦点を合わせたとしても事足りない。このより大きな物語の中では、ボウイの役割はなおさら捉えづらいが、最も広範囲な影響をさまざまな意味において及ぼしている。ボウイは魔術がいかに作用するかを体現したという理由で、おそらくロック史の中で彼以上の真の魔術師は存在しない。すでに述べたように、儀礼や儀式魔術と同様に舞台のマジックでも、観客の側の人々は自分たちが騙されることを許し、イリュージョンによって魅惑される。前者では、集団や共同体や友愛団という環境内において同様の現象が起こり、それが出来事や儀礼を進めていく中での重要な効力となっている。そこには共有され、暗黙の集団によって取り決められた言葉がしばしば存在する。その力は、例えばフリーメーソンの志願者が最初の握手ないしは「握り方」を授けられ、そうすることを躊躇なく受け入れていくときのように、新参者が言葉、またはその他の暗号化された行為を暗黙裡に受け入れていくという方法の中で歴然となる。

薄暗いオカルトへの関心、ほとんど悲劇的な結末、その上での並外れたキャリアをよそに、ボウイの宇宙的で魔術的なペルソナは、ロック・ミュージックを新たな段階へと上昇させた。ボウイはロック・オーディエンスを、バイセクシュアル的で二元的な自己の感覚を受け入れることへ転向させるために、グラマーを——ファッションの領域でも魔術的な意味においても——用いた。これはジャガーのような人物の単なる中性的なセクシュアリティではなかった。ボウイのセクシュアルな自己は、普遍的な何かへ、もしかすると意識下の人間性へと光を当てるために、制限を超えていく方法となっている。ボウイは、神々の罰により七年間、女性として過ごした古代ギリシャの神話や演劇の中の先見者テイレシアスとよく似た文化の予見者だった。テイレシアスは男性と女性の両方の世界を歩き、この叡智を介して来るべきものの状態を直観することとできる。テイレシアスはギリシャの多くの戯曲の中に登場し、しばしば悲劇的結末を予言する。また『バッコスの信女』でのテイレシアスは、ディオニュソスの信奉者として登場し、ペンテウス自身が神に黙従しトランスジェンダー化するときを予想していた。

ボウイはトランスジェンダーのテーマに当時の最先端の流行だったもの――異星人、魔術、神秘主義――を身に着けさせたが、彼の気配はいくぶん荒涼としていた。一九七〇年と一九七五年の間の彼には、不穏な救世主的で終末論的な熱情のオーラがあった。ボウイが表現とパフォーマンスで提示したものが、警告なのか、あるいは称賛なのかを知ることは難しかった。ドラッグの使用が徐々に度を越していくにつれて、彼は自分自身のことが分からなくなっていたのかもしれない。

一九六七年の彼の最初のアルバム『デヴィッド・ボウイ（*David Bowie*）』は、取るに足らない一風変わったイギリス的な趣向の産物であり、トップ四十での注目を獲得することを明らかに意図した、まったくの甘ったるいポップのふわふわとした作品だった。一九六九年の『スペース・オディティ（*Space Oddity*）』で、自分自身に宇宙飛行士を配役しての二度目の登場となってから、その後のボウイは絶え間のない変化を開始し、現代の錬金術の万能薬は実験のたびに、より強力で危険なものとなっていった。音楽評論家たちは、『スペース・オディティ』が比類のないものであることに同意した。同名の最初の曲は、トム少佐がいつの間にか自分のロケットと現実の両方から解き放たれ、アストラル・プレーンの中を漠然と浮遊している実存的な宇宙の旅となっている。

『ディスク・アンド・ミュージック・エコー』誌のライターは恍惚となった。「可哀そうなトム少佐と彼の圏外領域への旅の結末を知りたくてどきどきしながら、始まりから終わりまで呪縛された状態で耳を傾けた」。ここには、憂鬱な超然とした態度で、星明かりの真空内部から十年間の終わりを見渡した一九六九年のロック・ソングがあった。「メモリー・オブ・ア・フリー・フェスティヴァル（Memory of a Free Festival）」という曲は、一九六〇年代の音楽フェスティヴァルに惜しみない賛同を送っているが、最終的な希望はヒッピーたちの活気づいた集会に存在しない。救済は別世界にあり、金星人たちが操縦する星間宇宙船「太陽機械」によってもたらされるが、希望は永続するものではなかった。

一九七〇年の彼の次のアルバム『世界を売った男（*The Man Who Sold the World*）』を支えていたのは、禁じられた果実の比喩的表現だった。ボウイの中で何かが、イギリス版のカバーで一目瞭然に見られる不気味な退廃のようなものが、呼び覚まされていた。ボウイはドレスとレザーのブーツを身に着け、シルクの布がかけられたカウチでゆったりと座っている。彼の前の床にはプレイング・カードのデッキが散乱している。曲は重たく、その一部は初期のヘヴィ・メタルのようにも聞こえる。また、テーマも同様に威嚇的で、あからさまに性的である。音楽によるグノーシス主義によって救済を提供する禁制のセクトへの秘儀伝授を自らが受けている、とボウイは想像している。自分自身を知るために、慣習的な錯覚を払拭し、蛇が提案するものを自由に食べなければならない。だが、自分が見つけた知識を決して恥じてはならない。アルバム全体に、超人間的な導師《マスター》たちというテーマが出没する。だが、ボウイが自身を彼らと同等と思っていたのか、あるいは手先だと思っていたのかははっきりしない。

七〇年代初頭、ボウイは他の探求者たちによって非常に良く知られていたことへと言及するようになり、一九七一年のアルバム『ハンキー・ドリー（*Hunky Dory*）』では、彼が魔術に魅了されていることが不透明でなくなっていった。「クイックサンド」——精神的危機についての憂鬱な歌——では、クロウリーが必要とされ、また賛意を得ている。ボウイの伝記作家ニコラス・ペッグがとりわけ注目しているのは、「ホモ・サピエンスは、自分たちの用途を失ってしまった」と警告する曲「オー！・ユー・プリティ・シングス（Oh! You Pretty Things）」である。ペッグは、これをエドワード・ブルワー＝リットンの作品への賛同だと考えている。彼の一八七一年の小説『来るべき種族（*The Coming Race*）』では、男が地球の空洞への入り口を見つけるが、そこで発見するのは古代の超人間たちである。「人類に似た種であるが、比べものにならないほどの外形の強靭さと容貌の荘厳さ」と描写されている彼らは、「ヴリル」と呼ばれるエネルギーを使用し、気候から情動に至るまであらゆるものを制御するなど驚異の技能を発揮する。

この愉快で奇妙な物語は、もし一九六〇年にフランスで最初に出版され、一九六三年に英訳されたルイ・ポーウェルとジャック・ベルジェの『魔術師たちの夜明け（*The Morning of the Magicians*）』がなかったら、他の風変わりな十九世紀のファンタジーと同じ道を歩んでいたかもしれない。同書は、今日でも強い関心を持たれている相次ぐ秘教に関する空論やオカルト陰謀論を生み出した。著者たちが触発されたのは、二十世紀の最初の十年間、相続財産を使ってニューヨーク公立図書館で過ごしたチャールズ・ホイ・フォートからだった。彼は広範囲の情報源から所説や資料を集めたが、その全てが異常現象や超自然現象の根底にあり、それらを結びつけている織物を示唆していた。フォートの方法を使って、ポーウェルとベルジェは秘められた歴史の略図を描いた。その中では、重要な歴史上の人物たちが人類の宇宙的運命を形作る自分たちの役割を知っていたとされ、西洋文明の最初の時期には異星人が人類を視察していたし、錬金術と近代物理学は敵対していなかったということにもなっている。そして、七〇年代が必要としていたのは、天文学的な夢とオカルトの再配列を体現することができるメッセンジャー、そしてロックンロールが両世界の中間に位置するのに適しているという証を届けることができる退廃と叡智からなる人物だった。そのような人間をボウイ以外に想像することなどできなかった。

ボウイが次にリリースしたアルバムでは、最も偶像的で空前絶後の強力なロックのペルソナとなるジギー・スターダストが作り出された。誇大表現を許してもらうならば、史上最も偉大なロックンロール・アルバムの一つである『ザ・ライズ・アンド・フォール・オブ・ジギー・スターダスト・アンド・ザ・スパイダース・フロム・マーズ（*The Rise and Fall of Ziggy Stardust and the Spiders from Mars*）』の中で、ボウイは月面歩行の驚異と興奮と一緒になった宇宙飛行の偉大さを転倒させ、宇宙を不気味な謎の場所へと変貌させた。そこでは、降りてきた異星人の救世主がギターを弾けるようになっていた。ボウイはニューエイジの常套文句をまるで用いることなく、七〇年代の精神的な希望と恐れを合成した。ジギーは人間を実験するために、ここにいるのではない。彼は地球の都市の廃棄物の中で禁断の知識を捜し求め、自分自身を実験するためにここにいる。

一九七三年に『ローリング・ストーン』誌は、文化的逸脱の両極にいるウィリアム・バロウズとデヴィッド・ボウイとの対談を準備した。バロウズは、アンダーグラウンドの万神殿の中心の場所を占めていた。ゲイでありドラッグ中毒者だった彼は、こうした自分自身の側面を、英語で書かれた最も挑戦的で物騒な小説の中で診察した。ボウイは彼の双子の片割れであり、狂っているけれども美しいポップ・ミュージックの被造物として、名声と富を手に入れた道徳的慣習の破壊者だった。バロウズは主流派へと向かう道筋を探していたのかもしれない。そしてボウイと同席することが、そこに自分をより近づけることになると思っていたのかもしれない。

ボウイは二人の会話の中で、ブラック・ホールに住んでいる「無限なる者たち」と呼ばれる通常の存在のあり方を越えた異性人の種族が、人々に理解できる形態を自分たちへと与えるため、ジギーを容器として使用していると述べ、ジギーの背後にある神話の全貌を説明している。バロウズは、終局で人類が異星の生命体と接触したときに用意ができているように、人々がより偉大な気づきへと達成するのを促進する機関を創設するという自身の展望で対抗した。

ボウイの異星人グノーシス主義への強い関心は、とりわけ一九七〇年代の最も恐るべきアルバムの一つ『ダイヤモンドの犬（*Diamond Dogs*）』とともに、『世界を売った男』の退廃的な魔術への回帰に取って代わられることになった。『ジギー・スターダスト』の中の曲「ファイヴ・イヤーズ（Five Years）」での差し迫った世の終末の警告は、「鼠のような大きさの蚤たちが、猫のような大きさの鼠たちに吸いついた」というディストピアな都会の廃棄物の中で実現した。唯一の希望は、ドラッグと愛の思い出の中にある。「スウィート・シング（Sweet Thing）」は歌の中の美しく悩殺的な人のことだが、「俺が怯えていて、孤独なのが分かるだろう?」の箇所で、ボウイの声はまるで絶望的であるかのように高音になる。『ダイヤモンドの犬』は作り物の光景かもしれないが、その根底にある真相として、ボウイの増大していく途方もないコカインの使用、そしてさらに深まりさえしたオカルトへの好奇心があった。喉を締めつける妄想症の副作用で知られるコカインによって過給されたボウイの魔術への関心は、厄介なものへと向かっていくしかなかった。

クロウが会った頃のボウイは、自分が呪われていることを確信し、もしかするとジミー・ペイジに呪われている可能性もあると考えていた。そして、カバラの象徴を自分のスタジオの床の上に描くことに没頭していた。クロウは、ボウイが自分の音楽について明晰に語るのを聞いていた。すると、終末論的な未来を説明し始めると突然、そこでロックの悪と闇の仮面が現実的なものとなり、ある種の独裁的な力がボウイに授けられた。「ロックンロールは危険だと思っている。それは西洋に非常に有害な感情をもたらすかもしれない。俺は本気で世界を支配したいんだよ」。当時、ボウイはクロウに言わなかったが、彼は自分の精液（ホムンクルスを魔術的に作り出すために必要な材料）を盗もうとしている魔女たちによって、自分の計画が妨害されていると信じていた。(訳注4―3)

数カ月後、ボウイと当時の妻のアンジェラは、ロサンゼルスに広大なアール・デコ様式の家を購入した。そして、ノンフィクションの筋書きの完璧な見本となって、ボウイは以前の所有者であり、その生涯によってミュージカルの『ジプシー』に着想を与えたダンサーのジプシー・ローズ・リーが、部屋の一つの床の上に六芒星を描いていたことを発見した。ボウイは取り乱し、家のプールの中に悪魔が住んでいると主張し始めた。家に留まるための唯一の方法は、悪魔祓いを行うことだった。そこで、ボウイは必要な装具を全て集めた。そして、彼とアンジェラはプールの前に立ち、自らプライベートな儀式を行った。後のインタヴューでアンジェラは、そのようなことを信じていなかったけれども、水が泡立ち始め、プールの底に染みが現れるのを目の当たりにしたと述べている。ボウイにとって、悪魔祓いだけでは十分ではなかった。数週間後、二人は引っ越した。二〇〇九年、ボウイは自身の伝記作家のマーク・スピッツとのインタヴューで、オカルトですでに混乱した精神に対してコカインが何を与えたかを明かした。「俺の魂は限度を越えて上昇し、ただ粉々に砕けてしまった。一日の中の二十四時間、幻覚を起こしていた」。ボウイのコカインで活性化されたオカルトへの関心は、彼の私生活の中にほとんど隠されていたが、明敏なリスナーは無数の手がかりを彼の音楽の中に見つけることもできるだろう。一九七〇年代のオカルティズムは、悪魔という観念と第一に関係していた。たとえ、それが家族のペット（『悪魔の犬――地獄の猟犬』）、あるいは隣の家に住む変わった無口な子供（『オーメン』）、あるいは地元の暴走族（『サイコマニア』）としてやってくるものだったとしても、誰もが悪魔の支配から文化的に逃れることはできなかった。（訳注4―4）だが、ボウイはもっと真正でさらに危険となりうる種類のオカルティズムによって、悪魔を回避することができた。アーサー・ブラウンが自分の音楽のパフォーマンスをシャーマニズムの一形態とみなしていたのに対して、ボウイは魔術を自己実現の一形態とみなし、むしろ魔術的完成という一般的に誤解されてしまっている観念によって導かれていた。

また、一九七〇年代のオカルトでは、魔術師たちが神的なものの知識を求め、デーモンやその他の疑わしい同類の者を召喚するために使用する魔術の取り扱い説明書の復活も優位を占めていた。このジャンルは非常に人気となり、出版社はあたかもそれらが最近発掘された古代の文書であるかのように、虚構の大冊を出版し始めた。それ以外に、一般人へ魔術の技能を実際に教えることを目的とした本もあった。

イスラエル・リガルディの『ザ・ゴールデン・ドーン（*The Golden Dawn*）』とディオン・フォーチュンの『心的自己防衛（*Psychic Self-Defense*）』という二冊の最も人気があった魔術についての本は、魔術

訳注４-３「ホムンクルス」は、ルネサンス期の錬金術の文献や十九世紀の小説で言及されていた錬金術によって作り出される小さな人間のこと。
訳注４-４『悪魔の犬――地獄の猟犬（*Devil Dog: The Hound of Hell*）』は、一九七八年のアメリカのＴＶ映画。『オーメン（*The Omen*）』は一九七六年のホラー映画。『サイコマニア（*Psychomania*）』は、一九七三年のイギリスのホラー映画。

結社、とりわけどちらの著者もそのメンバーだったハーメディック・オーダー・オブ・ザ・ゴールデン・ドーンと関連する実践的な使用法を提供した。リガルディの本は、体系的な方法でゴールデン・ドーンの儀式を公表した初めてのものだった（彼は「制約を破った」ことで他のメンバーたちから非難された）。だが、ゴールデン・ドーンについて直に知っていることがなければ、その本自体についていくことは、ほとんど不可能である。ゴールデン・ドーンは、個人と集団のエクササイズの両方を用意しているが、それは最初に策略を知らせずにカード・トリックを学ばせさせようとする本と大して違いはない。「西に向かい、五芒星を作り、EHEIEとバイブレートせよ」。

それがまさに提示しているのは、サタニズムないしはウィッチクラフトに関する一般的な観念に縛られていない魔術の実践の一瞥である。『ザ・ゴールデン・ドーン』はノンフィクションの空想的な現実主義の本であり、一九七〇年代のオカルト的想像力へと火を点け、今日でも活発な多数のゴールデン・ドーン関連のグループを創設するための基礎を提供している。一方、フォーチュンの本は、はるかに実際的で、呪いや魔術的攻撃を防ぐための方法など、クックブック的な知恵を与えてくれる。

確かにクロウリーはボウイに影響を与えたが、この移り気なシンガーは、彼を不当に利用することはしなかったし、あるいは後にオジー・オズボーンが一九八〇年の曲「ミスター・クロウリー」で行ったようなやり方で、黒魔術師のイメージを掻き立てる彼の名前を使用することはなかった。ボウイは、以前に述べた意味でのルシファー的な優雅さの肖像としてクロウリーに惹きつけられた。そこでのルシファーは、自己実現した一種のしゃれた男を、またセックスや意志や陶酔のさらにタブーとされる局面を探求することを恐れないボードレールのような詩人を象徴している。だが、この完成された霊的人間という発想、すなわち「オー！・ユー・プリティ・シングス」以来、ボウイがずっと戯れてきたイメージは、アーリア人の完璧さという観念と容易に融合されてしまった。この定式化は、オカルトの歴史を理解することにおいて、長らく問題を提起してきた。

ブラバツキー夫人は、この緊張が最初に現れた場所として、しばしば引き合いに出されている。彼女の著書『シークレット・ドクトリン（*The Secret Doctrine*）』は、人間の進化の霊的定めである「根源種」の分類法を明らかにしている。これらの最初のものは、形態がなくエーテル的であり、時間とともに根源種は進化していった。ブラバツキーは、ハイパーボリア人、レムリア人、アトランティス人を続く人種としたことで、パルプ誌のファンタジー作家たちにくみ上げられるべき深い源泉を与えた。第五根源種はアーリア人であり、それをブラバツキーはその当時の人間の頂点であると主張した。第六根源種はアーリア人を越え、そして次の第七根源種で最後の完全な人間を目撃する。

ゲイリー・ラックマンはブラバツキーの伝記の中で、彼女の時代に人種がいかに深く重要な主題だったか、そして私たちが彼女の思想のいくつかに厄介な問題があると感じたとしても、それらはより大きな文化的環境の一部だったと説明している。より物騒なのは、人種差別主義者が自分たち特有の凝り固まったオカルト思想を助長するために、彼女の思想を使用した方法であるとラックマンは評している。例えばトゥーレ協会は、明らかに反ユダヤ人的な信念を持ったドイツ人たちの集団――ルドルフ・ヘスを含む――であり、人種的に純粋な人々はハイパーボリアという仮説上の土地で生まれたと信じていた。

トゥーレ協会は、ナチスがオカルトの力を追求し、完璧で寸分たがわぬアーリア人を作り出すことができると信じていると主張する関連書物の全産業のための刺激となった。ポーウェルとベルジェの『魔術師たちの夜明け』は、これを一般人の意識にもたらすための最初の本となった。そして、奇妙な科学と偉大な力が吹き込まれている伝説的な物体の探求が、彼らのオカルト＝ナチスの関連性には詰め込まれていた。もし『魔術師たちの夜明け』がなければ、映画『レイダース、失われたアーク（*Raiders of the Lost Ark*）』の中で、ナチスが神の力を武器として操るための装置として、聖書の契約の箱を探すということは起こりそうもない。また、インディアナ・ジョーンズのおかげで、それらの悪役たちは少なからずとも破滅するが、一方で他の人たちは歴史を遡り、ロマンティックな理想主義でナチスのことを書くことになった。

『魔術師たちの夜明け』を読むことで、『ハンキー・ドリー』で見つかった空洞地球というリットンのオカルト的ファンタジーからナチスに影響された超人という考えに至るまでの諸点をつなげていくことは難しくないだろう。ボウイはこの種の考えに自分がはまり込んでいることに気がつくことになった。ロックの光景とペルソナに対して、ナチスのオカルティズムのイメージは、美しくも致命的でもある衝撃と畏怖の紛れもない嵐を与えた。これらの着想の全ては、終末論的な熱情へ融合していった。だが、ボウイは非常に卓越したアーティストだったがゆえに、それを音楽へと向かわせることができた。

一九九三年、『アリーナ』誌でのインタヴューで、ボウイは後悔の念とともに、この時期のことを振り返った。ドラッグによる妄想の間、オカルトに手をだしていたこと全ての背後で自分を駆り立てていた動機が神への切望だったことを、彼は理解していた。ボウイはトレヴァー・レイヴンスクロフトの『宿命の槍（*The Spear of Destiny*）』という本に引きつけられていた（これほど適した名前を考え出すことはできないだろう）。同書では、ローマの戦士によって磔にされていたイエスを突き刺すために使われ、また有害な神秘的力の所産だと考えられている槍を、ヒトラーが見つけようとして夢中になっていたと述べられている。

これは、ヒトラーが同時に聖杯も探していたという言い伝え（これは後に三作目のインディアナ・ジョーンズの映画『最後の聖戦』でも世に広まった）とともにボウイを魅了した。そのためボウイは、ナチスの行為の現実に注意を払わず、それどころかそれを聖なる探求という何か偉大なものと想像してしまった。ボウイは次のように述べている。「そして無邪気にも、彼らが政治的にやったことについて考えすらしなかった」。

ボウイの自己滅却は、ファシストの国家再生の神話にも使われていた。ボウイの場合、その先入観、欲望、愛、恐れが剥ぎ取られ、殻にすぎなくなり、厳密な再プログラミングという方法を通して完全に復活させるのは、国家ではなく人格だった。ボウイは完全な外的自己、すなわち自身の完全な願望の表現であるアートほどに、完全な内的自己を求めてはいなかった。ペルソナを分割するのにコカインに勝る手段はない。そして、カバラや人種オカルティズムと混ぜこぜになり、ボウイはより効果的な調合法を選別することができなくなっていた。ボウイにとってのファシズムは、ファッションを目的としていて、それ以上に政治面が強調されることはなかった。

ボウイの並外れて鋭いファッション感覚によって、この多様なペルソナの召喚のいずれもが高められ、彼の音楽面さえをも凌駕する光彩を放ち、他のミュージシャンたちを刺激することになった。ボウイは『ＮＭＥ』紙の記者に対して、自分のことをミュージシャンではなく、表現の手段として音楽を使っているアーティストだと語ったことがあるが、その通りに出版物の中では、自身のキャラクターの構築と脱構築を継続した。このような発言によって、ボウイは純粋なロックのペルソナから自分自身を切り離しておくことで、自分が宿ることになるかもしれない次のキャラクターとしての地位を、よりうまく確立しようと意図していた。同インタヴューで、ボウイはアリス・クーパーのような人物と一緒くたにされることなく、離れた立場にいることも望んでいた。ボウイは芝居がかっていることについては認めたが、小道具やセットの使用を避け、自分は自らの歌の「媒体」だと主張した。こうしたことは、ボウイが自身のバンド、スパイダース・フロム・マーズとの『ジギー』のツアーの最後のショーで、アンコールのためにステージへと戻ったときのように、次のことへと進む準備が整ったときには、彼が作品自体によって拘束されることなどないことを意味していた。そのときのボウイは、オーディエンスに対して、スパイダースが一緒に演奏するのが最後となったと告げ、最後の曲「ロックンロール・スーサイド（*Rock'n' Roll Suicide*）」へ向かった。ショックを受けたのは、ファンたちだけでなく、彼のバンド仲間たちも同様だった。

かつてボウイは、マーク・ボランを「グラム一・〇」だと述べたことがあった。また、ボランがあまりにも短い期間ではあるが、T・レックスと呼ばれるバンドを率いていなければ（ボランは一九七七年の三十歳の誕生日の数週間前に亡くなった）、ボウイにはどの楽屋口を通るべきかが分からなかっただろう。ボランはハイヒールのブーツとスパンコールのジャケットのためにペイズリーを売りに出し、ヒッピーの吟遊詩人――妖精物語や魔法の呪文について歌うビブラート・ヴォイスを持つ歌手――からグラマラスで退廃的なロックスターへと姿を変えた。だが彼は、とりわけ自分のパフォーマンスに持ち込んだ欲情的な両性具有性によって、神秘的なオーラを持ち続けた。

彼の初期のバンドであるティラノザウルス・レックスのファンたちは、彼を裏切り者と呼んだ。また、音楽批評家は彼の華やかな装いを、本物の芸術的価値を何ら持たないシニカルな興行的手腕にすぎないとみなした。だが、ボランは新旧のきらびやかな混合を、また不必要なサイケデリックな飾りを剥ぎ取られているけれども宇宙的な華麗な装飾品で着飾ったシンプルなポップを、すぐに受け入れることができる同時代の人々を見つけていた。グラムは、ロックスターが単に秘密の正体――異星人やモンスターであること――の隠れ蓑でしかないというオカルトの新たな種類の想像力のためのテンプレートを提供することになった。

ブライアン・デ・パルマは、自身の映画『ファントム・オブ・ザ・パラダイス（*Phantom of the Paradise*）』の中でのホラーのパロディのために、グラムだけでなくロック・カルチャー全体がまさに機が熟していることに気がついた。それは一九七四年にしか作り得ない映画だった。ポール・ウィリアムズ（彼は映画音楽も作曲した）が演じたレコード会社の幹部であるスワンは、永遠の命のために自分の魂を売り、悪魔の仲介者として活動する。そして、レコード契約と引き換えに、自身の魂を放棄するサインをするよう他者を勧誘する。スワンはミュージシャンのウィンスロー・リーチを見出し、彼の音楽が新たなロック・クラブのための最適な背景になると考えた。スワンはリーチを陥れた。リーチは抜かれた歯を金属に取り替えられ、顔をレコード・プレス・マシーンで焼かれるなど、あらゆる恐ろしい苦しみを経験した。彼は仮面と黒い外套を身に着け、ナイトクラブに出没し、自分を破壊した人々への復讐を果たす。

ロック・カルチャーは、仮面と化粧の背後に隠された秘密の正体というコンセプトを活用し続けた。ごく一般的なメタル・サウンドによって鼓舞され、オカルト的でサタニックな表現を使うマーシフル・フェイトは、一九八〇年代に足跡を残した。バンドにその力を付与したのは、そのリード・シンガーであるキング・ダイヤモンドだった。キング・ダイヤモンドは、アントン・ラヴェイ特有のサタニズムの心酔者だと言われていた。そして、彼はアリス・クーパーやキッスの非嫡出子のように、自分の顔を白く塗るという手段を採用した。彼はしばしばシルクハットをかぶり、葬儀にふさわしい礼服を着て、数本の骨を持って歌った。彼のマイクに取りつけられる十字を形成するために、それらが一つに結びつけられることもあった。これらの要素は、ミュージシャンがロックの言語で秘儀的な機密を伝えるメッセンジャーであることを、ロックのオーディエンスに知らしめた。

マリリン・マンソンは、ボウイのテンプレートに従って、アルバムごとに新しいペルソナを提示したが、彼は概してアリス・クーパー流メイクアップ綱領を保持した。一九九八年、マンソンは『ケラング！』誌で、とりわけ自分のアルバム『メカニカル・アニマルズ（*Mechanical Animals*）』には、ボウイからの決定的な影響があったと語った。その記事の著者は、そのカバーが『アラジン・セイン（*Aladdin Sane*）』に薄気味悪く似ていると指摘している。ボウイはポピュラー・ミュージックへ明瞭に追跡可能な影響力を与えた。だが、彼の包括的な影響力は、より潜行的に広がっていた。彼の構築されたパーソナリティーの非常に多くが、一九七〇年代の彼の実生活と平行して走っていた。それら各々が、精神の滋養物を求め、内宇宙と外宇宙の両方に目を向ける窮余の霊的探求者たちを表現していた。だが、ボウイはその十年の過剰の導管だっただけでなく、鏡にもなっていた。『ダイヤモンドの犬』の最後の曲「永遠に回転を続ける骸骨家族の詠唱（*Chant of the Ever Circling Skeletal Family*）」では、レコードの溝に針が詰まって同じ個所を何度も繰り返し、進まなくなったアルバムの演奏を模倣している。それは人をちょっと驚かす不気味な気まぐれでしかないが、オカルト探求の危険な本性に対する音楽的に完璧なメタファーとなっている。オカルトのさらなる暗黒面は、悪魔崇拝に関する誇張され、しばしば誤っている噂ではなく、それ以上に永遠に循環する意味のループにある。

なぜなら、オカルトは整然とした体系というよりも、伝承の諸断片、複数の信仰の寄せ集め、さらには商業主義に奉仕する純粋なフィクションからさえ構成される乱雑な集積であり、最終的な保証も最終的な叡智も存在しない。そしてそこでは、日常のちょっとしたことですらオカルト的な含意を帯び始め、各々のことがさらに深い意味を参照させ、それがさらに別の可能な推論をただ指し示すだけで、容赦のない符号の追求となる。ボウイを偉大な魔術師にしているのは、この自ら課した使命の負担で心が砕かれたときでさえ、彼は「意志に従って変化」を起こすことができたことだ。ボウイのペルソナが、魔術師《マグス》のペルソナだったことはめったにない。代わりにそれらは、空間と時間の彼方からやってくる超俗的なキャラクターだった。外宇宙への旅が催眠性の夢の中で内的孤独を明らかにする宇宙の奇人トム少佐。カウンターカルチャーのサイエンス・フィクションの古典であるロバート・ハインラインの『異星の客（*Stranger in a Stranger Land*）』の中のマイケル・スミスと似た救世主的な人物ジギー・スターダスト。『アラジン・セイン』の未来的な容貌。『ダイヤモンドの犬』の終末論的な景色を徘徊するグロテスクでハイブリットな生き物。

一九七六年の『ステイション・トゥ・ステイション（*Station to Station*）』では、ボウイが「痩せこけ青ざめた公爵」として登場した。ほとんどの批評家が意見を一致させたのは、そのキャラクターが、太陽に触れようとした人間の焼け焦げた殻であり残物であるということだった。妖しい美しさ以外の何もかもが燃え尽きてしまっていた。「ステイション・トゥ・ステイション」という曲は、ドラッグによって増幅されたオカルト的妄想の痛ましい告白だった。神聖な真理の探究は、シーシュポスの課題へと変わる。「探求し続けなければ……ああ、何を信じていけばいいのだろう」。ボウイはカバラを直接引き合いに出し、滑り落ち、離れ続ける希望を何度も振り返る。「まさしく魔術的な移動、ケテルからマルクトへの」は、単に「コカインの副作用」などではないと彼は主張する。(訳注4―5)

確かにこれは、秘密の知識の探求で放棄すべき最後のものが、貧窮した卑怯者の墓地の君主であるネクロマンサー自身の魂だった、というオカルトの典型となっている。だが、ここでの退廃的な魔術師のイメージには、それだけではない何かロマンティックなものがある。彼はゴシック的な景色に住まうファウストのような人物、隠された叡智を求め悪魔に魂を売る伝説に名高い学者、すなわちF・W・ムルナウの一九二六年の映画で描き出され、ドイツ表現主義者たちの典型的な物語の中で想像された人物たちにも似ている。このイメージの中からは、違った二つのロックの傾向が出現した。一方は、心理的かつ霊的な破壊の装置として暗闇を抱擁した。他方は、影の中を歩いている本物らしきものを目にし、それをレザー、レース、美しい銀の十字で着飾らせた。

Ⅲ

牛乳と尿の浣腸、性交の実演、鶏の頭を使った自慰行為全てが、チャールズ・マンソンの歌唱と電車の轟音が組み入れられたサウンドトラックに合わせられる。これはジェネシス・ブレイヤー・P・オーリッジ率いるロンドンを拠点としたパフォーマンス・アート集団COUMの典型的なパフォーマンスだった。一九六九年にコージー・ファニ・トゥッティ(モーツアルトの喜歌劇にちなんだ名前)とともに結成された当初のCOUMは、ヴァイオリンとドラムで騒音を発する前衛的なヒッピー・バンドだった。パフォーマンスの間の演劇は、主流派へと直接的に異議を申し立てるための手段を彼らに与えた。逸脱の手段としてオカルトの技法を用い、サブカルチャー派へ同じことをするようにと動機づける、その魔術の先鋭さを誇示する番がアンダーグラウンドに回ってきたのだ。オカルトはショーのためだけではなかった。また、限りない量の金やドラッグを入手することを可能にするための単なるマーケティング的な策略や一時的な流行でもなかった。それは想像力の武器だった。そして、それは中央に向かって滝のごとく流れ落ちていくかのような状態にあったロックの外辺の逸脱集団へ光を当てることになった。サイモン・レイノルズが、ポスト・パンクに関する本『リップ・イット・アップ・アンド・スタート・アゲイン（*Rip It Up and Start Again*）』の中で説明しているように、「彼らは自分たちが行ったことを、ロック・ミュージックではなく『パフォーマンス・アート』だと言えば」、公的資金が利用可能だった。ロンドンのＩＣＡでの一九七六年のギャラリー・ショーで、バンド――そして一般人の関心――は頂点へと達した。インスタレーションが主要素としたのは、ポルノ雑誌、ストリッパー、タンポン、そしてクリス・カーターとピーター・クリストファーソンとともにＰ・オーリッジとトゥッティによって提供される音楽だった。カーターは、イエスなどの大きな注目を浴びていた多くのバンドと仕事をしていた音響と照明のエンジニアだったが、自家製のシンセサイザーを使った実験的なパフォーマンスに関心を持つようになっていた。クリストファーソンは、デザイン会社ヒプノーシスとともに仕事をしていた（彼の特異なヴィジョンは、ピーター・ガブリエルの三枚

訳注４-５「ケテル」と「マルクト」は、カバラで用いられる生命の木という図の一番上の箇所と一番下の箇所のこと。

のアルバム、特にガブリエルの顔が溶けていく象徴的なイメージに表されている)。展覧会は激しく憤慨された。イギリス議会は、COUMを「文明の破壊者たち」と呼んだ。その結果として、彼らがイギリスの芸術資金を申請することは、もはや許されなくなった。

COUMは、逸脱を手段とした文化の変容の初期の試みだった。ウェブサイト『デンジャラス・マインズ（*Dangerous Minds*）』の創設者リチャード・メッガーが説明しているように、COUMのパフォーマンスは、「病んだ社会の悪性腫瘍のために良性の悪魔祓いを行うことで、自分たちを（そして観客たちも）自身のタブーから解放することを目的」としていた。彼らが、これら「悪性腫瘍」として見抜いていたことを称賛していたのか、あるいはそれを単に映し出す鏡を提示していたのかどちらにせよ、これは危険を避けて通らなければならないことを意味していた。P・オーリッジと仲間たちは、すぐさまインダストリアル・ミュージック――他に類をみない音楽でアンダーグラウンドのムーヴメントの到来を告げたジャンルであり、その影響はナイン・インチ・ネイルズやゴッドフレッシュなどの活動によって主流にまで広がっていった――の騎手となるスロッビング・グリッスルを正式に生み出すことで、この緊張を高めていった。

COUMがアートに向けたことを、スロッビング・グリッスルは音楽に向けた。ファシストを仄めかすイメージと連続殺人犯たちや性的逸脱についての歌による純然たる挑発は、前衛派のドロッとしたスライムのように吐き出された。彼らの音楽は、激烈なエレクトロニクス、機械化されたダンス・ミュージック、アンビエントな光景、ガイシン的なカットアップの不可解な実験からなる寄せ集めだった。カットアップ――テキストを部分に切断し、それらを再形成するために、偶然の要素と意識の流れに任せる芸術上の技法で、ウィリアム・バロウズと画家ブライオン・ガイシンが共同で生み出した――は、意識と文化のどちらをも操作するための強力な手段だった。それは魔術であり、現実を変えようとする意図的な目的があった。

スロッビング・グリッスルのメンバーたちは、それぞれ独自の方法でオカルト的主題へ関心があった。また意図的な目的というクロウリー的な思想にも――同様にバロウズの魔術的思想にも――関心があった。だが、彼らは一般人からの反応を引き起こすための主要な手段として、オカルトの比喩的表現を用いることは控えた。他のバンドたちは、自分たちの危険性や薄暗い霊的意図をオーディエンスやメディアに知らしめるために、大抵の場合、五芒星やサタニックな比喩的表現を使った。スロッビング・グリッスルは、そのようなやり方で不可解なシンボルを使わざるをえないなどと感じたことはなかった。コージー・ファニ・トゥッティは次のように説明している。「作品が霊的なものとの深いつながりから作られているなら、その力は一目瞭然で、シンボルを使用することは無意味な誇張表現ね。思うに、公での余計な誇示は、その作品とその背後にいる人間、その両方の弱さや不安定さを、むしろ示しているのよ」。

一九七一年、Ｐ・オーリッジは、『裸のランチ（*Naked Lunch*）』などの小説で良識に火を放ったウィリアム・バロウズの中に同類の精神を見出した。最初の会話の中で、バロウズはＰ・オーリッジの未来のヴィジョン全体を燃え立たせる(また西洋のオカルティズムの進路を変える)話を物語った。バロウズは決まった小さな食堂によく行っていたが、そこである夜、彼は非常にぞんざいに扱われた。彼は仕返しのための最適な方法を手にしていた。バロウズは、「似ているものに似ているものは応じる」という考えに基づくオカルト実践の方式、すなわち共感魔術の形式のために「カットアップ」のアイデアを適用した。例えば、特定の人物に似せて作った人形をピンで刺し、バスの下に投げてもいい。必要なのは、まずまず似ていること、そして最後まで厭わずに呪いをやり抜くことだけだ。この方法を念頭において、バロウズはレストランがある街区の写真を撮った。フィルムを現像し、かみそりを使ってレストランを切断し、その二つの部分をテープで貼り合わせ元に戻した。食堂の近隣の周囲の音を録音し、次に録音した銃声、サイレン音、爆発音を挿入した。数週間後、何の予告もなく、食堂は閉店した。

バロウズはP・オーリッジと最初に会ったとき、この話をした。P・オーリッジがバロウズに見出したのは、人間の意識の自由を制限するために閉じ込めようとする力――バロウズは、それを「コントロール」と呼んでいた――の転覆を目的とする同類の魂だった。コントロールを弱体化するために利用できる幻覚剤、アート、魔術といったツールは、彼らの周囲の至るところから入手できた。バロウズの魔術では、グリモワー、儀礼、儀式、呪文には寄りつかず、写真、録音、音楽制作、映画が好まれた。彼は、これまで通りの昔の文書や伝統に魔術を依拠させるのではなく、すぐ手の届くところにあるテクノロジーに適応させなければならないと信じていた。ゴールデン・ドーンやその他のオカルト結社の儀式を遵守することは、それらの方法を存続させることになるかもしれないが、彼の考えからすると、それは魔術（ないしはアート）の実践に何ら益するものではなかった。

バロウズの数多くの伝記作家の一人ジェニー・スキールは、それを次のように説明している。「カットアップは、言葉とイメージのコントロールを暴露し、そうすることで、それらから自分自身を解放するための方法であり、テキストの著者と読者の両方に意識の変化を起こす」。

バロウズは、友人でありアート活動の協力者であるブライオン・ガイシンから、魔術的な破壊の手法としてカットアップを紹介された。一九五四年から一九五八年の間、ガイシンが共同所有し経営者だったタンジールのレストラン、一〇〇一ナイツで、二人は出会った。バロウズとガイシンはパリで再びつながり、一九二〇年代にダダイストたちによって使われていたその技法を再活性化した。ダダイストたちは、どんな種類の方式にも反対し、自分たちのアイデアを純粋な遊びにすぎないと考えていたと概して決めつけられている。だが、作家のナディア・チョウチャが説明しているように、彼らの純粋な「意識の体験」の探求は、実際には彼らがオカルトの想像力に対して敏感だったことを意味していた。ダダイストによって使われたコラージュやカットアップの技法は、彼らに無意識と接触し「未知のこと」へ耳を傾けることを可能にさせた。カットアップが、どんなテクノロジーにも、またそれがいまだ実現していないテクノロジーであったとしても、どれほど容易に適合させられることができるかということが、それを非常に効力のあるものにすることを、バロウズは見抜いていた。バロウズはＭＰ３を想像することはできなかったが、カットアップはポラロイド写真と同じぐらい簡単に０と１の二進法へ適用可能である。ガイシンが信じていたのは、カットアップが高次の自己の機能であり、通常の目覚めている意識では理解できないつながりを作り出すということだった。彼らは映画製作者アントニー・バルチとともに、コントロールに対する戦いにおいて、カットアップがいかに完璧な武器であるかを示そうとした。

Ｐ・オーリッジは、一九八〇年にバロウズを通してガイシンと会った。そして、ガイシンのアートやアイデアが、意識と自由に対する「コントロール」の締めつけを振りほどくために使うことができる魔術の一形態である、とよりいっそう確信するようになった。Ｐ・オーリッジは、ガイシンのいささか孤立した芸術的な先見の明を利用したいと思った最初のミュージシャンではなかった。一九六七年、ローリング・ストーンズはドラッグ所持の容疑を抱えて法廷へ戻るのを待っている間、精神的浄罪を求めてモロッコへ飛び立った。彼らが見つけたのは、さらに望ましいドラッグとさらなる放蕩だった。だが、ブライアン・ジョーンズは自身のヴィジョン・クエストと出会った。ガイシンのレストランでブライアンは、一〇〇一ナイツのハウス・バンドとして演奏していたマスター・ミュージシャンズ・オブ・ジャジューカとして知られる高度な訓練を受けたスーフィーのミュージシャンたちのグループによるトランスを誘導する驚くべき音楽を目の当たりにした。彼らは、子供の頃から訓練を受けた選り抜きのミュージシャンたちからなるグループだった。彼らの楽器――フルート、ホルン、ドラム――は、彼らの音楽がパーン神から伝わってきたものであることを、また彼らの鍛錬は古代の密儀のように秘儀伝授を通して伝えられたものであると人々に信じさせた。ガイシンは、このミュージシャンたちの真の心酔者となり、彼らの技能が一種の「精神的《サイキック》な健康法」になると信じた。一九六八年にジョーンズはモロッコに戻り、ガイシンとともに儀礼の場での音楽を録音させてもらえるようミュージシャンたちを説得した。彼らの共同作業は、ロックのセレブリティたちによってプロデュースとミックスが行われ、『ブライアン・ジョーンズ・プレゼンツ・ザ・パイプス・オブ・パン・アット・ジャジューカ（*Brian Jones Presents the Pipes of Pan at Joujouka*）』と題されたマスターたちの音楽の斬新なアルバムを生み出す結果となった。この重要なアルバムは、多数のミュージシャンたちを刺激し、彼らの曲作りに土着の音楽やトランス的な要素を組み込むよう促すことになった。

Ｐ・オーリッジが理解したのは、ガイシンの魔術がいかに実際的であるかということだった。そこにはデーモンたちを召喚する、あるいは神聖な守護天使と出会うための空想的な技法とは異なる現行のツールがあった。すでにカットアップは、文学に対して、また頁上の単語に対して、とりわけガイシンやバロウズのエッセイ集でありユーザーガイドである『第三の精神（*The Third Mind*）』の中で、応用されていた。

しかしながら、さらに強力だったのは、円柱に穴を開け、ストロボ効果を生み出す電球を装着させ、回転させる「ドリームマシーン」と呼ばれるガイシンの発明だった。そのアイデアをガイシンが思いついたのは、バスに乗っているときだった。彼の目は閉じられていたが、並木道に沿ってちらつく太陽が、彼をトランス状態にさせた。ガイシンにとって、それは「色覚の超越的な嵐」だった。彼の友人で天才的技術者イアン・サマービルは、同じ効果を生み出すことができる単純な装置を組み立てた。その後すぐにガイシンは、それを使って体験を再現した。そして、それを超越のためのツールとして共有するために、自分自身の装置も製作した。それ以来、ドリームマシーンは、イギー・ポップからマイケル・スタイプに至るアーティストやミュージシャンたちの作品の中で使われてきた。ガイシンは、過去の全ての神話や象徴も含めた「人類全体の視覚のプログラムを包含する」人間の脳の部位のアルファ波へドリームマシーンが作用すると信じていた。カットアップは、文化の安定性を動揺させられるだろう。だが、ドリームマシーンは、「優位にある文化と調和し適合する」ことを人に要求するとＰ・オーリッジが信じていた世界の中で、意識を活性化し、より一層の破壊行為すら開始させられるだろう。

スロッビング・グリッスルが解散したとき、Ｐ・オーリッジとクリストファーソンは、サイキックＴＶを結成することに取りかかった。Ｐ・オーリッジが、それを最初に着想したのは、デヴィッド・ボウイに関するテレビのドキュメンタリー、特にボウイが駅に到着して、第二次世界大戦中のベルリンでナチスが運転していたタイプの現存する一九三〇年代のヴィンテージの車に乗り込む、という取り立てるほどのこともない平凡な場面を目にしたときだった。Ｐ・オーリッジには、この車の中でのボウイの印象に加えて彼のペルソナの両義性が、権力掌握を目指す国家社会主義者のように彼が見えることから、後一歩のところで離れさせていると感じられた。その場面では、ミュージシャンを一目見ることを期待する十代のファンたちが駅に群がっていた。画面に映っていないナレーターの声は、その瞬間にボウイが持っていた力、すなわち、これら子供たち全てを政治的な理由で統一する可能性のある力についてコメントしていた。P・オーリッジは、次のように回顧している。「急進的思想のプラットフォーム」として、音楽とレコーディングを実際に用いることができるバンドを始めるための「それが最後の引き金だった」。

P・オーリッジは、これまで以上の大衆向けの要素を自分たちの音楽の中に採用することで、サイキックTVが体制を内部から汚染するものと確信した。「我々がロック・バンドというアイデアを使ったのは、我々が実際に行っていたこと、つまり人は自分の振る舞いを変えることができるし、もしそれを望むなら自分の元々の能力が何であれ、自分が選んだ通りに創造的になれるのだということを人々に対して執拗に言い続けていることを、可能な限り体制側に気づかれないようするためだ」。サイキックTVは、この目的のために、それ独自の言語とパスコードと儀式を持った仮想の秘密結社となる魔術共同体を作るようにとファンたちへ呼びかけた。従来のファンクラブの代わりに、サイキックTVが作り出したのは、P・オーリッジが言うところの「まさに自由放任主義のリバタリアン・オカルト・ネットワーク」だった。彼らは自分たち自身をTOPY（Thee Temple ov Psychick Youth）と呼んだが、これは一部分セックスから、一部分ドラッグから、そして十九世紀のイギリスの画家オースティン・オスマン・スペアが生み出したシジル魔術として知られる技法から取り入れられた膨大な量の魔術的エネルギーからなる魔術的な若者文化だった。

何世紀もの間、シジルは使われてきた。だが、ハーメティック・オーダー・オブ・ザ・ゴールデン・ドーンの設立者の一人であるサミュエル・リデル・マクレガー・マザーズが、天使を召喚し悪霊を拘束するための儀礼魔術の複雑な体系の概要を説明した中世のグリモワー、『ソロモン王の鍵（*The Key of Solomon the King*）』を翻訳し出版したときに一般に広まった。そのグリモワーには、存在者《エンティティ》たちの多くのシジル（印と呼ばれている）が記載されている。それらは錬金術や占星術の記号とよく似た抽象的なシンボルのように見えるが、さらに複雑で円に取り巻かれている。これらは霊たちの署名であり、本質上、それら霊たちを制御するために使用することができる。「ルンペルシュティルツヒェン」の物語のように、その名前を知れば、それらを支配する力を持つことになるのである。(訳注4―6)

シジル魔術は、オカルトの想像力に対するスペアの最も偉大な貢献だった。彼が最初に認知度を高めたのは、一九〇四年、十四歳のとき、誉れ高いイギリスの絵画展であるロイヤル・アカデミー・サマー・エキジビションに参加するよう招待されたときだった。スペアの作品は、オーブリー・ビアズリーのような他の世紀末のイラストレーターと似ていて、本の出版社による依頼を受け、凝ったペン使いで描かれた。

だが、スペアの作品は、より私的でグロテスクだった。彼のオカルトのシンボルの使い方は、さらにあからさまである。彼の絵を満たしているのは、炎の渦巻きによって取り巻かれた角のある生き物や歪んだ裸体である。スペアは美術界の支配者集団の大部分を不快と感じ、中年期にはほとんど身を潜めるようになり、彼の作品は魔術的叡智を追求することへもっぱら捧げられる営みとなった。

訳注4‐6　「ルンペルシュティルツヒェン」は、『グリム童話』に収録されている物語。

しばらくの間、アレイスター・クロウリーの魔術結社とかかわるようになるものの、スペアは魔術が友愛団の制御（また、それに付随する握手一切）から自由になる必要があると考えていた。スペアの非凡さは、シジルの個人的な性質を重視することで、彼独自のシジルから疑似宗教的性質を取り除いたことだった。彼のシジルを作るための公式では、特定の望みを表す言葉を書き出すことを必要とし、大抵の場合、その文字を互いの上に重ね合わせていく。そして、「意のままに視覚化が容易にでき、欲望と絵的な関連をほとんど持たない単純な形になるまで」重要ではない線を消去する。そうすることで、望みが顕在化するまで、その形を想起することができる。

サイキックTVは、自分たち独自の魔術の研究の中で、この好奇心をそそるイギリスの魔術実践者を見出した。そして、自分たちのファンに独自のシジルを作るよう促した。だが、バンドはさらにそれを一歩進め、ファンたちに血や精液などの体液をシジルへと塗りつけるよう奨励した。その後、ファンたちは、それらをバンドに郵送した。それらが集合的に互いへの活力を与え、彼らの欲望に形と命をもたらすことを期待して、バンドはそれらをファイリングして保存した。

束縛されていない新たな霊的文化が作られるためには、魔術から神秘性が取り除かれる必要があるとP・オーリッジは主張した。P・オーリッジが言うには、「動物のぬいぐるみ、ハーシー・チョコーレト・バーなど、その他なんでも」魔術のバッテリーになりえる。「人は自分自身の象徴化の言語、儀式の効率と効果を最大限にするための魔術の言語を発達させることができる」。バンドが一通の郵便を開いて、得体の知れない流体を塗りつけられたシジルを初めて見たとき、P・オーリッジはこれが新たなオカルト思想の始まりとなりえること、同じ日の同じ時間に世界各地で一万人の人々がシジルを作るという究極の表現行為になりえると確信した。「全ての人が自分の時計を調整できたわけではないが、信じられないほど多くの人が行った」とＰ・オーリッジは回顧している。「これまで誰もそんなことをしたことがなかった」。

ピーター・クリストファーソンは、サイキックＴＶとも頻繁に演奏していたジョン・バランスとともにコイルを結成するため、最終的にバンドを離れた。二人はこの新たな化身で、カットアップ、パーカッション、そしてバランスの力強いヴォーカルに重たいエレクトリック・サウンドを結合し、一九八〇年代から一九九〇年代に『スカトロジー（*Scatology*）』、『ホース・ロータヴェイター（*Horse Rotovator*）』、『ラブズ・シークレット・ドメイン（*Love's Secret Domain*）』などの非常に注目すべきアルバムを生み出した。コイルは彼らのアートと彼らの霊的（そして性的）嗜好の間を区別しなかった。彼らは自分たち自身に対して、また自分たちの音楽に対して、変容した意識状態を作り出すため、易経のような魔術的技法や超人的量の幻覚剤を使った。バランスは、サイキックＴＶやＴＯＰＹと関連する魔術を、集団のエネルギーにあまりにも依存しすぎるカルト的なものとみなすようになっていた。そして、彼はシャーマンの道で見られるように、孤独にオカルトを実践する人として、スペアの足跡をさらに直接的に辿りたいと考えていた。『フォーティアン・タイムズ』誌のマーク・ピルキントンとのインタヴューで、バランスはチャーチ・オブ・サタンのカルト的な魔術への取り組みを非難している。コイルがサタニックな比喩的表現を使ったという非難は、ただの無知にすぎない。彼は言うだろう。コイルの真の守護神はパーンなのだと。それにバランスは、アントン・ラヴェイやマリリン・マンソンのようなセレブリティやミュージシャンたちに対して我慢ならない。「あれはショービズ・サタニズムだ。あんなものはどれもまったく受け入れられないね。確かにパーンは俺の神格の中の一つだし、俺がその中に安堵と力を感じる神であることは間違いない」。

一九八四年のコイルのファースト・シングル「ハウ・トゥ・デストロイ・エンジェルス（How To Destroy Angels）」（このタイトルはナイン・インチ・ネイルズのトレント・レズナーが、彼の別バンドの名前として借用することになる）には、音楽の中に次のように始まる言葉の説明が詰め込まれている。「男性の性的エネルギーの蓄積のための儀式音楽」。この曲は、音楽がかつて「人間の肉体と精神に影響を与えるためのツールとして」使われていたことをリスナーに思い出させるための試みだった。「ハウ・トゥ・デストロイ・エンジェルス」は、アンビエントな鼓動、ゴングの音による時折の中断、金属の上で金属をひっかく音——周到さと「カットアップ」のどちらにも聞こえる——として表現できるだろう。

激しく強力な音楽作品である「ハウ・トゥ・デストロイ・エンジェルス」の発表——その男性のセクシュアリティの強調とともに——は、バランスが自分たちの「太陽の局面」と呼んだものによって、コイルのアイデンティティを前面に押し出したが、ナチスと関連していた象徴である黒い太陽と呼ばれたものを使用していたことによって、それが特徴づけられることになってしまった（第二次世界大戦の間、ナチスの親衛隊は、ヴェーヴェルスブルク城の中の黒い太陽が床に施設された場所で会合を行っていた。後にこの象徴は、他のネオナチによって、特にオカルト的なモチベーションを強調する集団によって採用された）。その象徴の歴史は、実際には非常に複雑である。それはブラバツキーの著者の中にさえ見つけることができる。それにもかかわらず、その象徴とナチスのオカルティズムとの関連を切り離すことは不可能である。後にコイルは月の（女性性とみなされる）オカルト的な影響を受け入れていくことになる。これは自分たちの音楽の展開の自然な進行だとバランスは主張した。だが、それは何らかの種類の現実のファシストのイデオロギーと関連させられるという問題への対応だったのかもしれない。

コイルは、アンダーグラウンドのノイズ・ミュージシャンで知人のボイド・ライスとコラボレートした。後にライスは、アメリカン・フロントというネオナチ集団のリーダー、ボブ・ヘイクとの一緒の写真を巡る論争へと巻き込まれた。写真では、二人ともアメリカン・フロントのユニフォームを身に着けていた。コイルは、ライスとの関係から自分たちを切り離すことが最善であると判断した。ファシズムはスロッビング・グリッスルが（時々サイキックＴＶも）ショック効果のために使ったシンボルの武器庫の一部だったが、一方のコイルは「コントロール」を弱体化させるために音楽の用途を越えて進むことには関心がなかった。その代わりに、魔術と意識の探求の未踏の領域へと自分たちを駆り立てたのである。

一九八二年のアイルランドでのキリング・ジョークのショーのある夜、シンガーでありキーボディストのジャズ・コールマンは姿を現さなかった。バンド仲間たちは、世の終末が差し迫っていると信じた彼が、アイスランドに逃げていたことを後に知った。彼が郵送で連絡してくれる魔術結社を捜し出していたことも分かった。コールマンは自分たちの友人たちに、来るべき運命を確信させた。そして、友人たちは彼に加わった。だが、結局のところ、ロックスターの魅力で会員を増やそうとしていたカルトによって騙されていたのだと気がつくことになった。後にコールマンは、「クラシック音楽を学ぶため、また神聖幾何学や古代遺跡を学ぶため――陳腐で月並みなロックンロールのライフスタイルから単に抜け出すため」に、ただの長期休暇が必要だったのだと主張している。だが、彼が離れていたのは、オカルトへの深い関心と、そしてかつてバンドが「本性を嘔吐させる」と説明したキリング・ジョークの音楽と密接に結びついていたように思われる。

キリング・ジョークは、自分たちのグループが魔術的共同体だと信じるようになった。魔術への彼らの興味は十代のとき、ハーメティック・オーダー・オブ・ザ・ゴールデン・ドーンに加わってから始まった。(訳注4—7)後にグループは、ステージ上で魔術円を描き聖別したドゥィナ・マーフィー・ギブ——ビージーズのロビン・ギブの二番目の妻——によって進行を助けられながら、キリング・ジョークとしての魔術儀式を上演した。キリング・ジョークはロック・バンド以上のものになることを求めていた。庭の中の蛇のように、彼らは主流派の音楽とキリスト教の両方に反抗する力になりたかった。ファンジンの若い編集者がバンドをインタヴューし、彼らのことを「パンク」と表現したとき、コールマンは吐き出すように言い返した。「おい、それってただの無知なだけだよな? 俺たちはたまたま起こっていることを反映させて、自分たち自身に誠実になろうとして努めているだけで、「パンク・ロック」を演奏なんかしてないからな」。『NME』紙での批評家ポール・モーリーとの一九八〇年の非友好的なインタヴューの間、コールマンは、モーリーが「大衆向け」を熱愛しているせいで、キリング・ジョークがやろうとしていることを理解できるわけがないと非難した。彼らの激しいやり取りの間、コールマンは自分がバンドをどう考えているかを次のように説明した。起こるだろうと信じている自然災害や第三次世界大戦を含む未来を、生き延びようとする意志を持っている。

一九八〇年のキリング・ジョークというバンド名を冠したデヴュー・アルバムは、ポスト・パンクの吐き出した強烈な飛沫であり、トライバルな要素と未来派のヴィジョンの要素からなる活力に満ちたリズミックな曲が連なっている。彼らはエレクトロニクスを組み込むことで、パンクの雛型を打破した。アイスランドからイギリスへ戻った後の彼らの音楽は、より大衆市場向けとなり、攻撃性は弱まった。一九八六年の頃のキリング・ジョークは、彼らのかつての激烈なギターはシンセサイザーによってずぶ濡れにされ、シンセポップのニュー・ウェーヴ・バンドのようにも聞こえるようになった。いくぶん去勢されたサウンドにもかかわらず、コールマンのオカルティズムはより成熟し、反動的ではなくなった。おそらく彼は自分の霊的実践を、音楽製作や演奏から切り離し、そのエネルギーを他の場所で表現する方法を見つけていたのだろう。それにもかかわらず、ロックの黙示録の先駆者としてのバンドの名声は、そうなるのは当然のことながら、彼らの前で先行し続けた。

大抵の場合、ロックのマッチョのイメージには両性具有や汎性欲的な外観が添加され、そうすることで最大に男性的なパフォーマンスでさえも和らげられていた。だが、キリング・ジョークは、サイモン・レイノルズが評しているように、「男性エネルギーで騒ぎまくった」。魔術実践、とりわけクロウリーに由来するそれは、性を男根崇拝的な傾向で見ることによって駆動させられていることが多い。レイノルズが指摘しているように、この男性性へと焦点を合わせたエネルギーの一つの側面が、時としてファシズムと類似したものとなる。オカルトの神秘的雰囲気で偽装したファシズムは、インダストリアルの退廃的な同族であるゴシック・ロックの一定の局面を特徴づけていた。レイノルズが説明するように、特にジェンダーに関して、大方は完全に平等主義とみなされていたゴスの世界にとって、これは厄介なことだった。

訳注4-7　元々のゴールデン・ドーンは二十世紀初頭に分裂している。ここで述べられているのは、ゴールデン・ドーンの教義を、その後何らかの形で継承している結社のこと。

レイノルズは、ゴスの礎を形成している三つの異なるバンドを例に挙げている。ピーター・マーフィーによって率いられたバウハウスは、「ベラ・ルゴシの死（Bela Lugosi's Dead）」でゴス・ロックの最初のマニフェストを表明した。バースデイ・パーティー――深みのある声で歌うニック・ケイヴは、大きな影響力を持つニック・ケイヴ・アンド・ザ・バッド・シーズを結成することになる――は、トライバルかつ研磨されて耳障りなポスト・パンクを演奏した。スージー・アンド・ザ・バンシーズは、イギリスのパンクスを嘲笑するかのように始まったが、独特の雰囲気を使って、立ち居振る舞いやファッションを作り上げ、オカルトの危険を避けるゴス・バンドへと軟化していった。

ゴスは、ヘヴィ・メタルの上下逆さまの五芒星やアレイスター・クロウリーを、これ見よがしに振りかざすことなどとは比較できない。代わりにゴス・ロックは、元々の文学ジャンルと同様、雰囲気に宿る。ゴスの美学は、ヴィクトリア時代の死を忘れるなかれ《メメント・モリ》という痛ましい美しさの方にむしろ近い。ゴスにおいては、死の抱擁でさえ、流血事件ではなく、墓地のメランコリックな孤独、崩れかかっている古き墓石、時としてヴァンパイアとも関連している。ゴス・ロックの文学的祖先であるゴシック文学は、ロマン主義の伝統から脱皮していったが、過去の神話や価値観への理想主義的な切望――大概は自然界を通しての――ではない。ゴシック物語では、過去の喪失はメランコリアや内側への避難を誘う。過去は現在につきまとう亡霊である。超自然的な出来事、あるいはこの世ならざる出来事が起こるかもしれないが、重点が置かれるのは舞台設定であり、大抵の場合、それは朽ちていく城や古い家系の住居となる。

ブラム・ストーカーの『ドラキュラ（*Dracula*）』では、登場人物のルーシー・ウエステンラ――美しく純粋な心の――が、夜ごとヴァンパイアの訪問を受ける。彼は彼女の血をゆっくりと枯渇させていくが、彼女の友人たちには、彼女が病弱な貧血症で、緩慢で不可解な死が迫ってきているように見えている。彼女は最終的にドラキュラの花嫁となる。ルーシーの変容というサブプロット全体が、小説の中の最も恐ろしい話の一つであるが、それは最も異様なまでに官能的でもある。彼女がベッドにいる夜の間に、その血を奪うことは、過激な性的メタファーになっている。ゴシック小説の核心を形作っているのは、このようなイメージであり、欲望と純潔の間の緊張なのだ。『ドラキュラ』における悪事は、道徳的な板挟みではなく、実存的な板挟みである。『ドラキュラ』のような小説は、ゴス・サブカルチャーにとってのテンプレートとしての機能を果たす。そして、特にアン・ライスのベストセラー小説『ヴァンパイア・クロニクルズ（*Vampire Chronicles*）』のシリーズが、ヴァンパイアたちへとあれほどまでの気品を与えたとき、彼らは完璧なアンチヒーローの典型となった。だが、そのエロティシズムにもかかわらず、ヴァンパイアたちはセックスとは無縁である。

現代のゴス・サブカルチャーは、暗く派手やかな装飾品でそれ自身を着飾り、規範的なジェンダーの役割を蔑視し、そしてもはや音楽が世界を変える必要があるなどと考えなくなっている。それは内面生活をたかだか映し出すにすぎない。同様にオカルトの大部分も、ファッションの声明か、タブーであるものを仄めかす気取りとなってしまっている。実際のところ、それは痕跡のようにしか、忘れかけた夢のようにしか見えない。親類のインダストリアル・ロックのように、ゴスは魔術を武器として使うことはできなかったが、それでもオカルトの想像力が、単にそれ自体としても強力であると気づいていた。呪文を唱えることも、未来を占うことも、あるいは交霊会を開くことも必要ない。隠されている謎めいた真実のわずかな仄めかしが、心を燃え上がらせ、創造的な精神を発火させ、カルチャーを、そしてポピュラー・カルチャーを果てしなく変化させていくことになっていくのだ。

第五章 スペース・リチュアル

I

キャンバス・シティと名づけられた中心の催事会場をちょっと過ぎたところに、空気注入式テントが建てられていた。そこからでもワイト島音楽祭にいる少なくとも五十万人の群衆を見ることができた。イギリスのアンダーグラウンドの二つのバンド――ピンク・フェアリーズとホークウインド――は、そのゲームに一切参加せず、カンザス・シティで独自のフリー・コンサートを開催することを即座に決めた。ホークウインドは音楽を無料で提供するだけでなく、その当時にほとんど注目をされていなかった変性意識の体験も用意した。だが、それこそがロックンロールの変容の本質的契機となった。このテントの下でホークウインドは、彼らの数十年に及ぶ宇宙の隠された謎を探求する星間ミッションを開始したのだ。ホークウインドは商業的な成功を勝ち取ることはなかった。だが、他のミュージシャンたちへの彼らの影響――特にサイエンス・フィクション神話を作り上げることに関する影響――は、オカルトの想像力へロックンロールを成形するための新たな導管を与えることになった。

それは一九七〇年のことだった。一九六八年と六九年には、一九六〇年代のロックの開拓者たちが若干の新種と一緒になって、二つの成功したフェスティヴァルを行っていた。アメリカのウッドストックの泥まみれのユートピアは、ワイト島のプロモーターたちを触発し、これが匹敵する栄誉となるだろうと確信させた。五日間の間、ロックンロールの王や女王たちは、自分たちの敬虔なる臣民たちに向かって演奏した。多数の出演者の中には、ザ・フー、ジョニ・ミッチェル、ジミ・ヘンドリックス（数週間後に睡眠薬の過剰摂取で死亡する）、ジョーン・バエズ、マイルス・デイヴィス、ザ・ドアーズなどが含まれていた。だが、一九六〇年代の革命の精神は完全に消え去っていなかった。多くの人はフェスティヴァルが無料であるべきだと思っていた。そして最終的に数千人が、「荒廃した通り」と呼ばれていたエリアにしゃがみこんでしまった。それは主催者たちを狼狽させたが、フェスティヴァルの見事な光景を提供することになった。ジョニ・ミッチェルの演奏の間、ヨギ・ジョーという名前の男がこっそりとステージに上がり、フェスティヴァルが自分たちに「属している」ことを群衆に思い出させ、荒廃した通りの平和なアナーキーに祝辞を述べるべく彼女のパフォーマンスを中断させた。彼は強制的に退去させられ、ジョニ・ミッチェルは震えていたにしても優雅に既定の演奏を終えた。

そこで誇示され演奏されたのは、ロックの愚鈍な商業化にすぎなかった。それは一九六〇年代のフリー・フェスティヴァルの精神の終焉であり、その十年の悲しい結論のメタファーだった。ロックの意識の内部の何かが変わってしまった。オルタモントでの破壊的な暴力の光景は、水瓶座時代の理想主義の終わりを予示していたが、ヨギ・ジョーの自分の言葉を声で発するための血迷った突撃は、単なる気の狂ったアシッドヘッドの行動ではなかった。ジョーは、地平線上に恐ろしい真実を見た預言者のような存在だった。ロックは売り渡された。するとすぐにフェスティヴァルは、プロモーターやスポンサーたちの領地となっていった。デイヴ・スミスが書いているように、五日間の終わりまでに、「私たちが今や見抜いている商業主義によって支配されたイベントへの転換が、かなり進行していて避けられないことは、ヒッピー・カルチャーのさまざまな哲学にいまだ固執している人たちにとって苦痛なほど明らかとなった」。この葛藤の中で、ホークウインドの音楽とパフォーマンスは新たな反逆を起こし、ロックの魂を精神的な去勢から守り続ける未来へと向かって、時空を通り抜ける時間旅行の装置として機能した。アーサー・ブラウンが、思想を伝達することができるシャーマン的な儀式としてロック・ショーをみなしたように、ホークウインドは、まさしく自分たちの音楽を通して放電した電流が、ある種のメスメル的な装置として機能させられることを分かっていた。一九七〇年の『サウンズ』誌のジェリー・ギルバートが「音のアーク」と表現したものを、ワイト島音楽祭でバンドがノイズ発生器を使って発生させた後、リード・シンガーでギタリストのデヴィッド・ブロックは強力な何かが起こったことを知った。オーディエンスの反応を見た後、デヴィッドは自分が新たな責務を持ったとギルバードに語った。「人々を強制的にトランスへと入らせ、彼らにすべきことが何かを伝えることができるんだよ。それは集団的な催眠だ。そして、自分自身を実際に神の座に就かせることができるんだ」。

最初のスペース・ロック・バンドだとみなされているホークウインドは、自分たちの名前を冠した最初のアルバムによって、イギリスのアンダーグラウンドで名を馳せるようになった。それは、真剣かつ皮肉でもあるサイエンス・フィクション的神秘主義という彼らのキャリアの全体に及ぶテーマとなるものへ向けて、合図のうなずきとなった酩酊へと誘うサイケデリックとハード・ロックの醸造物だった。彼らはヒッピーたちのサイケデリックな価値観の過剰な理想主義にはうんざりしていたが、それでもロックが精神の案内役となる力を持っていると信じていた。そして、アルバムのライナー・ノーツの中で、そのことを明瞭に解説さえした。「俺たちは人々（トリッパーたち）を熱狂させようとして始まったが、今やアシッドなしの利口なやり方で、そうした人たちの精神を宙に浮揚させようとしている……」。彼らのセカンド・アルバム『イン・サーチ・オブ・スペース（*In Search of Space*）』には、「宇宙船ホークウインド」の航海日誌とともに、占星術の図、サイケデリックなコラージュ、パルプコミックの絵などが掲載されたミニ雑誌が、ライナー・ノーツの代わりとして内包されていた。航海日誌には、惑星地球へ向かう途中でジミ・ヘンドリックスを聴いてハイになっている異星人の宇宙飛行士の旅が記録されている。最後の項目は、宗教的な宇宙の招魂となっている。「そして今や私は、至高であり謎である何もない暗闇、一点の曇りもない虚空の最深部の領域……言うに言われぬ無の理解不可能な無限、絶対的な無の存在を信じている」。『イン・サーチ・オブ・スペース』は、ロックSFの最初の真に偉大な作品とみなすことができるが、それでもその曲は魂への旅の物語を語っている。これは内宇宙と外宇宙のメタファーを置き換えることができるスペース・ロックと後のプログレッシブ・ロックの大半を特徴づけるものとなった。だが、ホークウインドのライブの諸要素、ストロボライトによる「音速攻撃」、レーザー光線、プロジェクター、音楽のリズムに対して即興で動くバンドのヌード・ダンサーであるステーシアは、大いに幻想的だった。

一九六〇年代の代替的な霊性がLSDトリップの宗教的可能性を強調していたように、一九七〇年代は意味を求めて天へと向き直ってみるようになった。これまで見てきたように、確かにこの十年の間、悪魔が主役を演じてきたが、サタンのイメージは何らかの実際の精神的な生き方の手本などではなく病的な症状だった。だが、失敗した一九六〇年代の水瓶座の展望についてはどうするのか？ もしこの地上での部族の集まりの中に救済が見つからなかったのだとしたなら、そのとき鍵を握っているのは外宇宙なのかもしれない。加えて言えば、未来の宇宙的解放への信念は、前例がないわけではなかった。過去を垣間見れば、太陽系外宇宙こそが人間の究極の変容への鍵を握っていることを納得するのに必要とされる証拠の全てがあった。

次のことを認めよ（そう言われてきた）。古代のエジプト人たちにピラミッドを建造することは不可能だった。彼らには、そのような驚くべき建築技術のためのテクノロジーも手腕もなかった。仮にそれがあったとしても、王と彼の小間物を埋葬するためだけに、あのような危険で長期的な作業を本当に全て行ったのだろうか？ それは不合理に思われる。より好ましい理論、かつより理にかなってさえいるかもしれない理論は、エジプト人たちが助けられたということだ。そして、この助けは星々からやってきた。古代の人々は、これらの他界からの者たちを神々として認め、ピラミッドの壁に彼らの肖像を描いたのだ。世界中の他の場所では、イースター島の巨大な奇形の頭部、ストーンヘンジとして知られる大きな異教徒の石など別の方法で、異星人の訪問者たちは自分たちの痕跡を残してきた。アフリカのマリ共和国のドゴン族の人々は、肉眼で空を見て識別することなど不可能だった天文図を作っていた。これら古代の人々と彼らの科学的驚異は、概してキリスト教として知られる巨大な力によって後押しされているもの、私たちが文明と呼んでいるものが葬り去った。だが、彼らは私たちよりもはるかに進歩していたが、今もなお地球を密かに訪れている「天空の人々」によって助けられていた。彼らは、私たちが再び彼らの霊的かつテクノロジー的な贈り物を受け入れる準備が整うまで待機しているのだ。

こうした考え方を最初に一般に広めたのは、一九六八年のエーリッヒ・フォン・デニケンの『神々の車(*Chariots of the Gods*)』だった。デニケンの著書は、厳しく批判され、大部分が誤りであることを証明されたにもかかわらず、異星人やUFOを信じる新たな波を導き、多数の書籍の販売を促進することになった。フォン・デニケンは、敵意に満ちた火星人や別世界の肉体強奪者を、神に似た存在へと変化させた。彼らは歴史の中の特定の時期に人類が偉大なことを達成するのを助けるだけでなく、私たちがいつの日か偉大な銀河の先行きに参加することを許してくれるかもしれないと。

その後、ドゴン族の人々が地球外生命体とコンタクトしていたと結論を下した一九七六年のロバート・テンプルの『シリウス・ミステリー(*The Sirius Mystery*)』など複数の本が続いた。これらの本やさらに続く本が、一九七〇年代の残りの時期を圧倒するUFOの流行を触発した。書店ではUFO関連に大きな需要があり、出版社は『我々は最初ではない(*We are Not the First*)』、『UFOは存在する!(*UFO Exist!*)』、『地球の彼方に(*Beyond Earth*)』などの書名の本によって、その着実な風潮を維持し続けた。宇宙や異星人は、一九六〇年代の後半から一九七〇年代の後半に至るまで、一部の最も独創的な思弁や物語の材料になった。『スター・トレック』の宇宙の旅でのユートピア的な連邦から、『二〇〇一年宇宙の旅』のスター・チャイルドに至るまで、ポップ・カルチャーの想像力は、人類を人類自体から救う方法を求め、上方へと目を向けた。

ホークウインドがサイケデリックな奇想で宇宙探査を飾り立てる数十年前、ジャズ・ミュージシャンのサン・ラーは、すでに太陽圏を越える旅に出ていた。サン・ラーは、アラバマ州バーミンガムでハーマン・ブラウントとして生まれた。一九五〇年代にシカゴへと移り、並外れたピアノの演奏によって活況を呈するジャズ・シーンへ仲間入りすることになった。一九九三年の彼の死後に『インディペンデント』紙が愛情を込めて述べているように、彼は「音楽へ思いがけずただならぬ貢献をしたことを、より強く確信させられるジャズの変人たちの一人」となった。こうした多少気が狂っていたかもしれないという人物評は、自分自身を宇宙出身だとみなしていたということから、また人類の新たな時代の到来を告げる宇宙的な霊的神学の声明から結果としてもたらされた。ブラウントは自分の名前をサン・ラーと変え、一九五六年には、オーディエンスを文字通りに新たな音楽の展望へと連れていく導管としてアーケストラという名前のバンドを結成した。彼の音楽は前衛的で、ジャズの慣習的表現を打破しようとした未来志向の音楽だった。だが、サン・ラーは、ジャズの伝統を背景として自分の音楽を語ることはめったになかった。サン・ラーは、自分の作品が本当の幸せを見つけるためには欠くことのできない方法である抱擁の本源だと信じていた。「今や俺の音楽は、そこに着くために死なければならないようなところに存在するような場所のためのものなんかじゃなくて、人々にとってもっと望ましい場所のためのものになっている」。言い換えるなら、それはこの世での天国だった。

サン・ラーは、人々が音楽の背後にある精神性を理解しなければならないと信じていた。そのため、彼は「神話科学」と呼ぶものを生み出した。その根本原理には、私たちの惑星を罠としてみなす一種のグノーシス主義がある。かつてサン・ラーは、記者に次のように語った。「この惑星に存在するという考えが嫌いだ。ひどく不快な場所だし、俺は最初にここへ到着したときからずっと分かっていたよ。でも、それについて俺に何ができる?」。

サン・ラーは、カバラ、数秘術、サイエンス・フィクションとともに複雑な神学を構築したが、それは彼の音楽を単に聴くだけで容易に縮約できた。「そこで俺は人々を啓発するため、この音楽を使って何か別のものに彼らを触れさせようとしているんだ。そうすれば、人々は自分たちがどれほどちっぽけであるか、同時に自分たちがどれほど重要であるかを理解することができるだろう」。最初、こうした考えは人種と結びつけられていた。サン・ラーの疑似サイエンス・フィクション映画『スペース・イズ・ザ・プレイス（*Space Is the Place*）』では、宇宙船とその乗組員アーケストラの物語が語られる。音楽を動力源とした宇宙船は、アフリカ系アメリカ人たちのための新たな住まいとなる惑星に向かって旅をする。若いアフリカ系アメリカ人たちを押さえつけておく内的力の象徴である監視者は、サン・ラーの敵である。決闘の後、実際のところ監視者は、アフリカ系アメリカ人たちを精神的にも経済的にも貧困化させ続けようとしている白人至上主義体制の手先であることが明らかにされる。最終的にサン・ラーは、自分のメッセージが全ての人々のために向けられたものだと信じるようになった。ステージ上でのサン・ラーは、式服とエジプト人の頭飾りを身に着け、ボンゴ、ドラム、ギターのミュージシャンたち、ホルンを演奏する半ダースの人たち、恍惚としたダンサーたちによって取り囲まれる。そして、これらの人たち全員が、あたかも異質な存在者たちによって憑依されたかのように身悶えして動き回る。だが、これらは個々人のエゴが、それぞれの注目を求めて争い合っているわけではない。それは彼らのバンドリーダーのエネルギーによってもたらされる真に集合的なものである。それは一九七二年に『クリーム（*Creem*）』誌で、ジョン・シンクレアが「音楽世界全体で見られる共通の目的への献身や深い関与の最高の例」と呼んだものを示している。サン・ラーの希望は、この絶え間なく殺到する苦痛を逃れるための手段として、全地球共同体が全ての種を満載した宇宙船によって天を目指すことだった。

その当時のホークウインドが、一部はオカルティズムで一部はサイエンス・フィクションの音楽と神話を作り上げる手段として自分たち自身の宇宙船を想像したのは、孤立した状態だったわけではなかった。一九七二年にリバプールで録音された彼らの有名なアルバム『スペース・リチュアル（*Space Ritual*）』は、ヘヴィ・ロックの宇宙的遍歴を最も完璧に実現化し、ライナー・ノーツはバンドのことを「音楽飛行士（musicnauts）」と述べている。バンドは感覚への過負荷を引き起こすためのライヴ・ショーを意図していた。彼らはステーシアに随伴するさらなるダンサーたちを加えただけでなく、さらにストーンヘンジや鋭角な形のイメージに同調しながら鼓動するライトなどのスライド・ショーも追加した。音楽自体は激しく、進行するにつれてリフ主動のサウンドスケープが加速していく。それは今日でさえ伝染力を有する作品であり、サイエンス・フィクションの歌詞がいくぶん時代遅れであっても、それらはパルプ誌愛好家の夢となっている。

こうした感性のかなりの部分は、彼らの守護聖人とも言うべき作家マイケル・ムアコック――このジャンルを住処とする最も注目に値するキャラクターたちの中の二人ジェリー・コーネリアス（時間旅行をし、ひっきりなしに酔っぱらっている暗殺者で、そのメタアドヴェンチャーは一九六〇年代が終わっていく状況へのシニカルな概観となっている）とメルニボエのエルリック（精神的に問題を抱えた、堕落したエルフ族の魔術王であり、デーモンが宿る剣ストームブリンガーを操る）の発明者――によってもたらされた。ムアコックは、バンドのライブを見た後、彼らと親しい間柄になった。後にムアコックは、ホークウインドの伝記作家イアン・エイブラハムズに、バンドのことを次のように語った。「時間が経過する間に自分たちのミッションの目的を忘れてしまい、アートへと転向してしまった長距離宇宙船の狂った乗組員のようだった」。一九六〇年代にムアコックは『ニューワールズ（*New Worlds*）』誌の編集長を引き継いだとき、サイエンス・フィクションを再発明した。ムアコックは、宇宙空間の冒険に想像力を制限する旧弊で昔ながらの保守的な体制から、サイエンス・フィクションを救い出したいと思っていた。ムアコックは「自分たち特有の体験を表現する新たな文学」と呼んだものを探求するためのテンプレートとして、サイエンス・フィクションが役に立つと信じていた。第二次世界大戦の始まりに生まれたムアコックは、批評家テオドール・アドルノが啓蒙の破綻と呼んだことに付きまとわれていた。理性は自滅的な非合理に取って代わられた。サイエンス・フィクションはカウンターカルチャーのツールとなることで、ロック・ミュージックとLSDが解放の手段だった世代の空想的な希望と恐れを文学の中で捉える方法となる可能性があった。ムアコックの下で『ニューワールズ』誌は、J・G・バラード、M・J・ハリスン、ロジャー・ゼラズニーらを世に送り出した。ゼラズニーの一九六七年の小説『光の主（*Lord of Light*）』では、自分たちを強化しヒンドゥー教の神々と酷似した特徴を身につけるようになった別の惑星に住む開拓者たちの物語が語られている。この物語は、ホークウインドの同名の曲に着想を与えた。

一九七〇年代後半から一九八〇年代にかけて、ムアコックはホークウインドと共演を始め、曲のテーマや歌詞だけでなく、バック・ヴォーカルや語り言葉の声も提供した。ホークウインドは、ムアコックという源泉をしばしば頼りとした。アルバム『スペース・リチュアル』の最も重要な曲「暗黒の回廊（Black Corridor）」の中にある宇宙の「無慈悲で無意味な非人格的な事実」という歌詞は、同名のムアコックの小説からそのまま引用されている。

アーサー・ブラウン同様、ムアコックはアートが神話の機能を引き受けるとき、実際に意識を変えることができると信じている。「一般の人々（部族）に、現実世界やその問題と彼らの関係性を象徴するイメージ、喚起するもの、物語を提供するという点で、私はアーティストのことをシャーマンだと思っている」。ホークウインドのサイエンス・フィクション的な主張は、神秘主義的ではあるが、まさに人間の関心に絶えず根差していた。サイエンス・フィクションが人間の諸側面を理解する助けとして役に立つ可能性があるという考え方は、そうしたホークウインドの音楽にだけでなく、一般の人々の意識が宇宙空間とかかわるにつれて、その意識にも深い影響を与えることになった。『スター・トレック』が、人種や政治やテクノロジーについて、また宗教についてさえも、かなり過激なことを発言するための手段としてサイエンス・フィクションを用いていたことは言うまでもない。加えて言えば、宗教の使節のような役を果たす異星人という考え方と『宇宙戦争（*The War of the Worlds*）』の中でロンドンを壊滅させる破壊的な三脚は、大きくかけ離れている。（訳注5―1）だが、未来はテクノロジーも必要としていた。そして間もなく、ロックンロールは未来を表現するための手段を見つけることになるだろう。

Ⅱ

一九六〇年代初頭、音響学会のカンファレンスでは、ロバート・モーグが未知の新たな楽器を実演した。

訳注5―1　『宇宙戦争（*The War of the Worlds*）』は、一八九七年にイギリスの『パーソンズ・マガジン』誌とアメリカ『コスモポリタン』誌で連載されたイギリスの作家Ｈ・Ｇ・ウェルズの有名なＳＦ小説。

それはこれまで人間の耳が聞いたことのないサウンドを作るために、調整可能なエレクトリック・フィルターとオシレーターの集合体だった。質疑応答のセッションの間、ジャーナリストは彼に尋ねた。「あなたは自分がやったことについて後ろめたさを感じてないのか?」。他の人も難癖をつけた。批評家の多くは昔ながらの訓練を受けた作曲家であることが多く、シンセサイザーを侮辱的なものとみなした。エレクトロニクスで音楽を作ることについて語るロバート・モーグは、言語に絶する神性との出会いを言葉で言い表そうとしている神秘主義者とよく似ている。モーグの人生と作品のドキュメンタリーのインタヴューで、彼はエンジニアとしての自分自身の能力が、電気回路上の問題を解決する方法として役に立つとは思っていなかった。「心を開くと、アイデアが伝わってきた」のだ。音楽とは、すでに時間と空間の中に存在しているけれども、準備された容器へと導かれる必要がある何かであるという霊的な音楽観と、彼のシンセサイザーについての理解はつながっている。世界は急速に変化していた。そして、それと同調して人々の精神は変化していた。代替宗教の探求が助けとなったと同様、LSDも助けとなった。シンセサイザーはパラダイム・シフトを表現するための完璧な楽器だった。モーグと彼の急進的な装置は、音楽意識のための完全に新たな進路を広げた。また、それが作り出すサウンドは、主流派の文化の一部になっていったオカルトへの関心と一致するのに十分なほど別世界的だった。電子装置の可能性によって、ロックやその拡張されたジャンルのほとんど全てが活性化された。そして、モーグの霊的先見性、また彼よりも随分前の実験的な音楽の中で一貫した部分でもあった霊的先見性によって、それらの可能性全てが重要性を強調されるようになっていった。

その当時、モーグはジャーナリストからポピュラー音楽を駄目にしたと非難されて腹を立てたが、発明家であることを邪魔されることはなかった。彼のシンセサイザーは、実際の人間によって演奏される実際の楽器だっただけでなく、どのようにして音楽が意識から発生し現実のものになるかという、まさしく音楽の本質を明らかにすることができる楽器だった。また、モーグはシンセサイザーが、理論や五線や音符記号を越えた何かを学生たちに示すことができると思っていた。モーグのシンセサイザーは巧みな操作を要求するため、それ自体において何か深く個人的なことが起こる。モーグの共同発明者ハーバード・ドイチュは次のように考えている。意識のシフトはＬＳＤや神秘主義で始まったが、次のレベルへの後押しを必要としていた。もしかすると物理的なツールや至るところでのテクノロジーの進歩を拒否することのない未来に目を向けることも必要としていたのかもしれない。それをモーグの発明が捕えることができたのだと。

ヒッピーたちには、常にテクノロジーについての敵対意識があったが、それは無理のないことだった。一切のエネルギー資源の懸念からの解放――原子の分裂と核時代の展望――は大きな欺瞞でしかなく、軍事産業複合体に対して究極の武器を与えること以外の何物でもなかった。『ホール・アース・カタログ（*Whole Earth Catalog*）』の発起人スチュワート・ブランドは、テクノロジーの役割を巡る対立が、バークレーのヒッピーたちとスタンフォードのヒッピーたちの違いの中にどのように見られるかを述べた。彼が言うには、「俺たちはみな同じドラッグを摂取していた」が、バークレーの抗議者たちは解答を持っていなかった。コンピューターのコードを書くのに役立っていないのであれば、さらなるＬＳＤは答えではなかった。そして、それはスタンフォードのカウンターカルチャーのコンピューター専門中毒者たちにとっては、まさにその通りだったようだ。一九六八年に最初に出版された『ホール・アース・カタログ』の二頁目の「目的」と題された項目には、「我々は神々のようになっているのだから、それにかなうようになった方がいいだろう」と書かれている。ブランドと彼の同僚は、カウンターカルチャーの貯蔵庫の中でテクノロジーを最も強力なツールとしてみなした。多くのミュージシャンたちも、かつての完璧な反逆のカルテット（ギター、ベース、ドラム、ヴォーカル）だったものが、自分たちの表現したいものを担うことができなくなるにつれて、そのさらに先を思い描くようになり始めていた。

一九六五年の夏、ドイチュとモーグは、この新たな楽器を実演するために、モーグのフォルクスワーゲンの昆虫《バグ》でトロント大学へと向かう道を曲がりくねって進んだ。後部座席には、二つの大きな箱が詰め込まれていた。一方にはオシレーターとアンプ、他方にはフィルターが入っていた。国境に到着したとき、二人の車は調べられた。英語を話す警備官たちは、その機材を不可解に思い、彼らに国境を超えさせようとしなかった。モーグは、これらの電子部品は楽器の部品であると警備官たちに説明した。警備官たちは納得しなかった。モーグが自分の新たな発明品を説明するのを耳にしてやってきたフランス語を話す警備官は、笑顔で言った。「ああ、ミュジーク・コンレクレートね」。その後、彼は他の警備官たちに向かって、それが実際に音楽を作るための方法なのだと説明し始めた。そして、二人は通過することを許可された。大学に着くと、彼らは学内のコンピューターが収容されている地下室へと連れていかれた。その巨大な部屋には大きな汎用コンピューターがあった。部屋の中央には、モーグとドイチュが自分たちのシンセサイザーを接続するための大きな装置の一部があった。コンピューターが音楽を「演奏する」ため、キーボードを持ち込まないようにと言われていた。そして実際に、彼らはコンピューターによって制御された自分たちのシンセサイザーの電子回路から、バッハのへ短調を聴くことになった。ドイチュは当惑させられたことを次のように思い起こしている。「これはまったくもってマジックだった」。それにもかかわらず、モーグとドイチュは、いまだミュージシャンとしてのコンピューターに関心がなかった。彼らはシンセサイザーを、ピアノあるいはヴァイオリンとすら異なるものとみなしていなかった。

カナダの国境警備官は、モーグのシンセサイザーを「ミュジーク・コンクレート」と呼んだ。シンセサイザーは、それと異なる複雑な機械であるが、それらの活力となる精神性や起源は密接に結びついている。ミュジーク・コンクレートの父ピエール・シェフェールは、ナチスがフランスを占領した一九四〇年にジュヌ・フランス（若きフランス）を結成した。グループの初期の時期、共同創立者の一人である作曲家のアンドレ・ジョリヴェが信じていたのは、若いアーティストたちが新古典主義に反して音楽を再構成すべきだということだった。新古典主義は整然とした音楽を求め、情動よりも形式的な技法に依存した。ジョリヴェの関心に導かれたジュヌ・フランスは、音楽の原初の目的は魔術や儀式と関連し、それに基づいた作曲こそが真正のものだと信じていた。グループに対するシェフェールのヴィジョンは、まさにそれがフランスの文化的アイデンティティが問われた占領下で結成されたがゆえに、政治的な傾向を持っていた。一九四二年になると、ナチスは自分たちが統制することのできない文化と関連する考え方をもはや容認せず、グループを解散させた。だが、占領下でシェフェールの反逆の衝動は強められた。そして戦後も、彼はミュジーク・コンクレートの実験を継続した。

ミュジーク・コンクレートは、声、自然界の音、楽器から音楽を作り出す。これらの音は録音テープを使って切断し接合することで操作することができた。そしてレコーディング・スタジオを楽器として使うことで、音楽が「作曲」された。シェフェールはスピーカーを介して聴衆に向かって作品を上演したが、これは過激な試みだった。なぜなら、ライブ音楽を聴きにいく場合、音源や演奏者たちを指揮する者を眺めるのは当然のことだと思われていたからだ。シェフェールは、この自分の試みを「アクースマティック」と呼んだが、文化理論家ジョン・モウィットによれば、彼はカーテンの後ろに隠れながら生徒に指導する方法で知られるギリシャの哲学者ピュタゴラスに影響を受けていた。音楽は主観的になり、そのためミュジーク・コンクレートの作曲家は、音楽が何らかの規定の方法で受け入れられることを当然のこととみなすことはできない。

モーグのキャリアは、サウンドトラック作曲家バーナード・ハーマンが『地球が制止する日（*The Day the Earth Stood Still*）』などの映画の中で使ったことで最も良く知られている楽器、テルミン・キットを十代のときに販売したことから始まった。モーグのエレクトロニック・ミュージックへの関心は自身の未来の展望を形作り始めたが、実用的なアイデアが生まれてきたのは一九六三年に音楽のカンファレンスでドイチュと出会ってからだった。それが、その後の継続的な打ち合わせと共同制作へとつながっていった。彼らは最初、「小型で手頃な価格のミュージック・シンセサイザー」の可能性について話題にしていた。だが、彼らの最初の設備一式は大きく複雑で高価だった。一つひとつの音には、ケーブルで継ぎ合わされた種々のモージュールが必要だった。それらを調整し続けることは、その機器をライブ楽器として使用するのを難しくさせていた。最終的にモーグは、それらを組み合わせ、ミニモーグと呼ばれる一台の持ち運び可能な――そして比較的手頃な価格の――シンセサイザー楽器にした。一九七〇年に発表されたミニモーグは、その初舞台を『展覧会の絵（*Pictures at an Exhibition*）』ツアーを行っていたエマーソン・レイク・アンド・パーマーとともに踏んだ。

モーグは、エレクトロニック・ミュージックの本格的なものと大衆向けの両極の間の会合の場だった。音楽ジャーナリストのマーク・ブレンドは次のように論じている。「実際、初期のエレクトロニック・ミュージックの多くの進歩は、二つの間の重なり合った部分によって生み出されたエネルギーからやってきた」。モーグは趣味に熱中する人——彼のテルミンを販売するという最初の仕事でさえ、アマチュアや何でもいじくり回すのが好きな人のためのものだった——から始まった。だが、すでに実験的な作曲家として知られていたドイチュと仕事を始めたとき、モーグはエレクトロニック・ミュージックの新たな可能性を想像し始めることができるようになっていた。彼はエレクトロニック・ミュージックが不自然で本物ではないという遅鈍な批判から、それを解き放たなければならなかった。モーグが説明していたように、彼のシンセサイザーはアナログであり、デジタルではないがゆえに、木材、真鍮、繊維から作られた楽器と「類似」している。振動は音楽を発生させる現象であり、それは弓の動きを介すか、抵抗器を通過する電流の流れを介すかで生み出される。どちらも人間の行為を必要とする。だが、シンセサイザーを演奏することが実際に「人間の活動」であり、それが文化の非人間化の新たな兆候などではなく、計り知れない未来へと向から恐ろしい動きでもないということを、一般の聴取者たちが理解するのには時間がかかった。

そして実際に、モーグのシンセサイザーによって作られたサウンドが人間の活動として、また音楽として聴かれるようになる前、それは別世界や宇宙空間や超自然のサウンドトラックとなっていた。モーグを使った最初の作曲家の一部は、自分たちのアルバムをオカルティズムで包装した。例えば、モート・ガーソンによって作曲され、ポール・ビーバーによって演奏された一九六七年の『ゾディアック——宇宙のサウンド（*The Zodiac: Cosmic Sounds*）』の成功を受けてリリースされた大衆向けのシリーズなどがそうだ。

だが、ガーソンはモーグを初めて耳にしたとき、それを他のアルバムでも使おうと決めていた。彼はモーグを使って数枚のアルバムを生み出したが、彼のオカルトへの関心は一九七一年の（ルシファー名義での）『黒ミサ（*Black Mass*）』と一九七五年の『アタラクシア——解明されざるもの（エレクトロニック・ミュージカル・インプレッションズ・オブ・ジ・オカルト）（*Ataraxia: The Unexplained(Electronic Musical Impressions of the Occult)*）』によって最高潮に達した。『黒ミサ』で、ガーソンは自身の探求を行った。最初の曲「ソロモンの指輪（Solomon's Ring)」は、ソロモン王がデーモンたちを支配し、神への神殿を建てるために使った伝説の指輪のことを指している。指輪や印章は、さまざまなグリモワーの中で言及されていたし、またカバラ魔術の重要な知識でもあった。他には「黒ミサ（Black Mass)」、「哲学者の石(Philosopher's Stone)」、「ＥＳＰ」といった曲も含まれていた。また、ガーソンは自身のオーディエンスのことも理解していた。音楽は実験的ではあったが、ガーソンはここ十年来のオカルトの主潮を活用し、悪夢のようなサウンドトラックの中にサタニズム、錬金術、魔術、パラノーマル現象を混ぜ合わせていった。結果として「タロット（Tarot)」、「アストラル・プロジェクション（Astral Projection)」、「易経（I Ching)」、「カバラ（Cabala)」といった曲を含む『アタラクシア』が続くことになった。ルシファーのオーラが取り除かれたことにより、若干恐ろしさが和らげられたアルバムになったとはいえ、ガーソンはモーグを使いこなし、未来のサウンドを使って太古からのイメージを喚起するためのテンプレートを提供した。そして、モーグをより一般的な用途や関心に向けて先導し、受け入れられるための態勢を整えることになった。

イギリスのエレクトロニック・ミュージックのパイオニアであるダフネ・オラムとデズモンド・ブリス

コーによって一九五八年に設立されたＢＢＣレディオフォニック・ワークショップは、モーグの業績と共通項があった。一九六三年のＢＢＣのテレビ番組『ドクター・フー（*Doctor Who*）』のために、ワークショップによって作られたサウンドトラックは、時空を通り抜けるドクターを運ぶ不気味で周期的な振動音によって、大勢の一般の人々をエレクトロニック・ミュージックへと案内した。

エレクトロニック・ミュージックは、依然として商業的利用か、またはその楽器を作るために雑誌の回路図を頼りとし電気のショートに見舞われる趣味に熱中する人々の地下室へと追いやられていた。エレクトロニック・ミュージックは、ピエール・シェフェールのような教養ある人々の領域に属しているのか、あるいは孤独に何でもいじくり回すのが好きな人に属しているのか、あまりに曖昧だった。こうした世間体が、それを奇妙なものに思わせていた。また、エレクトロニック・ミュージックがサイエンス・フィクション映画のサウンドトラックでしか一般には聞かれなかったということも、それをいささか「風変わりなもの」にさせていた。ブレンドの指摘によれば、エレクトロニック・ミュージックの趣味に熱中する人のための最初の本の一つ『エレクトロニック・ミュージックとミュジーク・コンクレート（*Electronic Music and Musique Concrète*）』は、一九六一年にネヴィル・スピアマン社のネヴィル・アームストロングによって出版された。アームストロングは、ＵＦＯ、パラノーマル、コナンの生みの親であるロバート・Ｅ・ハワードによる小説など、広範囲に及ぶ変わった主題に関する本を発売した（アームストロングは前述の『宿命の槍』も請け負っている。また一九七八年には『ネクロノミコン（*The Necronomicon*）』の「正式」版にさえも手を出している）。エレクトロニック・ミュージックは少なくともポップ・カルチャーの中で、諸天球や人間の潜在能力という未開拓領域のサウンドを響き渡らせた。内宇宙と外宇宙は同時に探求することを求めていた場所だったが、それには一見したところ両立しないかのように思われる二つの推進手段、すなわち魂の謎を解明するための秘儀的科学と時空の謎を解明するためのコンピューターが必要だった。エレクトロニック・ミュージックの存在は、両方に対するサウンドトラックとして何ら不足はなかった。

作曲家でエレクトロニック・ミュージックの設計者カールハインツ・シュトックハウゼンは、まだ若いが手ごわい相手だった。それは本人自身にとってもそうで、話すときに自分の考えが次から次へと飛び火し、時としてそれらの真意が損なわれることもあった。聴衆の中にいた思慮深い髭を生やした若い男が、シュットクハウゼンに質問を投げかけた。エレクトロニック・ミュージックは、人間性を奪うものなのではないか？　また、それは愛や悲しみのような人間の関心事に触れることができないため、最終的には廃れていくのではないか？　エレクトロニック・ミュージックの可能性によって自分の人生と仕事が決定づけられていたシュトックハウゼンは、この質問に少しも動揺しなかった。彼は言った。「違った種類の人間もいるのです」。人間の肉体的進化は、私たちの神聖な道理として、さらに偉大な霊的進化へ向かうほんの一段階にすぎないと教えたインドの神秘主義者スリ・オーロビンドの教えを、シュトックハウゼンが熱愛するようになったのは、一九七二年のことだった。シュトックハウゼンの見解は、さらに少しだけ文字通りの意味を帯びていた。彼は続けて言った。「私たちは非人間界から最初のいわゆる人間が脱してきた場所の中にいるのです。私たちは新たな地球上の変異の入り口にいるのです」。

一九六〇年代のドイツでは、イギリスとアメリカのサイケデリック・ミュージックがよく売れていたが、若い先見の明のあるドイツのミュージシャンたちは、自分たち独自の方向性を持たないまま、それらのバンドたちを単に模倣したくなかった。サイケデリック・ミュージック、そしてさらに実験的なサウンドのヴェルベット・アンダーグラウンドやフランク・ザッパが、始まりの場所となった。だが、彼らは自分たち独自のものにも目を向けた。シュトックハウゼンは、そのような人の一人だった。

彼の生徒のイルミン・シュミットとホルガー・チューカイは、ロックンロールのアイデアをどこまでも進んで押し進めようとするという点だけで一致した熟練し優れた技能を持った者たちのバンド、カンを結成することになった。前衛とジャズとサイケデリックの坩堝である彼らの三枚目のアルバム『タゴ・マゴ（*Tago Mago*）』には、アートと魔術を混合させた場合の一例となる重要な曲が含まれている。「アムン（Aumgn）」では、エコーがかかったギターが、周囲を取り巻く詠唱の持続低音の中へゆっくりと組み込まれていく。曲のタイトルの詠唱は、アレイスター・クロウリーの「グノーシス主義カトリック教会の信条」、すなわち東方聖堂騎士団というクロウリーの教えを志向し実践する魔術結社に加わることを望む人々によって唱えられる信仰の声明から採用されている。それは不気味だが印象的な曲で、彼らがクラウトロック・バンドとして知られるようになると、それまでに現れた全てのバンドからどのように区別されるかを、まさしく際立たせるものとなっている。

全体的に作品を見ると極めて多様性がある一群のバンドたちについて、そのようなことを言って差し支えないとされるなら、クラウトロックの世界でのポポル・ヴーは、飛び地のようなものだった。そのリーダーであるフローリアン・フリッケは、クラウトロックの中心的な人々の多くと一緒に作品を作ったが、彼の音楽に対する理想像は、他のどのバンドよりも宗教的だった。フリッケは神話、神秘主義、東洋哲学の飽くことを知らない読者だった。彼は「ポポル・ヴー」として知られるマヤの人々の創世神話によって魅了されていた。その中で、「天の心（Heart-of-Sky）」という創造者は完全な人間を作り出すことに取り組むものの、その結果は猿と大して違わない生き物になってしまった。フリッケにとって「ポポル・ヴー」の神話が、バンドの最初のアルバム『アッフンシュトゥンデ（*Affenstunde*）』（文字の通りの意味は「猿の時」）のサブテクストだった。フリッケは亡くなる五年前の一九九六年のインタヴューで、最初の猿たちは人間となり、そしていつの日か「人類」となり、「もはや類人猿ではなくなった」と説明している。ショトックハウゼンの超人の思想に同調しながら、フリッケは自身の意識下と接触し、自身の潜在力を解き放つための一手段として、モーグのシンセサイザーを使いこなした。だが、彼はその楽器を放棄することになった。それは彼の死後、妻ベッティナ・ヴァルドハウゼンが作家のジェイソン・グロスに語ったように、「エレクトロニック・サウンドは、心臓の鼓動の自然な流れに反している」という理由のためだった。

マニュエル・ゲッチングは、クラウトロックのうねりを感じたとき、わずか十九歳だった。すでに十六歳のときには、一九六五年頃からエレクトロニクスに取り組んでいたスイスの作曲家トーマス・ケスラーを通して、前衛的な曲作りの手ほどきを受けていた。一九七一年、ゲッチングのバンドであるアシュ・ラ・テンペルでは、ブルースを基にした追加の方法を組み入れたが、長い無調の独奏、エレクトロニクス、耳障りなヴォーカルによって、ロックの在来の表現方法を崩壊させた。彼らの神秘主義は、大抵の場合でどぎつく、この先すぐに超越が迫っていながらも不快な幻覚との闘いがあった。わずか二年後、ゲッチングはソロ・プロジェクトへとより集中するためにアシュ・ラ・テンペルを解散した。この結果、ほぼ完全にアシュ・ラ・テンペルをエレクトロニック・ソフトロック化したヴァージョンの取柄となるものがほとんどないアシュラが結成されることになった。ゲッチングの先見の明が、エレクトロニック・ミュージックをクラブシーンへと誘導し、テクノやハウス・ミュージックへと与えたその影響によって、ポピュラー・ミュージックを変化させることになるのは、一九八四年のソロ作品『E2-E4』以後のことだった。

クラウトロックの最も重要なバンドの一つタンジェリン・ドリームは、先端を行く実験者たちとして始まった。彼らの最初のアルバムである一九七〇年の『エレクトリック・メディテーション（*Electronic Meditation*）』――ギター、タイプライター、金属棒、オルガンを使用したノイズのサイケデリックな作用を帯びた実験――は、ピンク・フロイドによるＵＦＯクラブでの催し物のようにも聞こえる。彼らの次の三部作のアルバム――『ツァイト（*Zeit*）』、『アルファ・ケンタウリ（*Alpha Centauri*）』、『アーテム（*Atem*）』は、惑星間周遊旅行のサウンドのために、ほぼ完全にシンセサイザーで作られたが、バンドはいまだ最先端のミュージシャンとして自分たちの本質を固持していた。一九七〇年代後半になると、彼らの音楽は、大量に作られていたプログレッシブ・ロックとシンセサイザーをベースにした交響曲の混ぜ合わせになった。それらが大音量で演奏されたライブには、複雑なレーザー光線のショーが伴った。一九八〇年代には、かつて心を揺さぶった彼らの宇宙のランドスケープは、ニューエイジの芳香のある鎮静剤にまで薄められ、シンセサイザーはその香油の塗布器となった。

ロバート・モーグが、自分のシンセサイザーの購入者や使用者たちへと霊的な言葉で語りかけたのかどうかは不明であるが、彼らの多くがまさに同一のアイデアを伝えるために、精巧に作られた楽器をすぐに採用した。また、モーグはこれらのアイデアを、自分がひらめきを与えた友人たちやミュージシャンたちと共有することを躊躇しなかった。

二〇〇四年のニューヨーク市でのモーグフェスで、プログレッシブ・ロック・バンドのイエスのリック・ウェイクマン、そしてパーラメント＝ファンカデリックの結成時からのメンバーだったキーボードの名手バーニー・ウォーレルは、ショーの後、モーグを中心に立ち話を交わした。ウォーレルは、モーグ・シンセサイザーを演奏することが、いかに性交することと似ているかを説明した。ウェイクマンは、モーグが「音楽の表情を変えた」と繰り返し述べた。会話がより深い領域に展開した後、三人の男はその楽器の周囲に神秘的な力のような何かが存在することを認めた。ウェイクマンはモーグを指して言った。「それはこの男の内側からやってきているんだ」。モーグはえらく謙虚にも、自分の頭上で手を振って言った。「それはそこからやってきて、僕を通過してその楽器の中に入って、次に君たちとその楽器を通って音楽がやってくるんだよ」。

III

ロジャー・ディーン――一九七〇年代にイエスの豊かで幻想的なアルバム・カバーで最も良く知られている――が自身の作品の新たなギャラリー・ショーで、集まった観衆に喜びを感じていたとき、ある男が近づいてきて、握手するために彼の手を握った。「ディーンさん、あなたの作品が私の人生を変えてくれました」と彼は言った。「私はあなたのアルバムのカバーを精査することで、非常に多くの驚くような神秘の秘密を探り出したのです。それによって、あなたがどんなことを意図していたかを教えてもらえますか？」。ディーンは、いつものように丁寧でありながらも、その男をあっけなく失望させようとした。「私はそもそも何も意図していなかったんですよ。それは単に見栄えのよいアルバムのカバーでしかなかったんです」。彼の極上のファンは夢から醒め、もしかすると当惑させられたかもしれないが、今や手ごわい敵に変わった。「そうだな、お前が知っているわけないよな?」。彼は怒って唾を吐いた。「お前はただの画家だからな!」。ディーンの申し立てにもかかわらず、彼はプログレッシブ・ロックとして軽蔑的に称されることもある音楽のサブジャンル全体へと広大な神秘の網を投じることに貢献したということで、ある程度の責任を負っていたのかもしれない。そんなふうに自身の音楽を言及するプログ・ロッカーを見つけることはないかもしれないが、非常に長い間ポピュラー・ミュージックで優位を占めていたブルースを基にしたロックの誘惑的な呼びかけから離れて、エマーソン・レイク・アンド・パーマーというスーパーグループのグレッグ・レイクが「トルバドゥール、中世の口承文学」と述べたものと関連する、よりイギリスの伝統的なものへ向かって巨大な船の舵を取ったロックの中の動向を描写する方法として、その用語は役に立っている。ロックは誇らしげにこの衣鉢を継ぎ、未来のサウンドを構築するために、過去の神話——大抵の場合、オカルト的イメージで濃厚に満たされている——に目を向けた。

サイケデリック・ロックのバンドたちは進路を設定したが、一九七〇年代には、バンドの新たな波が、幻覚剤の世界の薬味を越えた真の案内者として、クラシック音楽へと目を向けた。未来の楽器——特にモーグのシンセサイザー——と一体となって、プログレッシブ・ロックは、二十分ないしはそれ以上の長さに達することもあるロックの組曲を作り上げた。ディーンが描いたのは、浮島、巨大な岩、木のようにそびえ立つ石造りの建造物などからなる別世界のランドスケープだった。時折見られる蝶とドラゴンの交配種を除いて、概して人気はなく、異星人も妖精も魔法使いもいなかった。彼の世界は、レイ・ブラッドベリの『火星年代記（*The Martian Chronicles*）』の中のかつて繁栄していた火星人の社会が亡霊のように取り憑いている生命のない火星の平原のように、随分昔に死んで久しい文明なのかもしれない。あるいは都市の不可解な建造物の中で人々は休止状態《ハイバネーティング》にされ、永遠の待機状態を続ける未来の世界なのかもしれない。ディーンは、サイエンス・フィクションの神秘主義との融合を完全なものとした。その結果、観念的な方法で共存するよう意図されたアルバム・カバーをしげしげと眺め、彼のアートの背後には何らかの物語、あるいは偉大な真実があると確信し、何時間も耳を傾け続けるプログ・ロックのリスナーたちの想像力を掻き立てることになった。

当初、プログ・ロックのミュージシャンたちは、すでに受け入れられているロックの構成から、自分たちがどれほど遠く離れた外部にまで進んで行けるかを、単に試してみようとしていた。ビートルズのアルバム『サージェント・ペッパー』は、その実験が商業的に成功だったことを実証していたとはいえ、グレッグ・レイクが回顧しているように、ロックの規範に向かってぶち当たっていく彼の最初の進撃は、危険を伴う企てだった。だが、ロック・ファンたちは、他の誰よりも進んで新しいものを身につけ、心の中で反逆を受け入れてきたのではなかったか？

一九六〇年代の終わりまでに、ロックはカウンターカルチャーの大志を一定程度維持しながら、同時に商業的な成功を収めるのに十分なだけ大衆向けになるという健全な釣り合いを見出していた。そうは言うものの、変化することはやはり難しいことだった。ロック史の中では、比喩的な意味での鏡の迷宮内で非常に多くのことが起こるため、影響を及ぼすものを解明するのが難しく、始まりとなることに完璧に同調することはほとんどない。だが、同じ頃に、わずかにだけ違ったことを試みようとしている多様な人々が、まるで万華鏡のように――百匹目の猿の出来事のように――全体として突然変わることはありえる。プログ・ロックのその最初の偉大な瞬間は、一九六九年七月五日にロンドンのハイド・パークで開催されたローリング・ストーンズのフリー・コンサートで起こったと言える。

その顔ぶれは一風変わっていた。サポーティング・アクトには、サード・イアー・バンド（サイケデリック・ロックを非西欧の民俗音楽と融合させたアンダーグラウンドのバンドで、そのいくつかは一九六〇年の最も意味深いオカルト的な曲となっている）やイギリスのブルース・ギタリスト、アレクシス・コーナーも含まれていた。キング・クリムゾンと名乗る最も無名の一団がステージに上がった。すると、彼らはアンチフォークかつアンチブルースかつアンチサイケデリックな曲を開始した。そして、金切り声をあげるギター、怒りに満ちたサックス、そして「猫の足、鉄の爪／神経外科医がさらに求めて絶叫する」といった歌詞を放射した。この「二十一世紀のスキゾイド・マン（21st Century Schizoid Man）」という曲は、マリファナで朦朧としていたヒッピーたちへ強い衝撃を与えることになった。録画映像の場面を見ると、集まった大勢の人たちがどことなく怯えているようにも見える。ひょっとすると、自分たちが愛していて消化しやすいローリング・ストーンズが拉致されてしまい、恐ろしい替え玉に置き換えられてしまったのではないかと心配していたのかもしれない。だが、キング・クリムゾンもまた王位を狙う者のような気分だったのかもしれない。そのときまでに、彼らが演奏した最大の群衆は五百人にも満たなかった。ローリング・ストーンズを無料で見るオーディエンスは、五十万人近くに達していた。

当時のキング・クリムゾンのヴォーカリストのグレッグ・レイクは、そのときのことをよく覚えている。オーディエンスは、「頭をうなずかせる」リズム、「脈動する麻痺効果」のようなものを期待してやってきていた。キング・クリムゾンは、敵意ある攻撃と同時に技巧的という完全にこれまでにないものを生み出した。彼らはサックスの他にも、ロック・バンドにとって、いまだ標準的な楽器ではなかったフルートやメロトロンも採用した。「そして、それは当然ながら衝撃を与えたんだ。そのとき彼らは、それが待ち望んでいた衝撃だってことに気づいたんだ。次に彼らはただ立ち上がった。オーディエンス全体が立ち上がったんだ。瞬時に、俺たちは思ったよ。うまくやってのけたって」。

「二十一世紀のスキゾイド・マン」は、キング・クリムゾンのデヴュー・アルバム『クリムゾン・キングの宮殿（*In the Court of the Crimson King*）』の最初の曲である。それは人間の深い情動からファンタジーの物語を巧妙に作り上げたお伽話集となっている。「試合は始まった／紫の笛吹が旋律を奏でる」のような歌詞は、「錯乱が俺の墓碑銘となるだろう／俺がひび割れ崩れた道を這いつくばって進むとき」と同一の音楽景色を占めている。(訳注5―2)

こうした二つの意味のレベルを伝達する抒情詩と複雑で技巧的な音楽技能の融合したものが、プログレッシブ・ロックの原型となった。音楽的に言えば、複数の層、時として異種の層が演奏中に存在した。キング・クリムゾンは、突然のギアの変更に一層熟達するようになり、尖った騒々しいインストゥルメンタルの曲に続けて抒情的なバラードを演奏した。それを一貫性のあるものに仕立て上げていたのは、キング・クリムゾンの知能かつ中枢であるロバート・フリップだった。彼は一九六八年にドラマーのマイケル・ジャイルズ（彼らは一緒にジャイルズ・ジャイルズ・アンド・フリップというバンドをやっていた）に加えて、イアン・マクドナルドとグレッグ・レイクとともにバンドを結成した。

キング・クリムゾン初期の頃のインタヴューでのフリップは、秘教的な事柄への関心について曖昧なロ調だった。だが、迫られた場合は、系統だった神学理論を詳細に語ることもできた。一九七三年の『NME』紙のインタヴューで、フリップは音楽が一種の魔術であり、しかもそれは口語的にくだけた意味で使われる魔術ではないと説明した。音楽は実際に現実を変える可能性がある。「もし五十万人の前にいるとして、五十万人のエネルギーを集め、そして霊妙《エンジェリック》な力を引き寄せる――十分に賢明であれば、それを行うこともできる。そして、その二つを一つの力の錐体へと結合し、さらにそれを指揮するなら、世界を逆方向に回転させることもできるだろう」。ここでのフリップの言葉は、とりわけゴールデン・ドーンやクロウリーを経由した西洋の伝統の中のオカルト文献への深い知識があることを仄めかしている。フリップは、この技法――それはそうした儀式魔術師たちによっても強調されていた――を、自分が「胸と腰」と呼んでいるものを表現するための方法であると説明している。

キング・クリムゾンの音楽の混沌とした精密さは、常に歓迎されたわけではなかった。批評家は、それを侮蔑的に「アート・ロック」と呼んだ。一九六九年のアメリカでの最も初期のショーの一つのレヴューを『ロサンゼルス・タイムズ』紙に書いたジョン・メンデルソンは、彼らの楽器の熟練度へ賛辞を述べたが、そこで称賛は終わった。「いつから熟練度と洗練度のようなものがロックンロールの良さと大きく関係するようになったのか?」。三年後、同誌の批評家は、キング・クリムゾンを「情動に対する知性の勝利」と呼んだ。

訳注5-2 「試合は始まった／紫の笛吹が旋律を奏でる」は、同アルバムの中の同名の曲「クリムゾン・キングの宮殿」の中の歌詞。「錯乱が俺の墓碑銘となるだろう／俺がひび割れ崩れた道を這いつくばって進むとき」は、同アルバムの中の「墓碑銘（Epitaph）」の中の歌詞。

他の人たちは、そのことを了解していた。一年後、『ボストン・グローブ』紙のニール・ヴィターレは、バンドの最新の具現化、すなわちその年にリリースされ批評家に称賛された彼らのアルバム『ラークス・タングス・イン・アスピック（*Larks' Tongues in Aspic*）』について大げさにしゃべり立てた。「それらの曲は、強弱法と繊細な基調の中で、燦然と輝く目もくらむばかりの運動だ」と『グローブ』紙に書いている。「四人のミュージシャンたちの技能は非の打ちどころがない」。だが、これは少なくともフリップが見る限りでは、まだ焦点がずれていた。技能は、バンド自体よりもはるかに偉大な何か、ほとんど超越的な何かの徴候だった。ギタリストでフリップの伝記作家であるエリック・タムは、それを次のように説明している。『ラークス・タングス・イン・アスピック』の頃までに「フリップは『魔術』というメタファーを何度も繰り返し強調していた。彼にとって、この種のグループのインプロヴィゼーションが実際に見事にうまくいった場合、それはまさに正真正銘の白魔術以外の何物でもなかった」。

フリップは、キング・クリムゾンの最初の年のことを、バンドが実際に可能だったことを越えていたように思われると述べている。「驚くべきことが起こった——つまり、テレパシー、エネルギーの質、自分が音楽で以前に経験したことがなかったことだった。自分自身の感覚では、実際には何をやっているのかを分かっていない緊張した四人の若者のこのグループに、音楽が手を伸ばしてきて演奏したという感覚だった」。

プログ・ロックのバンドたちは、奇妙でパラノーマルなことに関する情報提供書として自分たちを提示することに、とりわけ長けていた。エマーソン・レイク・アンド・パーマーの名を冠したファースト・アルバムには、現代のクラシック音楽のようにも聞こえる「クロト（Clotho）」、「ラケシス（Lachesis）」、「アトロポス（Atropos）」から構成される組曲「運命の三女神（The Three Fates）」が含まれている。言うまでもなく、運命の三女神、すなわちモイライは、人間の運命を紡ぐギリシャ神話の中の三姉妹である。シェイクスピアの『マクベス』の中で、彼女たちはまじないを唱える三姉妹のモデルとなった。魔女たちは、大釜の上であくせく働き、物事の通常の進行をひっくり返すために呪文を作り、悪巧みを練った。あらゆる点において、それはロックのアルバムでは見られない毛色の変わったものだったし、さらにロックの嫌悪すべき対象である知性偏重気味なところもあった。だが、ＥＬＰを結成するためにキング・クリムゾンを離れ、キース・エマーソンとカール・パーマーに加わったレイクは、プログレッシブ・ロックがどれほど成長し複雑になったとしても、それは依然としてポップ・ミュージックだったと考えている。だとしても、あらゆる点から考えてみると、ポップ・ミュージックがそれ自体を、より難解なものとして提示したのだ。

ＥＬＰの一九七三年のアルバム『ブレイン・サラダ・サージェリー（*Brain Salad Surgery*）』の製作が完了したとき、その音楽のオーラを反映するデザインの異彩を放つアルバム・カバーが必要だということにバンドは同意した。アルバムには、キング・クリムゾンの幻想的な初期の曲の歌詞に関与した作詞家ピーター・シンフィールドによって部分的に書かれた専制的なコンピューターについてのサイエンス・フィクション叙事詩、「カーン・イーブル９（Karn Evil 9）」という三十分の組曲が含まれている。ＥＬＰのマネージャーは、あるチューリッヒの画家の作品を目にした。そして、彼らにその画家の家を訪問するよう提案した。その画家がＨ・Ｒ・ギーガーだった。彼のテクノ・フェティッシュな絵は、まだ広く知られていなかった（ギーガーの想像力は、一九七九年の映画『エイリアン』の中で何百万人という人が目にすることとなる。その映画のために、ギーガーはエイリアンの外観、並びにその卵が眠っている化石のような宇宙船をデザインした）。

「それはまるでホラー・ミュージアムだった」とレイクは画家の家を訪問したことを回顧している。「だけど、ギーガー自身はとても優しく親切で穏やかで、とてもソフトな口調で話をしてくれた」。バンドはダイニング・ルームに導かれたが、そこの椅子とテーブルは全て黒い骸骨のモチーフが彫られていた。「全部のものが黒だった。黒い椅子、黒いテーブル、黒い骸骨」。ギーガーは音楽に合うと思われる数枚の絵を、金属作品とＥＬＰのロゴを加えて彼らに見せた。レイクは、もし注意深く見るなら、「Ｘ線検査」されている人物の喉元にはペニスがあると断言している。（訳注5―3）

音楽とアルバム・カバーの組み合わせは、カクテルに似ているとレイクは説明する。「特定の諸要素をグラスに入れて何も起こらないこともある。もし格別な一要素を入れたら、全体が泡立つようになる」。これがロックンロールの錬金術である。その場合、歌、歌詞、挿絵、バンドのロゴさえもが、アルバムを持ったときに人が手にすることができる一つの完全な体験となりえる。

プログレッシブ・ロックのルーツは、ブルースのようなアメリカの伝統ではなく、ヨーロッパの音楽にあり、概して高尚と考えられるクラシックの形式に抗うジャンルにあると考えられていた。だが、クラシック音楽の歴史は、これが事実とは違うことを明示している。プログレッシブ・ロックは、十八世紀後半から十九世紀初頭のロマン派の作曲家たちの伝統の方に位置している。ロマン派の詩人や画家のように、ロマン派の作曲家も、より本物の人間の精神が自然とともに存在し、またキリスト教によって完全に追い払われずに、おぼろげにも超自然的なことが瀬戸際に存在していると信じた過去を掘り起こした。また、ロマン派の作曲家たちが音楽に求めたのは、情動や内在するものをとらえることだった。作曲家でピアニストのフランツ・リストの熱狂的な演奏は、観客たちを無我夢中にさせた。彼の「燃えるような」スタイルは、キース・エマーソンやリック・ウェイクマンのようなプログレッシブ・ロックのキーボーディストたちに、おそらく影響を与えている。

プログレッシブ・ロックは、実験のための手法としてイギリスの民俗音楽から引き出されたものを、ロマン派の伝統の中にも見出した。ロマン派の作曲家の最後の一人ベーラ・バルトークは、彼の母国ハンガリーの民俗音楽を熱愛した。作家のイヴァン・ヒューイットが説明しているように、「バルカン半島の踊りの荒っぽい不規則なリズムは、彼に新たな方法でリズムについて考えるよう促すことになった」。バルトークは、エマーソン・レイク・アンド・パーマーのファースト・アルバムのオープニングの曲「ザ・バーバリアン(The Barbarian)」で姿を現す。そこにはバルトークのピアノ独奏曲「アレグロ・バルバロ(Allegro Barbaro)」から大いに借用された民族音楽の影響がある。

J・R・R・トールキンが、その用語を詩の題名として使うことによって広く知られるようになった神話創造（mythopoeia）という伝統は、後に転義法を活用して古代の神話から現代の物語を作り出すという神話の現代的な形式のことを表すようになった。プログレッシブ・ロックは、現代音楽――時として前衛的な音楽――の加熱炉の中で神話を焼成することで、この文学の伝統を共有している。もしかすると謎

訳注5-3　「『X線検査』されている人物の喉元にはペニスがある」と述べられているのは、ギーガーが描いたELPのアルバム『ブレイン・サラダ・サージャリ』のアルバム・カバーの絵のこと。

めいたクリムゾン王の宮殿は、中つ国の中に容易く位置づけられる場所となりえたかもしれないが、最も空想的なアイデアでさえ現実的なものであるかのような感覚を与えることができるロックの優れた能力によって、それに勝るものとなっている。これがロックンロールを舞台としたオカルトの最も大きな効果なのだ。時とともに、その音楽や表現へ神秘主義的要素や魔術的な要素を組み込んでいくことで、どうやら秘密の叡智の継承者であるらしいと暗示する神話体系を、ロックはそれ自身の周囲に作り出してきた。この不可視の物事に関する独特の捉え方が、時には邪悪、時には神秘的にもなりえる秘められた意味を、ファンたち、批判者たちどちらにも絶えず考えずにいられないようにさせることになった。

ミュジーク・コンクレート、そしてそれが形作ることを促すだろうと見込んでいた未来の音楽の精神と同様、ロックへと耳を傾けることは、徹底的に主観的な体験となった。ミュージシャンたちは単なる媒体にすぎず、大抵の場合、彼らは自分たちを越えた意図を送信するために使用されているのだが、そのことに本人たちは無自覚なのだと信じられることもあった。ロジャー・ディーンのアート展にいたファンは、画家が自分の依頼人によって彫刻された壮大な物語から逸れて、単に楽しんでいただけだということを受け入れなかった。仮にディーンが何らかの崇高な謎を伝えようと意図していなかったのだとしたら、もしかするとバンドも意図していなかったのかもしれない。だが、こう考えるのは短絡的で愚かだった。唯一の論理的な帰結は、彼らが単に導管にすぎず、神々によって操作されていることに気がついていなかったということだ。成層圏へとバンドを送り出すことを可能にしたのは、神話世界を構築するための適切な公式、モーグの大々的な使用、そしてロジャー・ディーンのアートワークだったのだ。

一九七三年に『メロディー・メーカー』誌に寄稿した批評家のクリス・ウェルチは、このイエスのアルバムを、映画『ベン・ハー（*Ben-Hur*）』や『エクソダス（*Exodus*）』の音楽上の等価物だと評した。それは史上最も肥大化したロック・アルバムだと言われたが、諺で言うところのゴリアテだった。それはダビデという名前の、あるいはパンク・ロックとして知られている小さないたずらっ子を立ち上がらせたのだ。それはプログ・ロックの軌道上で太陽に最も近い点であり、人の受ける印象にもよるが、誉れ高い最高傑作、ないしは思い上がった最高傑作だった。一九七三年にリリースされたイエスの『テイルズ・フロム・トポグラフィック・オーシャンズ（*Tales from Topographic Oceans*）』では、四曲が八三分の長さを——四面で——流れていく。この二枚組アルバムは、ロジャー・ディーンによる先史時代の異星人の世界の絵で包装された。そこでは砂漠の表面を魚が泳ぎ、また謎の生き物が悠久の時間を越えて古代のシンセサイザーを演奏している寺院を彷彿とさせるピラミッド型の建築物が遠くに立っている。

ビル・ブルフォードは、『テイルズ』の起こりを、アルバムが切に求める素晴らしい創造神話というよりも、いくぶん散文的なものだったと述べている。一九七二年三月、その日の早い時間、ブルフォード、彼の新婦、そして多彩な友人や知人たちが、彼の結婚を祝うために彼の住居にいた。ゲストの二人、イエスのジョン・アンダーソンとジェイミー・ミューア——当時のキング・クリムゾンのパーカッショニスト——は、霊的探求者の基本書と当時みなされていた『あるヨギの自叙伝（*Autobiography of a Yogi*）』の著者パラマハンサ・ヨガナンダについて語り合って、その夜の大半を過ごした。この会話が、「プログレッシブ・ロックの進路にねじれ」をもたらすことになった。アンダーソンは、この本を『テイルズ・フロム・トポグラフィック・オーシャンズ』のための基礎として使うことにした。一九四六年に最初に出版された同書は、ヨガナンダの生涯と霊的成長、またインド各地の聖人や魔術師やヨギたちとの出会いを詳述している。一九二〇年、ヨガナンダは自己実現同志会（Self-Realization Fellowship）を創設した。二十世紀の変わり目に、ラマクリシュナとヒンドゥー哲学の教えをアメリカにもたらしたヴェーダンタ運動と同様、自己実現同志会は、ヨガや瞑想を、その人の宗教的伝統が何であれ誰にでも分かりやすくするのに十分なだけ、インドの文化や宗教から切り離した。神秘主義は素晴らしく平等主義的である。それが神秘主義を非常に受けの良いものにしている。とりわけ一九七〇年代には、一九六〇年代のサイケデリックの展望が悲しい結末となったにもかかわらず、非キリスト教的な霊的アイデンティティをあきらめきれなかった多くの人々にとって人気があった。

『テイルズ』の中で、アンダーソンはヨガナンダの教えを採用し、それらを物語へ変えようと試みた。テクノの吟遊詩人によって語られた物語は、彼の自叙伝の表紙から見つめるヨガナンダの慎ましやかでボーイッシュな顔と比べて、尊大で気位の高い物語だった。アンダーソンは、その本の中で四種からなる聖典シャストラを説明している脚注に魅了された。そして、アルバムの四つの曲の各々を一つのシャストラと対応させることを企てた。アルバムの歌詞には、漠然とした霊的探求を喚起するキーワードやフレーズが散りばめられている。これは、音楽ジャーナリストのデヴィッド・ラングにとって気がかりだった。一九七四年の時点までのイエス作品の回顧展で、ラングはイエスがとりわけプログレッシブ・ロックへ、また全体としてのポピュラー・ミュージックへ貢献したことを称賛したが、バンドがあまりにも大量に使用していた上っ面だけの神秘主義的な身振りを憂慮した。彼はバンドの偉大なる成功を思い描いたが、一方で彼らが神話語りを止めることを願っていた。

「時」、「永遠」、「愛」、「季節」、「無数」は、ジョン・アンダーソンの詩的な事物の配列の中では、変わらずいつも存在する類の言葉だ。それらは、歴史的な変化や進化からなる私たちの日常とは異なる別の神話を構築しようとする試みには合っている。反体制の時代を生きてきた者にとって、これはおなじみの企図ではある。だけれども、それがいくぶんかでも首尾よく美的な表現へと置き変えられたことはほとんどない。

だが、ファンたちはそれに夢中になった。その体裁は、ロックンロールのバベルの塔、すなわちリスナーが語るどんな霊的言語をもサポート可能な音楽上の代替物を建造するのに、この上なく最適だった。ロジャー・ディーンの作品は、イエスの神秘的雰囲気の欠くことのできない一部となった。それは過去ないしは未来の時間の光景にも、あるいは別の惑星や別の次元の光景にさえもなりえるほど抽象的だった。そして、イエスの音楽は並外れて濃厚かつ広大だった。アンダーソンは、戻ってきたファンたちを引き留めるために、一言も歌う必要すらなかった。一九七三年のボストン・ガーデンでのショーのレヴューで、あるレポーターは、バンドの「結束力の欠如」が時折見られることを認めているが、そんなことはまるで問題ではなく、『トポグラフィック・オーシャンズ』は「驚異的な交響曲に匹敵するほどの雄弁な創造物」であると書いている。「その聴覚上の美しさという点からすれば、それとシャストラとの関連性がどれほど適切なのかといったことは、ほとんど取るに足りないことになる」。

霊的に過剰であることが、その音楽とまさしく同程度にプログレッシブ・ロックを特徴づけている。一九七七年にニック・ターナー――ホークウインドの結成時のメンバーの一人――は、エジプトへ旅をし、ファンたちのもとへ送信可能な宇宙の諸力を導くための試みの一環として、大ピラミッドで四時間にわたる自身のフルートの演奏を録音した。

大きな影響力があったフランスのバンド、マグマのクリスチャン・ヴァンデは、自身がコバイア語と呼ぶ音楽言語を発明した。そしてバンドのメンバーたちの真の故郷だとされている惑星コバイアを基にした完全な神話体系を生み出した。一九七〇年代のプログレッシブ・ロックの失われた財宝の一つであるラマセスの二枚のアルバム『宇宙聖歌（*Space Hymns*）』（ほかならぬロジャー・ディーンによる六面見開きカバーでの）と『グラス・トップ・コフィン（*Glass Top Coffin*）』は気がふれているが、ロック、神話、オカルト信仰の異彩を放つ工芸品となっている。バンドのリーダーであるバリントン・フロストの主張によると、彼のところにエジプトのファラオが訪れ、彼の名前をラマセスに変えるよう、そして新たな時代が明けるという知らせを広めるようにと告げた。卓越したミュージシャンたちの顔触れ（風変わりで甘ったるいポップ・バンドの10ccを始めることになるマルチ楽器演奏者ケヴィン・ゴドレイを含む）にもかかわらず、アルバムは大きな注目を集めることができなかった。霊性を十二分に積み込んだプログレッシブ・ロックを人々は鵜呑みにしたが、ラマセスのメッセージを傾聴しようとはしなかった。曲は偏狭さを感じさせ、ラマセスの謎めいた歌詞やアルバムの中の注釈は、ややカルト教団的、あるいは単にあきれさせる内輪のジョークのようにも見える。一九七六年、フロストは救済をもたらすロックンロールの夢を放棄し自殺した。

ロバート・フリップは、プログという名のビヒモスがその野心とその音楽の巨大さという両方の点で、それ自身の重みを運ぶことができなくなることを示す兆候へと早い時期から目を向けていた。(訳注5—4)また、フリップ自身の精神的アイデンティティも変化していた。全てが手に負えないと感じられた――フリップはさらなる音楽的実験も試みていたが、多くの場合、それを自分でも把握できているとは感じていなかった。一九七二年には、キング・クリムゾンへ神話を生み出すオーラを授ける歌詞を作っていただけでなく、シンセサイザーや照明効果も担当していたピーター・シンフィールドがバンドを離れた。バンドの中を、これまで数々の顔触れが通過していった。だが、今もバンド内の至るところに緊張関係があった。『ラークス・タングス・イン・アスピック』の後、一九七四年にキング・クリムゾンは、バンドの途方もない出力を代表する「スターレス（Starless）」という曲を含む『レッド（Red）』をリリースした。それはエリック・タムが「全体としてのプログレッシブ・ロックの初期の時代に……扉がぴしゃりと閉められた」と述べている瞬間だった。

そのとき以降のフリップのインタヴューの一つでは、ロック・ミュージシャンのペルソナから離れ、霊的なもののため、あるいはほとんどプラトン的なイデアのための単なる音の導管であるとことに基づき確立されるアイデンティティへの移行を求め、彼が転換し始めているのを見ることができる。一九七四年にフリップは、『ギター・プレイヤー』誌のスティーヴ・ローセンに、音楽は単なる道具にすぎないと語っている。「自分の人生の最も重要な核心にあるのは調和の創造で、その調和の構成要素の一つになると思っているのが音楽だ」。だが、フリップ本人は、もがきながら進んでいた。彼は音楽がこのより高い理想の

訳注5-4 「ビヒモス（behemoth）」は、旧約聖書に登場する怪物。異様に大きく力強いものを意味するメタファーとして使われることもある。

表現になることを求めていたが、そうするための方法を失ってしまっていると感じていた。

一九七五年にフリップは、イギリスのコッツウォルズの田園地帯にあるシェアボーン・ハウスの「インターナショナル・アカデミー・フォー・コンティニュアス・エデュケイション」の生徒になった。そこでは数学者ジョン・G・ベネットが、G・I・グルジエフの不可解で難解な教えを組み込んでいこうと試みていた。その謎めいている思想と同じぐらい、グルジエフという人物自体が謎めいている。彼はアルメニア共和国で生まれた。そして、人格形成期には東洋の至るところを旅し、神秘家や聖者たちに師事した。自身の回顧録『並外れた人々との出会い（*Meetings with Remarkable Men*）』の中で述べられているその時期、グルジエフは体系的な方法で教えることができると思われた唯一の秘教的知識の水路を発見した。一九一九年、彼は自身の最初のスクールとなる「人間の調和的発達のための協会（Institute for the Harmonious Development of Man）」をロシアに開設した。さらにその少し後、パリとアメリカにもスクールを出現させた。

人間は自動装置であり、生きることに対して眠ったままの状態であり、自分自身を通過していく感覚に対して反応するというよりも、反応させられているのだとグルジエフは教えた。儀式的踊り、音楽、内的な気づきの状態と外的な気づきの状態の両方へと気づくようになるために生徒が指導される一連の過程、すなわち彼が言うところの「注意を分割する」など、さまざまな身体的かつ精神的なエクササイズを通して、人間は目覚めることができる。グルジエフは、あるときには真面目な教師、だが別のときには狡猾なトリックスターとなって、めまぐるしく姿を変化させた。

ベネットは、グルジエフの生徒のポール・ビークマン・テイラーが、グルジエフのパーソナリティーの

「三つのリングのサーカス」と呼んだものを、霊的成長の方法として、その教えを伝えるために緩和させた。フリップが述べているところによると、ベネットのスクールでの体験は過酷なもので、彼がそこにいた頃、多くの生徒たちは逃げ出した。その建物は冷たく、フリップいわく、何かに取り憑かれていた。生徒たちは、早起きし、講義に出席し、さらに塀を建てたり、金属加工をしたりなど、何らかの手仕事に一日の大半を費やすことが求められた。フリップにとって、これは自我を中心とする体験だった。そして、それは自分の音楽に関する直観が常に正しかったのだということを彼に悟らせた。より深遠で霊的な形式へと近づいてくための唯一の方法は、実際的な応用、楽器の知識、楽器と身体の関係性にあったのだ。

フリップがロックから離れ、そこを不在としていた間、プログレッシブ・ロックは音楽を大規模アリーナへと誘導していた。一方、その下方ではパンクが爆雷を配置していた。パンクはブルースに完全に戻るわけではなく、ロックをそのあらゆる気取った態度からもぎ取り、スリーコードの駆動、シンセサイザーではなくギターによって動力を与えられた三分間（ないしは三分間以下）の曲へと戻ることを求めた。プログレッシブ・ロックは、ヨーロッパのクラシカルな、時には宗教的な音楽の遺産を畏敬の念を抱いて凝視したが、パンクはペンテコステ派の教会の直接性の方により共通点があった。パンクは叫びと福音から なるエネルギーだった。パンクのより学究的な年下の兄弟であるニュー・ウェイヴは、パンクの感性を受け入れたが、安全ピンをスキニーなタイと取り替え、同時にシンセサイザーも受け入れた。だが、パンクとニュー・ウェイヴのどちらも、プログレッシブ・ロックを完全に跡形もなく破壊することはできなかった。シンセ駆動による広大無辺な天上の領域の探求は、ニューエイジ・ミュージックの中で花盛りとなっていった。

フォーク、ジャズ、クラシック、ブライアン・イーノのアンビエント・アルバムに加えてニューエイジ・ミュージックは、ウィンダム・ヒルとナラダ・レーベルが主導する巨大産業となった。いまだにプログレッシブ・ロック（加えてクラウトロック）は、ニューエイジの殺菌されたサウンドの背後にある最初の元凶であると非難されている。しかしながら、それら重なる似た部分を持ついくつかのアルバムは、さらに熟考してみる価値がある。マルチ楽器奏者マイク・オールドフィールドの一九七三年のアルバム『チューブラー・ベルズ（*Tubular Bells*）』は、ダリ風の捻じ曲がった金属のベルのカバーとともに、最初の真のニューエイジ作品の一つとしばしばみなされている。それはニューエイジの甘ったるさからはほど遠いし、ニューエイジがそれを模倣したことに対して、オールドフィールドに責任はないとする弁論もある。実際のところ、アルバムの不吉な出だしは、ウィリアム・フリードキン監督に『チューブラー・ベルズ』の四分間を、映画『エクソシスト』へのサウンドトラックとして使わせる気にさせた。それはいまだに史上最も恐ろしい映画の一つと考えられているし、間違いなくニューエイジの哲学と関連させられる映画ではないだろう。一九七五年の未発表になった『ローリング・ストーン』誌のインタヴューで、オールドフィールドは、曲が映画のためのシングルになったことを知らなかったと弁明した。そして、それがどれほど彼を成功させたにせよ、『チューブラー・ベルズ』はその全体で聴いてもらわなければならないと痛切に感じていた。

最終的には、シンセサイザー、アコースティック・ギター、フルートからなる安易にできあがるサウンドが、アメリカの代替宗教を特徴づけるようになる霊的運動全体を魅了した。一九八〇年代、アンダーグラウンドを除いて、主流派ロックへのオカルト的想像力の影響は、オカルトそれ自体がそうなったのと同様、去勢されていった。

音楽ライターのポール・スタンプは容赦ない。「ニューエイジは、別の惑星からの優れた知性が作るポップ・ミュージックで、音楽的に熟達しているのかもしれない……だが、まったく大事なことを分かっていない」。つまり、ニューエイジ・ミュージックは、ニューエイジ・ムーヴメントと同様、潜在的な可能性に満ちているとしても、絶えず衝撃力を鈍化させていってしまっているのだ。オカルティズムと神秘主義は、もはや精神的反逆の手段ではなくなってしまった。それらは利用可能な宗教のシンボルや実践の膨大なメニュー上の単なる一つの選択肢となったのである。

しかし、それらの役割はすでに達せられていた。ロックやポピュラー・ミュージックのほとんどあらゆる面で、オカルトの影響は感じられるようになっていた。トップ四十のアーティストが、ますますエレクトロニクスやデジタル・スタジオに頼るようになったとしても、その根底にある興奮は、若者たちが最初に自分たちの肩の上にギターのストラップをかけたときのそれと同じだった。楽器が何であれ関係なく、もし十分なだけの騒音を作り出したとしたならば、古き神々を永遠に生き続けさせることも可能なのだ。

アコースティックギターに肘を乗せてポーズをとるマイケル・ムアコック
1973年
Joe Bangay/Daily Express/HultonArchive/Getty Images

第六章 ゴールデン・ドーン

I

マサチューセッツ州ケンブリッジの小さな個人経営の書店で、デミアン・エコルズは、二〇一二年に出版された回顧録『ライフ・アフター・デス（*Life After Death*）』からの朗読会を行った。その中で、彼は自分が犯してはいない殺人のために死刑囚監房にいた拷問のような十八年間、そしてその後二〇一一年に釈放されてからの新たな人生の構築を詳述している。それは残忍で想像を絶するような犯罪だった。一九九三年、三人の八歳の少年が殺され、ばらばらに切断された。少年たちの遺体は、泥だらけの排水溝の近くで発見された。アーカンソン州ウェスト・メンフィス——少年たちが生活し亡くなった街——は、他のアメリカの都心と比較すると市ではあっても、住んでいるのは二万五千人ほどの住民という小さな市である。

三人の容疑者は簡単に出てきた。彼らは十代のアウトサイダーで、暴力行為や軽犯罪で逮捕されていた。彼らのうち二人は高校の脱落者で、すでにトラブルメーカーとみなされていた。しかし、このことが物議を醸す逮捕、裁判、彼らの一人の死罪へと容疑者たちを追いやったわけではなかった。エコルズ、ジェシー・ミスケリー・ジュニア、ジェイソン・ボールドウィン（今ではウェスト・メンフィス3として知られている）は、サタニストと呼ばれ、彼らのヘヴィ・メタル音楽への愛好が、彼らの精神を腐らせ、彼らの魂を堕落させたと言われた。地方検事は、殺人が悪魔への儀式的生贄の一環として行われたと信じた。テネシー州メンフィスの日刊紙『コマーシャル・アピール』の中の記事は、殺人への考えうる説明を報じた。また、そこにはこの記事のためにインタヴューを受けた児童心理学者ポール・キングからの次のような説明も含まれていた。「ヘヴィ・メタル音楽は不愉快な騒音のように聞こえるかもしれませんが、その歌詞は『悪の力を賛美』しています。その歌詞を思い巡らしながら自分の部屋の中でじっとしている子供は、有害な思い込みを表に出すようになるかもしれません」。

検察側の陳述の多くは、エコルズがメタリカというバンドを聴き、自分の日記に彼らの曲の歌詞を書き写していたという事実を指摘した。アーカーソン州ウェスト・メンフィスのティーンエイジャーの裁判を取り巻く興奮状態は、単なる地元だけの現象ではなく、また黒い服を身に着けヘヴィ・メタルを聴く非行少年として定型化される子供たちの単なる一事例でもなかった。彼らの起訴は、ロックンロールのサタニックな力と思われていたものに対する継続していた恐れが、最も劇的になっただけだった。エコルズは、ウェスト・メンフィス3の悪魔のような首謀者であると考えられ、三人の子供たちの殺害への有罪判決が宣告された。彼の異教主義の宗教やヘヴィ・メタルへの関心は、彼を容疑者として裏づけるよう警察を導いた。エコルズの著書では、東洋の宗教や魔術への関心を認めている。だが、これらの思想は、彼が刑務所生活での人間性の喪失を切り抜けさせる助けとなり、監禁のトラウマからその後回復していく期間を支えてくれたと述べられている。

ヘンリー・ロリンズ――かつてハードコア・パンク・バンドのブラック・フラッグのシンガーでカウンターカルチャーのアイコン――は、次のように述べている。「三時三十分に気がつくとデミアンについて考えていた。彼は俺だったかもしれない。俺もそういったレコードを持っていた。俺は十代のとき陰鬱だった」。悲しいことにも、アーティストと周囲の文化が出会う場所は、しばしば困難に満ちている。必須の材料――歴史上の代替となる霊的な生き方への神秘的かつ／あるいは演劇的な仄めかし、若者の独自のやり方を見つけようとする意欲、申し分ないビート――が、サウンドと動機と意図のスペクトラムに沿ったロックンロールの発展と継続的な成長へと導いていく。ロックの継子であるポップ・ミュージックですら、その遺産を引き継ぎ、意図的にせよそうではないよせ、オカルティズムとの関係への誇張された反応を掻き立て続けていくのである。

Ⅱ

ジェイZの二〇〇九年のシングル「オン・トゥ・ザ・ネクスト・ワン（On to the Next One）」のためのビデオは、象徴主義の最高傑作となっている。ジェイZはフレームの中心で、背後の薄暗い複数の光の輪によって囲まれている。ビデオ全体を通して、一瞬のイメージの相次ぐフレームで、ジョーカーを思い出させる骸骨のような化粧をして正装した男、バトンを持って空中で戦う白いガウンを着た忍者、小さな宝石が埋め込まれた骸骨、ロールシャッハ・テストのパターンへと変化する渦巻く煙、十字架、血を滴らせる厚い赤い唇、巨大な角を持つ山羊の骸骨が登場する。ジェイZのラップは、ヒップホップ的にはかなりありふれている。それは成功、後ろを振り返らず前進すること、自分の富を奉じることの自己言及的な語りであり、彼の名声と創出物がさらに偉大なものへひたすら向かっていくという通告になっている。ただし、一部のファンたちがユーチューブのコミュニティの中で述べているように、注意深く目を向けると、彼のペルソナを作り上げているこれらのジェスチャーやイメージの一部が、ジェイZの成功の隠された秘密を指し示している。それは単に才能だけではなしえないはずだ――「内部」からの助けなしに、ジェイZほどビッグになることができたアメリカの黒人は他にいない。根底にある真実は、ジェイZが自身の魂を悪魔――ビデオの間に垣間見える、その角で明瞭に見られる――に売ったということだ。ただし、これは断じて悪魔ではない。これはバフォメット、すなわち三十三位階の儀式の間に明らかにされるフリーメーソンの秘密の神であり、一部の人が信じているところによると、イルミナティとして知られるより偉大な友愛団の一員となるための道を参入者へと開く神である。ジェイZは、自分が自身の運命を掌握しているとラップしているが、別の角度から詳しく調べると、彼は腹黒い支配のためのゲームの中の単なるポーンにすぎないのかもしれない。極左派と極右派の間の一致点を見つけたいなら、イルミナティについての陰謀論は、最も嫌悪されている敵たちすら一緒くたにしてくれるだろう。言うならば、敵の敵は友人である。誰が何を支配しているか――そしてユダヤ人がどの程度関与しているのか――を巡って意見の相違はあるかもしれないが、概して受け入れられている基本的な概略が存在する。とはいえ、陰謀論者たちが厄介な事実と思うかもしれないことを、そもそも強調しておかなければならない。

手短に振り返ってみよう。一七七六年、アダム・ヴァイスハウプトという名前のバイエルンの法学教授が、社会の精神を自由化することに努める協会を設立するため、同じような考えを持った人たちを集めた。ヴァイスハウプトはイエズス会で教育を受けたが、迷信ではなく理性を常に棄却しているように思われた教会に対して不信感を募らせていった。彼は自分のグループをオーダー・オブ・ザ・イルミナティと呼び、自分たちが人類のための啓蒙――理性を通してではあるが――を信頼していること強調した。ヴァイスハウプトの宗教への攻撃は、ヒューマニズムや自由といった抽象的な概念よりも、カトリック教会への結びつきが強かった王族と衝突することになるのは必至だった。ヴァイスハウプトは、フリーメーソンに加入し、自分の思想をフリーメーソンの思想と一致させようとしたとき、事態を悪化させることになった。ヴァイスハウプトが大きな影響を与えるには、フリーメーソンはそれ独自の霊的な象徴体系と薔薇十字団の影響を受けた儀式で、あまりにも濃密に覆われてしまっていた。彼の政治的見解は、権力者たちから無政府主義とみなされた。そして彼は結社を解散するよう命じられ、さもなければ死刑に処されることになった。

ヴァイスハウプトは命令に従い一七八七年に結社を解散した。そして一八三〇年、かつての聡明な自由思想家は、敬虔なカトリック教徒として死んだ。ヴァイスハウプトの教会への批判は、彼のグループがフリーメーソンと関係していたことと相まって、友愛団が悪魔と同盟しているとフリーメーソンの批判者に主張させることにもなった。批判者たちは、フリーメーソンが偉大な建築者と呼ぶ神への信仰を表明していると主張していても、これは単に表面的な体裁のためでしかないと断じた。

時間とともにイルミナティ運動は、極めて邪悪な陰謀、オカルト的な陰謀、反キリスト教的な陰謀など、それがどんな想像であっても象徴可能な存在、それに実質を与えるためのラベルを必要とするような白紙状態となった。ほとんどの場合、イルミナティは全てを支配する集団であり、より小規模な組織、例えばフリーメーソン、外交問題評議会、カトリック教会、サイエントロジー、特に音楽などのエンターテインメント産業──支配の触手として、社会のあらゆる方面に接近する──を利用していると信じられている。

二〇一三年に、ラッパーのプロフェッサー・グリフ（一九八〇年代を締めくくる賛歌となったパブリック・エネミーの一九八九年のシングル「ファイト・ザ・パワー（Fight the Power）」での役割で最も良く知られている）は、パラノーマル、疑似科学、陰謀論と関連する話題に重点を置いていることで有名なコースト・トゥー・コーストAMのシンジケーテッド・ラジオ・ショーでインタヴューを受けた。プロフェッサー・グリフ（本名リチャード・グリフ）は、ジェイZが意図的であれ無意識的であれ、黒人社会にイルミナティが浸透する手段としてヒップホップを利用するのを、いかに助けているかを説明した。ヒップホップの元々の意図は、奪われているということを提起することだったが、ジェイZなどのエンターテイナーは支配の武器としてそれを使うことで、その目的を転覆しているとグリフは言う。さらに言えば、レコード業界が共謀し、レコードを製作しているときにイルミナティが儀式を行い、悪魔のエネルギーをそこに吹き込むのを許可しているのだ。

ジェイZは、インタヴューで多くを語ろうとしないし、ビデオでのシンボルの使用によって意図的に挑発していることを認めようとしない。しかしながら、彼はオカルティズムや秘密結社との関連性をどっさりと前部に取りつけている。あるビデオで、彼はクロウリーの信条「汝の欲することをなせ」と鮮やかに印刷されたスエットシャツを着ているし、かつて彼の衣服販売では、あからさまにフリーメーソンのシンボルのついた数多くのシャツを出していた。しかしながら、彼は自分の音楽が「刺激すること」を意図していることは、確かに認めている。二〇一〇年、ニューヨークのヒップホップ・ラジオ・ステーションWQHT(Hot 97)でのインタヴューによると、ジェイZはドラムビートをサンプリングするのと同じやり方で、特定のイメージを意識的にサンプリングしている。「偉大なラップは、それを最初に聴いたときに必ずしも突き止められるとは限らない多数の未解明の層を持っているべきだね。それどころか、それが人の頭の中に不協和音を植えつけることになる」。

ジェイZによるオカルトのシンボルの活用とそれに対する一般の反応は、ポピュラー・カルチャーの中でのオカルトの位置を完璧に要約している。ジェイZにとって、イメージは想像力を刺激し、また噂や憶測を作り出すために作用し、そしてアルバムを売り、インターネットのページヴューを増加させることを、ひたすら促進することができる。作家のミッチ・ホロウィッツが説明しているように、ジェイZは抜け目のないビジネスマンであり、さらに巧妙なアーティストでさえある。「彼は自分の周りで進行するあらゆることに関する鋭敏な観察者なのだろう。彼は破壊的なイメージを用いることについては熟達者だ」。

そのスペクトラムの他方の端にいて、ジェイZとはそのスペクトラムの真ん中で視線を接触させるのは、陰謀論者である。彼らにとって、音楽は若者の心も大人の心も同様に支配するために使われる兵器庫の中の潜在的に危険な武器である。陰謀論者がキリスト教徒であれば、ヒップホップのイルミナティの背後の建築者は、エルヴィスが最初に腰を揺り動かしたときからポップ・ミュージックを利用してきたサタンだということになる。審判の日に人々は目覚め、自分たちが騙されていたことを知るだろう。だが、それでは手遅れだ。ジェイZの曲のどれかに耳を傾けているのが六百六十六回目のとき、その間に人々は自分たちの魂を悪魔へと知らぬ間に売ってしまったのだ。ウェスト・メンフィス3に対する訴訟の構築へと導いた類の考え方とは、これだった。だとしても、オカルトの想像力は、あまりにも極端な状態になってしまった。それがあまりにもロックンロールの本質の一部となり、静めようにも、恐れや妄想によってそうできなくなってしまった。そして、もしミュージシャンが今後さらに一部の秘密のオカルト陰謀団と同盟していると非難されるなら、ましてやなおさらのことだ。全ての中で最も強力なのは、魔術師の神秘化するためのツールである。もし音楽的呪文が、その人を見えている以上のものであるとオーディエンスに確信させてしまったなら、その人はロックの魔力《グラマー》の遺産を引き継ぎ、常習に従った大衆の魂を興奮させる魔法を、まさに紡ぎ続けていくことになるのだ。

Ⅲ

二〇一二年のスーパー・ボウルは、アメリカ史上で最も視聴されたテレビ・イベントの一つであり、推定視聴者は一億一千百三十万人だった。そのハーフタイムショーは、三百万人以上の人が視聴した。ショーのヘッドライナーであるマドンナは、十三分の長さの自分の曲のメドレーと数百万ドルの費用をかけた豪華な製作物を作り上げた。その結果は、華々しく演出されたパフォーマンスとなった。ショーはエジプトのモチーフで飾られたステージに、古代の密儀カルトの司祭のように着飾ったマドンナが、数十人の「奴隷たち」によって引っ張られた馬車の上の玉座に座り、同様の衣装を着たダンサーたちと入場してくることで始まる。

おそらく初代のハーメティック・オーダー・オブ・ザ・ゴールデン・ドーンは、細部への配慮をうらやんだに違いない。マドンナが「ヴォーグ（Vogue）」を歌うとき、武装した天使や奇妙な神々のような衣装を着た他のダンサーたちが、彼女を中心に周回する。背の高いバナーには、Mが円の中に切り込むように入り、その文字の両側が巨大な角のように見える形となったシンボルが装飾されている。マドンナの衣装はローマの百人隊長のスカートというシンプルなものだが、彼女の頭は二点の付属器官と中央から上に向かう翼のついたヘルメットによって包まれている。

マドンナの秘教的な事柄への関心はずっと昔に遡る。一九九七年にMTVでカート・ローダーと場違いの会話を始め、マドンナは自分がカバラ・センターへと向かう道を見出しことについて説明しようとした。そこでマドンナは、「もし人が人生を善きものにしたいのなら、善きものを与えなければならない」と教わった。また、彼女は、魂が肉体へしっかりと付着するようになるのは十三歳（バル・ミツワーの年齢）のときだということも説明した。(訳注6―1) カバラ・センターにますます傾倒していったマドンナは、『ガーディアン』紙での二〇〇五年の後半のインタヴューで、物議を醸すセンターを、インタヴューアーのディナ・ラヴィノヴィッチが「いかさま」呼ばわりすることから防御しながら、その教えが彼女にとって意味していることを説明した。

カバラ・センターは、引退したラビのフィリップ・バーグによって一九六九年に開設された。バーグは普遍的な霊的力があると信じていたカバラの神秘的教義を、そのユダヤ教の背景から切り離したいと思っ

訳注6―1 「バル・ミツワー」は、ユダヤ法における宗教的かつ社会的な責任を持った成人のこと。

ていた。センターは授業の中で聖書と『ゾハール』と呼ばれるユダヤ教カバラのテキストを使用していたが、その取り組みの主眼は、センターが「世界最古の霊的叡智の本体」と呼んでいることの実用化にある。バーグが五千年もの昔の教えを全ての人々に利用可能にすべきだと考えるようになるまで、ユダヤ教はそれを秘密にしていたとセンターは強く主張している。ユダヤ教において『ゾハール』は、カバラの叡智の一次資料だと考えられている。『ゾハール』は十三世紀のどこかでアラム語で書かれたが、一部は古い出典から、一部はその当時の同時代の出典から、すなわち多様な出典から引き出されたものだと考えられている。また、それはヘブライ語の聖書の最初の五書であるトーラの神秘的な解釈としての役割を果たしている。『ゾハール』の力は、それが述べていることではなく、それが何であるか——人の運命を変えることができる偉大な力の所産である——ということに存するとセンターは主張している。

単に『ゾハール』を手に取ること、そのアラム文字に目を向けること、そしてそれらに吹き込まれているエネルギーを受け入れることは、数千年の間、カバリストたちが体験してきたことを体験することである。それは強力なエネルギーを与える道具であり、それを所有している人々へ平和、保護、癒し、充実感をもたらす能力を持った救命道具である。

このカバラへのオカルト的アプローチは、何世紀もの間の伝統の一部だったが、それほどの魅力をカバラに与えたのはバーグが最初だった。しかしながら、彼はオカルトの宝を抽出した最初の人物ではなかった。

ルネサンス期の魔術師たちは、自分たち自身のキリスト教の神秘的解釈へと容易に同化できる叡智の源としてユダヤ教のカバラのテキストに目を向けた。その後のオカルティストたちは、そうした先例に従って、自分たち独自の体系に応用できる秘教的な叡智の豊かな鉱脈をカバラの中に見出した。ゴールデン・ドーンでの学習者の重要なツール、例えば占星術やタロットには、対応するカバラの識別子があった。とりわけ西洋のオカルティズムの中核を成すカバラの生命の木のセフィロトがそうだった。簡単に言うと、セフィロトとは、不可知の神、すなわちアイン・ソフから湧き出る神性の十の局面と関連している。セフィロトは宇宙の地理学のように配列することができる。ある意味、セフィロトは、宇宙の物質主義的見解を見事に表したものとなっている。創造の各々の局面は、気質（判断力、共感、男性性、女性性）によって表現されているし、個々のセフィラーがどのように対応する数秘術的な意味や占星術的な意味を持っているかを示すことも容易である。それだけでなく、セフィロトの木のイメージは、ルネサンスの錬金術のエンブレムを思い出させる。

昔からオカルティストにとって、ユダヤ教はすでにして複雑な思想と実践の形態に対して完璧に補完となるものを提供する、それ特有の神秘的で伝説的な魔術の実践を十分に備えた権威ある古代の伝統を表していた。

マドンナは、自分のまさに公にされた秘教的哲学への関心が、芸術的にも潜在的な力を持っていると見込んでいたようだ。ハーフタイムショーは、彼女を神聖なる叡智を吹き込まれた女司祭として送り出す。彼女は、秘儀に参入することを望む者であれば誰にでも伝授する準備と用意を整えている。そのおかげで陰謀論者たちは、大騒ぎができる機会を手に入れた。まさにその翌日、ウェブサイト『ザ・ヴィジラント・

シチズン（*The Vigilant Citizen*）』は、マドンナのショーの分析結果、すなわちパフォーマンスの全ての要素を注視する妄想的解釈を提示した。マドンナの衣装は、シュメール人の愛と戦争とセックスの女神イシュタルと共通点がある。スフィンクスが横に配置されたマドンナの玉座は、タロット・デッキの中の「戦車」の完璧な表現となっている。最初の曲「ヴォーグ」は、ステージを照らす翼のついた太陽の円盤で終わるが、あるブロガーが言うには、これは主要な全ての秘密結社で使われているシンボルである。しかしながら、何よりも最も悪事を証明しているのは、ショーの終わりで勢いよく吹き出す一瞬の煙の中でマドンナの姿が消えて、「世界平和」という語が舞台を照らすときだ。あるブロガーは、それを「一つの世界政府により導かれる新世界秩序を強く求める人々に使われるPRに適したスローガン」だと結論づけた。

ポピュラー・ミュージック（そしてマドンナ自身）に対するオカルトの想像力の影響を前提にすると、マドンナがショーのために神話、オカルティズム、秘密結社のシンボルさえも意識的に利用しているのではないかと示唆することは誇張ではない。外観上として、それは生き生きとした劇的効果に満ちた純粋に大衆向けの見世物であり、そこに表されているのはマドンナのエゴであり、それ以上の何物でもない。

この見世物は、その意味が何であれ、それよりも前に行われたことがあったからこそ可能だった。ロックの劇場はずっと前に、煙を上げるＵＦＯクラブの中でアーサー・ブラウンが燃え立つヘルメットを被ったとき、ホークウインドがファンたちをライトで催眠状態にしたとき、ボウイが本人としてではなく不時着したジギーとしてステージ上に現れたときに始まっていた。マドンナのショーは、切り離すことなどできないディオニュソスというロックのルーツとの単なる最近の出会いにすぎない。もしかすると陰謀論者は間違っていないのかもしれない。私たちはポピュラー・ミュージックに催眠をかけられている。そして、それは内幕に通じている人の仕業である。音楽産業と一体となったピラミッドの陰謀の中には、全てを見通す目など存在しない。昔からまさにそうだったように、文明は人の魂を揺り動かす音楽を必要としているのだ。

Ⅳ

新しい千年紀の最初の十年は騒然とした時期となった。九月十一日の攻撃、二つの大きな戦争、経済の停滞、予測不能な未来が、人々を意味や安定に向かって奔走させた。かつては砂の中の境界線だったものが、無神論者と信者の間の深い溝となった。だが、多くの人は字義主義と象徴主義の間の均衡をはかろうと試みていた。そして、アートはこの種の探求のための完璧な手段を提供してきた。

二〇一二年七月に、イギリスのマンチェスターにあるパレス・シアターでの大衆向けオペラ『ドクター・ディー（*Dr. Dee*）』は、批評家の称賛を受けた。そのオペラは、十六世紀の占星術師であり数学者でありオカルティストだったジョン・ディーの物語を語っている。彼は女王エリザベス一世が相談した博学の人であり、また今日のオカルティストたちがいまも使っている天使の語法とみなされているエノキアン・アルファベットを生み出した。ディーは教養ある魔術師であり、知を愛する人であり、科学と魔術が同じ合理的な過程の欠くことのできない一部であると信じていた。だが、ディーは痛ましい人物でもあった。ディーは天使たちの秘密や宇宙の真の性質を啓示してくれると信じた水晶のかけら、「示現石（shew stone）」の中を食い入るように見つめることに長時間を費やした。一五八二年、ディーはエドワード・ケリーという名前の男を紹介された。ケリーはディーを確信させた。彼こそが、エリザベス女王の相談役である自分を夢中にさせていた難問を解決する鍵であると。ケリーはトランス状態に入ったように見えた。そして天使たちの多数の言葉を口述した。どれほどケリー自身がそれを信じていたのか、あるいは単にディーを利用していただけなのは明らかではない。ある時点で、ケリーは自分たちがお互いの妻を共有することを神が望んでいると、慎み深いディーを説得することができた。最終的にディーの超自然的なものへの関心は、彼を宗教組織の中での有害な人物とさせてしまい、彼への支持また彼の仕事への援助は枯渇し始めた。ディーは貧困の中で亡くなった。

『ドクター・ディー』の創作は、イギリスの舞台演出家ルーファス・ノリスとブラーやゴジラズといった自身の二つの大きな影響力を持ったバンドによって知られるデーモン・アルバーンとの間のコラボレーションの結果だった。アルバーンは、ローマの蛇の神を――いくぶん冗談気味に――崇拝しているという自称魔術師でコミックブック作家のアラン・ムーアと親しくなった。だが、ムーアは、魔術と創造的な行為が不可分であり、その各々が創作を思いつかせ、それをまさに現実的なものにするのだという自身の信念については、非常に厳粛である。ムーアとアルバーンは一緒に仕事をしたいと思っていた。そしてムーアが持ちかけてきたのが、ディーの不思議な生涯だった。二人はオペラを共同執筆することで意見を一致させた。だが、アルバーンとムーア両者の強烈な性格は、ムーアがそのプロジェクトから突然手を引いたとき、激しくぶつかり合った。ムーアは、自身の文芸雑誌『ダッジム・ロジック（*Dodgem Logic*）』に執筆するという約束をアルバーンが果たさなかったことを非難した。アルバーンは一人で執筆に取り組むことになった。

アルバーンは、オペラが自分のオカルトへの関心を公にする機会になると考えていた。彼は二〇一一年に『テレグラフ』紙で次のように語った。「研究を行うことは非常に素晴らしい経験だったよ。読んだ全てのことが、何か別のことへ――キリスト教からユダヤ教、ペイガニズムから北欧神話、天文学からヘルメス哲学へ――つながっていって、そして、とにかくそれが終わりなく続いていくように思えるんだ」。オペラはディー博士の感情に訴える物悲しい物語で、それとともに一部はヨーロッパの音楽、一部は大衆向けの音楽を、アルバーンのヴォーカルが滑るように横断していく。他のヴォーカリストたちが、よりクラシカルなオペラ的印象を添えたとはいえ、そのオペラは依然としてロックンロールの見世物となっている。『ドクター・ディー』は、それ本来としてロック・オペラではないが、いかにロックがオペラの形式として使うことができるのかということについて、確かに承認を与えている。アルバーンのディー博士の生涯への関心が生まれたのは、ロック・ミュージックとポピュラー・カルチャーの中でのオカルト・リバイバルと呼ぶことができることが起こった時期だった。十九世紀のリバイバル同様、このムーヴメントも、オカルトを創造的な思索や生産物に資する完熟した珍品に満ちたものとみなしたミュージシャンやアーティストたちが主役となった。

そのアンダーグラウンド・ミュージック・シーンの内部には、異教主義の儀式を、またはアートから魔術を作り上げるための真剣な意図を浸透させる意義がある。ヘルメス的な神秘をアートに混入させたこのリバイバルは、二〇〇九年に二つの音楽イベント、イギリスのイークィノックス・フェスティヴァルと東方聖堂騎士団が主事を務めたニューヨークのミュージカ・ミスティカ・マクシマ・フェスティヴァルを形作ることにつながった。どちらもアーティストとミュージシャンの集まりで、その多くが自分たちをオカルト実践者でもあるとみなしていた。

ビデオ及びグラフィティ・アーティストであるレイモンド・サルヴァトーレ・ハーモンは、イークィノックス・フェスティヴァルで、画家、作家、秘教の実践者たちのための文字通りのカンファレンスを企画し、人々が集まるためのプラットフォームを作り出せる可能性があるかどうかを確かめてみたいと思っていた。「それは未来のコラボレーションとプロジェクトのための出発点にもなるだろう」とハーマンは言う。「それは多様な秘教的で創造的な実践の間の障壁を解体し、それらに共通の基盤を与え、それによって新たな領域へ一緒に押し進むことができるための試みだった」。その結果が、二〇〇九年六月に行われたイークィノックス・フェスティヴァル、「スリー・デイズ・オブ・イルミネーション」だった。ハーモンは、本人いわく「特定のエネルギーを呼び覚ます」ための魔術的意図を持ったイベント――一連の講義、儀式の実演、映像、ライブ音楽――を主催した。音楽面では、サックス奏者で前衛的な作曲家のジョン・ゾーン、アンビエント/ドローン・メタル・バンドのアセノール、インダストリアル・エレクトロニックを装備したベリアル・ヘックス、一九七〇年代のプログレッシブ・フォーク・バンドのコーマス、そして二〇一〇年の彼の時ならぬ死の前に最後のショーを行ったスロッビング・グリッスル及びコイルのピーター・クリストファーソンなど、実験的なアーティストたちが勢揃いした。ウェブ雑誌『ボイン・ボイン（*Boing Boing*）』の執筆者であるガレス・ブランウィンは、そのイベントを混合された成功と呼んだ。そして、ロックンロールを不死にする秘訣、すなわち音楽上での哲学者の石に似たものを作り出すために、プログレッシブ・ロックと神秘主義が錬金術の溶液の中で一体となった一九七〇年代の喜ばしい瞬間をとらえることができたバンド、コーマスこそが、そのハイライトであったと述べている。

彼らはスコット・コナーのサイズに合うように棺を作らせた。コナーは、マレフィックという名のブラックメタルのミュージシャンとして自身の作品の中で、暗闇を賛美しているように見えた。そのため、棺の中へ入り釘留めされることなど大して問題ではなかった。スティーヴン・オマリーは、通常はSunn O)))と表記されるが、通称サン（Sunn）で知られているグレッグ・アンダーソンとのデュオでの二〇〇五年のアルバム『ブラック・ワン（*Black One*）』を準備していた。Sunn O)))は、ドゥーム／ドローン・メタルというサブジャンルの中で最も速度が遅く、かつ最も騒々しいと悪名高くなった。彼らのライヴ・ショーは、黒いフードつきのローブを身に着けたオマリーとアンダーソンで構成され、胸を振動させるコードを最大ボリュームで息長く持続させて演奏する。彼らは自分たちの信念についてインタヴューで尋ねられても、音楽には超越的な力があり、実際の身体的かつ精神的な変化を引き起こすと述べる以外、具体的なことは何も語っていない。

大部分のインストゥルメンタルの曲のタイトル――「ア・シェイヴィング・オブ・ザ・ホーン・ザット・スピアド・ユー（A Shaving of the Horn That Speared You）」や「キャンドルウルフ・オブ・ザ・ゴールデン・チャリス（Candlewolf of the Golden Chalice）」など――と神秘的なステージ・ショーの両方による彼らの表現は、彼らの噂されたオカルトへの傾斜に関して、ありとあらゆる憶測を引き起こし、黒ミサをチャーチ・オブ・サタンからの命令で上演しているとさえも非難されてきた。オマリーは、この種の注目を気に入ってもいるし、また同時に嫌いでもあると認めている。だが、彼の秘教の伝承や伝説への関心には真実味がある。友人のスコット・コナーに自分たちのレコード『ブラック・ワン』で歌わないかと頼んだとき、オマリーは「彼を試してみよう」と考えていた。もしマレフィックとしてのペルソナの中で、彼が死と孤独を受け入れているとして、彼が棺の中で実際に歌わなければならないとしたらどうするだろうか？　その結果は、オマリーとアンダーソンが期待していた以上のものとなった。棺桶の中のコナーは閉所恐怖症と不安を感じていた。そして、このことが、アルバムのライナーノーツに「墓の彼方からの叫び」として記載されている幽霊に取り憑かれ、拷問を加えられているような声として現れることになった。

一九〇〇年代から二〇〇〇年代初頭には、音程を下げてチューニングされたギターとクッキーモンスターの声が、新たなヘヴィ・メタル・カルチャーの到来を告げた。(訳注6―2) ドゥーム・メタルとデス・メタルは、今日知られている通り、サタニックな比喩的表現で、再びボリュームを上げた。ファンたちの新たな世代は、人間の本質的な条件の一部として堕落と暗闇を奉じるこの不吉なメタルの魔の呼びかけを耳にし、受け入れた。度を超しすぎたこともあった。一九九〇年代半ばのスウェーデンでは、デス・メタル・ファンが教会に放火した。即座に距離を置いたミュージシャンたちもいた。だが、そうではないミュージシャンたちは、暴力を訴える自分たち独自のサタニズムのブランドを売り込みながら、放火を承認した。一九九〇年代終わりまでに、その全ての変種――数例挙げるとデス・メタル、ダーク・メタル、ドゥーム・メタル――において、ヘヴィ・メタルは地獄への直接的なルートを発掘していた。それは人の最も深い恐れへと向かうサウンドトラック、ミュージシャンたちが追求し磨きをかけた戦慄のシンフォニーとなった。

ロックの本質的な反逆の精神は、その核心部分に霊的な反逆がある。そして、これはあらゆる形のオカルト的でグノーシス主義的な実践と同様、宗教的であれ、政治的であれ、社会的であれ、支配者集団にとっての脅威である。宗教の支配層は、混乱を前にして、安定性を提示し一般大衆を制御するため、しばしば魔女やデーモンの恐れを活用しヒステリーを作り出した。現代文化では、ロックがその始まりから悪の根源とされてきた。だが、ミュージシャンとファンたちは、角のある異教の神々を悪魔へと変えることで応答し、若者の魂を最終的に勝ち取ることになるだろうルシファー的な賭けをしながら体制に挑戦してきた。

ヘヴィ・メタルは、神話や宗教の悪魔的な局面と一体となったその魅力を決して手放すことはないが、Sunn O))) のようなグループは、メタルの重苦しさや荒涼さについての衝撃的で誇大な表現の中に豊かで深い霊的な何かを見た。凍てつくオランダで見出された衣装とゴスを注入したデス・メタルを徴用しながら、ドゥーム・メタルはチベット僧やヒンドゥー教のラーガの持続低音から着想を得て全てのギターをダウンチューンし、人間の本質的な一部としての堕落と暗部を受け入れるメタルの新たな神話を創造した。Sunn O)))、ウルヴズ・イン・ザ・スローン・ルーム、リタジーのようなバンドは、ロックの言語から生まれた新たなオカルト神話を創造してきた。「ストーナー・ロック」として知られるジャンルのアセンデッド・マスターたちとも言うべきスリープは、マリファナで脳が陶酔しているリスナーにとって、この上なくぴったりのサイケデリックな振動で煮立てられる一種のロー・スロー・メタルを演奏する（彼らの最高傑作は、一時間の長さのある架空のファンタジー物語の曲「ドープスモーカー（*Dopesmoker*）」だが、そ

訳注6-2 「クッキーモンスターの声」とは、この時期の多くのメタルバンドのヴォーカルが発したダミ声やがなり声のことを意味する。クッキーモンスターは、アメリカの子供向けのテレビ番組『セサミ・ストリート』に登場するダミ声の人形のキャラクター。

こでは「マリファナ司祭たち、教義に従う者たちが正当な要求を繰り返し詠唱する」）。

この種のロックの中に神秘や魔法の感覚を植えつけるための意図的で周到な試みは、これらの新たなオカルト的な音楽の開拓者たちを特徴づけている。それはオーディエンスがより冷笑的になったためなのかもしれないし、あるいは衝撃を与えるものがほとんど残っていないからなのかもしれない。いずれにしても、ロック・ミュージシャンたちは、自身のオカルトへの関心について気取る、あるいはマーケティング手段として秘教的な比喩的表現を使用するための理由をほとんど見つけられなくなってしまっている。進化してきたのは、アイロニーと真面目さのやむを得ない混合であり、それは完全に新たな世代のロック・アーティストと彼らの音楽の中で見つけることができる。今日の音楽は、オカルトがロックを救い、そして音楽、ファッション、さらにはライブ・パフォーマンスでの実験や精神的探求のあらゆる可能性に開かれたアートの形式を作り出した方法の最大限の極致を表している。

V

ボストンにあるナイトクラブ、ロワイヤルでグレゴリア聖歌が通奏低音とともに部屋を満たしたとき、あらゆる年代層の集まった人々の上にインセンスの煙が漂った。三つの巨大な模造ステンドグラスの窓がステージの背景を形作った。オーディエンスの中のメタルヘッドたちはそわそわしていたが、鳴り響く声が何かが始まることを彼らに告げた。ローディがステージに登場し、小さなランプを点け、スタンドのギターを調整すると、観客たちからは叫び声と拍手が沸き起こった。すぐにライトが暗くなり、観客たちはステージへと向かって膨らみ、全員の手が上がり、角を投じた。

スポットライトがステージを這う煙を切り裂き、フードを被り、逆さの十字架を首から下げ、くちばし状の仮面で顔を覆った五人の人物たちが歩いて出てきた。彼らの衣装は、中世の頃に疫病医たちが病気にかかることからの防御のために身に着けていた服装を連想させた。伝染性のギターのリックが、進行が始まったことを公式に告げた。(訳注6－3)タイトではあるが、かなり大衆向けのヘヴィ・メタルの旋律が噴出すると、オーディエンスはステージの方へ進んだ。そして、リードシンガーが登場した。彼の顔にはドクター・ファイブスのような化粧が施され、衣装は教皇杖を嘲った逆さ十字のついた職杖を片手に握り締める邪悪な教皇という恰好だった。パパ・エメリトゥスは、あたかも説教をするかのように歌い始め、地獄の者たちの名前を連呼した。「ベリアル、ベヘモス、ベルゼブブ、アスモデウス、サタナス、ルシファー」。彼の声は、不吉なうめき声と感情に訴える旋律の間を揺れ動いた。

これぞスウェーデン出身のバンド、ゴーストB.C.である。彼らはパパ・エメリトゥスによって率いられ、彼は自分のミュージシャンたちをネイムレス・グールズと呼ぶ。彼らは匿名のままで、むしろ悪魔の代理人として隠されたアイデンティティを好む。だが、仮面をつけたままか、あるいはeメールを介してインタヴューが行われているにもかかわらず、彼らは率直である。サタニズムへの関心について尋ねられた場合、彼らは悪魔を称賛すること、あるいは人類の破滅について不気味な口調で語ることもない。それより

訳注6-3「リック（lick）」は、ギタリストのあらかじめストックしてあるギターの短いフレーズのこと。

むしろ、「サタニックな行動計画」など持っていないこと、そしてホラー映画からの着想を頼りにしていることを認める。グールズの一人は次のように説明する。「ゴーストという劇場では、全てのことが正統派の悪魔崇拝であるような気がするはずだ。オーディエンスの一員として、信じるものが何であれ、好きなように選ぶことができる。加わることを選ぶこともできるし、あるいはそうしないことを選ぶこともできる」。パパ・エメリトゥス（彼自身のアイデンティティは時間とともに変化した）は、役柄にふさわしい振る舞いをすることを好む。同じ記者に悪魔を崇拝する方法を尋ねられたとき、パパ・エメリトゥスは次のように返答した。「私の存在自体が教会にとって不名誉である。それゆえ『年長の者』の方を選ぶのだ（訳注6―4）」。

新たな千年紀、社会的交流の中心にインターネットがあり、その時々の政権を誰が握ったかで、人々は起こり得るユートピアあるいはディストピアを不安げに眺めている。来るべき地球規模の気象災害を考えた場合、悪魔という迷信はどれほどのことか？ ポケットの中にコンピューターを入れたとき、魔術が何の役に立つというのか？ ニューエイジ・ムーヴメントのオカルティズムは、ビクラム・ヨガに希釈され、悟りに至る道で汗をかくことになった（訳注6―5）。そしてロックンロールは、懐古の念にとらえられている大人たち、またダンスをする、あるいはエクスタシーを飲むのにまったくふさわしくない大人たちの音楽になった。というのが、一般的な考え方となっているようだ。だが、真相はと言えば、人々は代替となる霊性を探し求め続けていたのだ。新異教主義、ウィッカ、カオス魔術師のためのコミュニティが成長したのは、インターネットでのことだった。ソーシャル・メディアは、あらゆる種類の霊的思想を即座に共有することを可能にした。オカルトの想像力は生き残った。だが、新たなテクノロジーが、粒度の細かなサブカルチャーを作り出し、同様のやり方で探求を続けているミュージシャンたちを見つけることも可能にした。

ゴーストB.C.がボストンに憑依したのと同年の二〇一三年の初頭、別のバンドが自分たち独自の儀式を上演すべくオカルトを使用した。午後七時頃、どこの会場でもロック・コンサートにとってはかなり早い時間に、オームを構成する三人が群衆を通り抜けて、メトロポリタン美術館のデンドゥール神殿に設置されたステージへと向かって歩いている。中に入ると、古代の神々たちが何であろうが、今もなお耳を傾けてくれるかもしれないと幸運を願う観光客たちによって硬貨がまき散らされた浅いプールがあり、そこを古代エジプト王朝の二つの像が守護している。プールの反対側には、紀元前一五年にエジプトのローマ領で建てられ、アウグゥストゥス・カエサルによってオシリス神へと捧げられた二千年前の寺院の遺物を構成する二つの大きな建造物がある。かつて寺院が過酷な砂漠の太陽光の中に立っていたことを思い出させる効果を狙って、壁全体が傾斜したガラスの壁になっている。ここマンハッタンの真ん中の有名な美術館の部屋の中で、大広間を詠唱が埋め尽くし始める。オーディエンスがステージに近づいていくにつれて、詠唱は徐々に大きくなっていく。それは音響特性のよくない部屋の至るところで反響し、石や水やガラスに当たって跳ね返る。東洋の宗教、イスラム教、ユダヤ教、キリスト教神秘主義を参照している歌詞には、カバラの女性性シェキナ、エゼキエルの恐ろしい天使の幻視、アストラル・トラベル、プラーナ（息ないしは霊）というヒンドゥー教の概念、生まれ変わりなどが含まれている。「アディス（Addis）」という曲は、

訳注6-4 「年長の者」と訳した語は、原文ではサタンの名前を別に表現するときの言い方の the old one となっている。

訳注6-5 「ビクラム・ヨガ」は、インドのヨガ指導者ビクラム・チョードリーによって考案された部屋を暑くして行うヨガ。今日一般的に広まっているホット・ヨガの基になったヨガの方法。

ヒンドゥー教のシヴァ神を呼び出すことへ徹底したマントラである。これらの複数の宗教思想は極めて異質ではあるが、オームはニューエイジの単なる気まぐれな寄せ集め以上の方法で、それらを一つにまとめている。オームは自分たちの音楽の重厚な力によって駆動され、独自の霊的神話を紡いでいる。オームの強力なリフによってオーディエンスの意識の中には変化が引き起こされる。それを魔術とさえ呼ぶ人がいるかもしれない。

コンサートというしきたりが、ロックの最もぶざまな偽装と皮肉の円熟——例えばモキュメンタリー映画『これがスパイナル・タップだ（*This is Spinal Tap*）』の悪名高いミニチュアのストーンヘンジのシーンなど——を思い出させるものとなってしまったにもかかわらず、メトロポリタンでのオームのような瞬間は、ロックとオカルティズムの精神的な婚姻が決して終わってはいなかったということを示している。だが、それのさらに重要なことは、ロック・ミュージシャンとオーディエンスの協定が、どのようにして自分たちの意識を拡張させ、伝統的なアメリカの音楽の制限を越えて前進し、その根底にある精神的アイデンティティを決して終わらせることがないかを強調しているということだ。オカルトは、ロック・ミュージシャンとファンたちの想像力を手中に収め、そして新たな千年紀に入ってさえも、ポピュラー・ミュージックやカルチャーの意味を再び定義し直したのだ。

参考・引用文献

出典についての注記

私が全体として頼りにさせてもらい、感謝の念が尽きないのは、音楽雑誌のオンライン・ライブラリーのRock's Back Pagesである。ここでの引用や事実と関連する資料の多くは、*New Musical Express* (*NME*)、*Sounds*、*Rolling Stone*、*KRLA Beat*、*Beat Instrumental*、*Creem*、*Kerrang!* などで入手した情報源に由来している。新聞やその他の雑誌は、図書館のデータベースや *Time*、*Rolling Stone*、*Playboy* などのさまざまなオンラインのアーカイヴで探し出した。雑誌名と年は、左記の文章ないしは注の中に記してある。

序文：ウィー・アー・オール・イニシエイツ・ナウ

ダン・グラハム(Dan Graham)による引用は、彼の本*Rock / Music Writings* (New York: Primary Information, 2009)から。

ディオニュソスの歴史と「到来する神」という言葉は、*Dionysus: Myth and Cult* by Walter F. Otto (Dallas, Texas: Spring Publications, 1991) から。（翻訳：ワルター・F・オットー著、西澤龍生訳、『ディオニューソス――神話と祭儀』（論創社、一九九七年））

第一章：（ユー・メイク・ミー・ワナ）シャウト

本章の研究には多くの本が不可欠だった。アフリカ系アメリカ人の信仰と音楽に関する資料は、*Slave Religion* by Albert Raboteau (New York: Oxford University Press,

1978）及び、*The Music of Black Americans* by Eileen Southern（New York: Norton, 1983）及び、*Sinful Tunes and Spirituals* by Dena J. Polacheck Epstein（Urbana: University of Illinois Press, 1977）及び、*Re-Searching Black Music* by Jon Michael Spencer（Knoxville: University of Tennessee Press, 1996）から。

アフリカの音楽についてのその他の資料と「踊る宗教」の引用は、*Religion in the New World* by Richard E. Wentz（Minneapolis: Fortress Press, 1990）から。

アフリカの音楽と宗教とブルースの関係についての情報は、*Big Road Blues: Tradition and Creativity in the Folk Blues* by David Evans（Berkeley: University of California Press, 1982）; *The Devil's Music* by Giles Oakley（Boston: Da Capo Press, 1997）及び、Paul Oliver による二つの重要な著書、*Blues Fell this Morning*（London: Cambridge University Press, 1990）と *Savannah Syncopators*（New York: Stein and Day, 1970）、さらに "Yorùbá Inf luences on Haitian Vodou and New Orleans Voodoo" by Ina J. Fandrich（*Journal of Black Studies*, vol. 375, no. 5, May 2007）から。

ロバート・ジョンソンについての資料は、*Escaping the Delta* by Elijah Wald（New York: Amistad, 2004）からの情報に基づく。

歌詞やその他の有益な情報は、Catherine Yronwode によって書かれ、また管理されているブードゥーとブルースについての資料の所蔵庫となっている卓越したウェブサイト Lucky Mojo で見られる。

初期のロックンロールの歴史についての資料は、*All Shook Up: How Rock 'n Roll Changed America* by Glenn Altschuler（New York: Oxford University Press, 2003）及び *Rock and Roll: A Social History* by Paul Friedlander（Boulder, CO: Westview Press, 1996）が助けになった。

エルヴィスの引用は、*Leaves of Elvis' Garden* by Larry Geller（Bell Rock Publishing, 2008）から。

サミュエル・ストリッチ枢機卿の手紙は "Stritch Calls Rock 'n' Roll Throwback to Tribalism", *Washington Post*, March 2, 1957 から引用した。

ビート・ジェネレーションとビバップの関係の詳細は、*The Beat Generation* by Christopher Gair（Oxford: Oneworld, 2008）から。

第二章　リラックス・アンド・フロート・ダウンストリーム

一九六〇年代からの資料のための二つの重要な出典とし

て、『サンフランシスコ・オラクル』紙のCD—ROMの全コレクション*San Francisco Oracle* (Berkeley, CA: Regent Press, 2005) と*International Times* の検索可能なオンライン・アーカイヴがある。この時代の霊的な文化環境に関する私の理解の本質的な情報源は、*Turn Off Your Mind* by Gary Lachman (New York: Disinformation Press, 2003) からである。

ウィッチクラフトとウィッカについての情報に関しては、次の三冊の重要な著書に負っている。*Drawing Down the Moon* by Margot Adler (New York: Viking, 1979) (翻訳：マーゴット・アドラー著、江口之隆訳、『月神降臨』(国書刊行会、二〇〇三年)) 及び、*The Triumph of the Moon* by Ronald Hutton (New York: Oxford University Press, 2001) 及び、*Real Magic* by Isaac Bonewits (Newburyport, MA: Red Wheel / Weiser, 1989)。その他、*Witchcraft Today* by Gerald Gardner (New York: Citadel, 2004) and *God of the Witches* by Margaret Murray (London: Oxford University Press, 1970) (翻訳：マーガレット・A・マレー著、西村稔訳、『魔女の神』(人文書院、一九九五年)) も資料とした。

フォークとイギリスのロック、とりわけシド・バレットのルーツであるフォークについては、*Electric Eden: Unearthing Britain's Visionary Music* by Rob Young (London: Faber and Faber, 2011) から深く学んだ。

ブラバツキー夫人についての資料は、*Occult America* by Mitch Horowitz (New York: Bantam, 2010) 及び、*Madame Blavatsky: The Mother of Modern Spirituality* by Gary Lachman (New York: Tarcher, 2012)から。マーク・ボイルについてのデヴィッド・トンプソンの引用は、http:// www. boylefamily. co. uk/ boyle/ texts / atlas_ notes1. Html (accessed May 8, 2014) に長々と引用されている*Sound International* の記事から。

ビートルズの記者会見の引用の多くは、www. beatlesinterviews. org and thebeatlesbible. com から。

ポーラ・シェアの引用は、Steven Heller, "Divinyl Inspiration," *Step Inside Design* 20, no. 6 (2004): 58–67から。

ジョン・サザーランド・ボーネルの言葉は "Noted Cleric Criticizes Resurgence of Spiritism," *Los Angeles Times*, February 7, 1968 に引用されている。

ジューン・ボランの引用は、http://www.pink-f loyd.org/barrett/sydarticle.html (accessed July 1, 2014) から。

ヴォルテル・J・ハーネフラーフ (Wouter J. Hanegraaff) からの引用は、彼の有益な著書 *Western Esotericism: A Guide for the Perplexed* (London: Bloomsbury Academic,

2013）から。

第三章　ザ・デヴィル・ライズ・アウト

ローリング・ストーンズの歴史についての出典は、さまざまな雑誌やインタヴューから得た。だが、次の二つの著書は卓越した資料を提供してくれた。*Old Gods Almost Dead: The 40-Year Odyssey of the Rolling Stones* by Stephen Davis (New York: Broadway Books, 2001) 及び、*Up and Down with the Rolling Stones* by Tony Sanchez (London: John Blake Publishing, 2011)（翻訳：トニー・サンチェス著、中江昌彦訳、『ローリング・ストーンズ――夜をぶっとばせ』（音楽之友社、一九九八年））.

レッド・ツェッペリンについては、次のものに負っている。〝*Led Zeppelin IV: 33⅓ by Erik Davis* (London: Bloomsbury, 2005)（翻訳：エリック・デイヴィス著、石崎一機訳、『レッド・ツェッペリンⅣ（ロックの名盤!』（水声社、二〇一二年））, *Light and Shade: Conversations with Jimmy Page* by Brad Tolinski (New York: Crown, 2012)（翻訳：ブラッド・トリンスキー著、山下えりか訳、『奇跡――ジミー・ペイジ自伝』（ロッキングオン、二〇一三年））, *Led Zeppelin 1968-1980* by Keith Shadwick (Milwaukee: Backbeat Books, 2005), and *Hammer of the Gods* by Stephen Davis (New York: Ballantine Books, 1986)（翻訳：スティーヴン・デイヴィス著、中江昌彦訳、『レッド・ツェッペリン物語』（CBS・ソニー出版、一九八六年））.

オーブリー・パウエルは、彼がヒプノーシスにいた時期とレッド・ツェッペリンのアルバム・カバーでの作業について、電話で私に話してくれた。

アレイスター・クロウリーについての資料は、入手するのは容易い。だが、Rodney Orpheusとのインタヴューは、Gary Lachman の *Aleister Crowley: Magick, Rock and Roll, and the Wickedest Man in the World* (New York: Tarcher, 2014) からの素材とともに、最も明瞭な示唆を与えてくれた。

ウイリアム・ヤロールの引用は、〝California Probes Rock Music 'Devil,'〞 *Chicago Tribune*, April 29, 1982 から。

アントン・ラヴェイとチャーチ・オブ・サタンの資料は、本文の中で言及されている記事の他に Zeena Schreck との電話でのインタヴュー、及び次の記事、〝Has the Church of Satan Gone to Hell?〞 by Jack Boulware, *Gnosis* (Winter 1999) から。

オジー・オズボーンの一部の資料は、〝Ozzy Osbourne, Off and Rocking,〞 *Washington Post*, April 17, 1986 から。

バンドのハートについての引用は、"Paying the Price of Sudden Success," *Washington Post*, October 12, 1977 から。

ＰＭＲＣについての一部の情報は、National Public Radio の記事 "Parental Advisory Labels—The Criteria and The History," October 29, 2010 から。

デニス・ホイートリーについてのフィル・ベイカーの引用は、http://www.forteantimes.com/features/articles/2623/the_devil_rides_out.html (accessed on July 1, 2014) で見られる *Fortean Times* から。

第四章　ザ・ツリー・オブ・ライフ

アーサー・ブラウンの音楽と思想について多くの資料の出典は、彼との電話でのインタヴューの他、*The God of Hellfire* by Polly Marshall (London: S. A. F. Publishing, 2006) と "Flame On" by Mike Barnes, *MOJO*, August 2013 から。

オットーの引用は、*Dionysus: Myth and Cult* から。

Nicholas Pegg の卓越した著書 *The Complete David Bowie* (London: Titan Books, 2011) には感謝している。

マーク・ボランについてのボウイの引用は、*Blood and Glitter* by Mick Rock (London: Vision On, 2004) から。

『魔術師たちの夜明け』についての資料は、*Morning of the Magicians* by Louis Pauwels and Jacques Bergier, trans. by Rollo Myers (New York: Stein and Day, 1964)（翻訳：ルイ・ポーウェル、ジャック・ベルジェ著、伊東守男訳、『神秘学大全――魔術師が未来の扉を開く』（サイマル出版会、一九七五年））から直接得た。その他には Lachman, *Turn Off Your Mind* から。

ウィリアム・バロウズとブライオン・ガイシンについての伝記などの情報は、*William S. Burroughs* by Jennie Skerl (Boston, MA: Twayne Publishers, 1985), *The Beat Hotel: Ginsberg, Burroughs, and Corso in Paris, 1958-1963* by Barry Miles (New York: Grove Press, 2000), *Nothing Is True—Everything Is Permitted: The Life of Brion Gysin* by John Geiger (New York: Disinformation Books, 2005), 及びジェネシス・ブレイヤー・P・オーリッジとの電話インタヴュー、及び二〇〇二年に Richard Metzger と行われたインタヴュー "Annihilating Reality: An Interview with Genesis Breyer P-Orridge." から。

P・オーリッジとのインタヴューも、P・オーリッジの引用、スロッビング・グリッスルとサイキックＴＶの詳細についての基になっている。インダストリアル・シーンについての（またゴス・ロックについても）他の資料は、*Rip It Up and Start Again: Postpunk 1978-1984* by Simon Reynolds (New York: Penguin Books, 2006)（翻訳、サイモン・レイノルズ著、野中モモ、新井崇嗣訳、『ポストパンク・ジェネレーション 1978-1984』（シンコーミュージック・エンタテイメント、二〇一〇年））から。

シジルについてのオースティン・オスマン・スピアの引用は、*Stealing Fire from Heaven: The Rise of Modern Western Magic* by Nevill Drury (New York: Oxford University Press, 2011) から。

ゴス・ロックについての資料のための他の出典は、*The Gothic: A Very Short Introduction* by Nick Groom (New York: Oxford University Press, 2012) から。魔術、アート、オースティン・オスマン・スピアについては、*Surrealism and the Occult* by Nadia Choucha (Rochester, VT: Destiny Books, 1992) 及び、*Stealing Fire from Heaven: The Rise of Modern Western Magic* by Nevill Drury (New York: Oxford University Press, 2011) を参照した。

キリング・ジョークについての逸話は、バンドのベーシスト、Youth (Martin Glover)との電話インタヴューから。

コージー・ファニ・トゥッティからの引用は、eメールでのインタヴューから。

デヴィッド・ボウイとウィリアム・バロウズの対談の詳細は、http://www.rollingstone.com/music/news/beat-godfather-meets-glitter-mainman-19740228 (accessed July 1, 2014) で見られる。

キリング・ジョークの音楽に関する「本性を嘔吐させる」の引用は、http://www.killingjoke.org.uk/aid/articles/1987-1991/torontostar210489.html (accessed July 1, 2014). ファンジンでのインタヴューと関連するその他のキリング・ジョークの出典は、http://www.radcyberzine.com/text/non-rad/kj.81.int.html (accessed July 1, 2014) から。

第五章　スペース・リチュアル

ホークウインドについての資料は、*Hawkwind: Sonic Assassins* by Ian Abrahams (London: S. A. F. Publishing, 2005) 及び、注目すべきウェブサイト The Archive: a history of over thirty years of UK festivals (ukrockfestivals. com) 及び、live4ever. uk. com に投稿された"Crushed Dreams: The 1970 Isle Of Wight Festival—40 Years On" by Dave Smith, August 25, 2010 (accessed May 8, 2014) から。

マイケル・ムアコックの情報と引用は、*London Peculiar and Other Nonfiction* by Michael Moorcock (Oakland, CA: PM Press, 2012) 及び、ムアコックとのeメールでのインタヴューから。

サン・ラーによる引用は、"Interview: Sun Ra Pt. 2" by John Sinclair, *Ann Arbor Sun*, April 1967; "Sun Ra: Space Is the Place" by Andy Gill, *NME*, August 7, 1982 及び、"Sun Ra and His Myth-Science Arkestra" by John Sinclair, *Creem*, November 1972 から。

エレクトロニック・ミュージックの歴史についての知識は、*The Sound of Tomorrow: How Electronic Music Was Smuggled into the Mainstream* by Mark Brend (London: Bloomsbury, 2012)（翻訳：マーク・ブレンド著、オノサトル訳、『未来の〈サウンド〉が聞こえる 電子楽器に夢を託したパイオニアたち（アルテスパブリッシング、二〇一八年））及び、*Electronic and Experimental Music: Technology, Music, and Culture* by Thom Holmes (New York: Scribner's, 1985) から何もかもを得た。

ロバート・モーグについての資料は、重要な二〇〇五年のドキュメンタリー映画*Moog*, directed by Hans Fjellestad 及び、ハーバート・ドイチュとの電話インタヴューから（同映画は日本語訳のDVDが発売されている。ハンス・フェルスタッド監督、『モーグ』（ナウオンメディア、二〇〇五年）。

スチュワート・ブランドの引用は、"Making It" by Evgeny Morozov, *The New Yorker*, January 13, 2014 から。

カールハインツ・シュトックハウゼンからの引用は、http:// youtu. be/ nTeLI5dUzKw で見られる一九七二年五月のオックスフォード・ユニオンでのレクチャーから。

フローリアン・フリッケとのインタヴューは、http:// www. eurock. com/ features/ f lorian. aspx で見られる一九九六年のインタヴューから

ベッティナ・ヴァルドハウゼンからの引用は、*Perfect Sound Forever* (www. furious. com), August 2013 でのジェイソン・グロスとのインタヴューから。

プログレッシブ・ロックの歴史の詳細やその他の事実は、*Mountains Come Out of the Sky: The Illustrated History of Prog Rock* by Will Romano (Milwaukee, WI: Backbeat Books, 2010) から。逸話や引用は、ロジャー・ディーンとグレッグ・レイクとの電話インタヴューから。一部の関連する引用は、*Progressive Rock Reconsidered* by Kevin Holm-Hudson (New York: Routledge, 2001) 及び、*Bill Bruford: The Autobiography* by Bill Bruford (London: Jawbone Press, 2009)（翻訳：ビル・ブルフォード著、池田

聡子訳、『ビル・ブルフォード自伝』（日興企画、二〇一二年））及び、"Yes" by David Laing, *Let It Rock*, February 1974 から。

G・I・グルジエフについての引用及び情報は、*Shadows of Heaven: Gurdjieff* and Toomer by Paul Beekman Taylor (Newburyport, MA: Red Wheel / Weiser, 1998) から。

ジョン・モウィットからのピエール・シェフェールに関する引用は、彼の著書 *Radio: Essays in Bad Reception*（Berkeley: University of California Press, 2011）から。

第六章　ゴールデン・ドーン

ヘンリー・ロリンズの引用は、"How Rockers Helped Free the West Memphis Three" by Patrick Doyle, *Rolling Stone*, September 15, 2011 から。

ミッチ・ホロウィッツは、"Jay-Z: A Master of Occult Wisdom?" National Public Radio, September 19, 2009 に引用されている。

現代のオカルト・シーンと音楽についての引用は、レイモンド・サルヴァトーレ・ハーモンとのeメールでのインタヴュー、及びスティーヴン・オマリーとの電話でのインタヴューから。マドンナのスーパー・ボウルでの上演に関する洞察や理論は、"'Ye Shall Be as Gods': Madonna's Super Bowl Occult Satanic Ritual" posted at beginningandend. com, February 8, 2012 (accessed May 8, 2014) から。

パパ・エメリトゥスの引用は、"Show No Mercy: Ghost B. C." by Brandon Stosuy, pitchfork. com, April 12, 2013 (accessed May 8, 2014) から。

謝辞

何よりもまず、本書が的確なものになるように後押ししてくれた編集者のミッチ・ホロウィッツに感謝したい。私が持っていたのは、ただのアイデアだったが、彼はそれを本に変える手助けをしてくれた。これ以上の精力家はいない。もちろん、変わることのない支援者で、親切な批評家で、誠実な仲裁者となってくれた私のエージェント、マシュー・エルブロンクがいなかったら、このアイデアが価値あるものなどとは考えもしなかっただろう。私にとって夢のような表紙にしてくれたことを、アリク・ローパーに感謝したい。長年の間、私は彼のファンだったが、今や彼を友人と呼べることを誇りに思っている。

ロドニー・オーフェウス、ロバート・フリップ、アーサー・ブラウン、グレッグ・レイク、ジェネシス・ブレイヤー・P・オーリッジ、ニック・ターナー、ジーナ・シュレック、エミル・エイモス、オーブリー・パウエル、ロジャー・ディーン、バーニー・ウォレル、ハーバート・ドイチュ、ビル・ラスウェル、スティーヴン・オマリー、マーク・ピルキントン、サイモン・レイノルズ、レイモンド・サルヴァトーレ・ハーモン、リチャード・メッガー、デイヴィッド・メトカーフ、パム・グロスマン、マーク・フラウエンフェルダー、クリス・ボーン、コージー・ファニ・トゥッティなど、インタビュー、提言、確認で時間を割いてくれた全ての人々に感謝したい。

イーサン・ギルスドルフには特別に感謝したい。彼の友情と作家としての支援が、いつも私の傍にあった。正確な編集作業、精神的な導き、揺るぎない友情を与えてくれたスコット・コーブには、私の心からの感謝の気持ちを伝えたい。私の大好きな超英雄で友人の友人であるジェイソン・パッチに、全てが始まったときにそこにいてくれた私の親愛なる友人ジョー・ガロに、そして愛情のこもった交際をしてくれているエズラ・グレンに感謝をしたい。

名前を挙げるには、あまりにも多くの友人や家族がいるが、本書の執筆にとりわけ影響を与えてくれた人たちがいる。私の日曜の夜のＤ＆Ｄグループ（Ｊ・Ｐ・グラテン、マイケル・マラーノ、ジャナカ・スタッキー等）、そしてセス・リスキン、エイミー・ロス、ジム・ロペズ、トニー・タウバー、ティム・ハリ。

私の姉妹であるカレン・ビーバガルとリサ・ミードに、私の素晴らしい拡大家族のジュディ・アッシュワースとニール家族に、特にエミリーとサラには私の特別な愛情とともに感謝をしたい。そして、バイロン、ルース、エリック・ビーバガルの思い出に感謝をしたい。

親友である息子のサムに感謝したい。彼はいくつかの素晴らしい助言を与えてくれた。また、私を笑わせ続け、時間をかけて楽しむことを思い出させてくれた。彼は私の人生の光である。

しかしながら、妻エイミーにどう感謝を伝えればいいのだろう？　彼女は私の導きの星であり、私の家であり、私の中心である。彼女のユーモア、洞察、愛が、私を挫折させずにいさせてくれた。詩人たちは九人の詩神を語っている。だが、私はエイミーの足下にのみ、これから先も花を添えるだろう。

訳者あとがき

本書は、Peter Bebergal, *Season of the Witch: How the Occult Saved Rock and Roll* (Jeremy P. Tarcher, 2014) の全訳である。書名の『シーズン・オブ・ザ・ウィッチ』は、イギリスのシンガーソングライター、ドノヴァンの一九六六年の曲名である。この題名だけだと何の本か分かりづらいかもしれないが、副題の「いかにしてオカルトはロックンロールを救ったのか」が、まさに本書の主張の核心を伝えてくれている。

ただし、本書で扱われている音楽の範囲は、「ロックンロール」という言葉から一般に連想されるものをはるかに越えている。アフリカの宗教音楽からブルースへと至り、五〇年代のロックンロールへ。そして六〇年代のフォークソング、サイケデリック・ロック、七〇年代から八〇年代にかけてのハード・ロック、グラム・ロック、プログレッシブ・ロック、クラウト・ロック、エレクトロニック・ミュージック、ヘヴィ・メタル、インダストリアル・ロック、ポスト・パンク、ゴス・ロックと多様に展開していく。さらには最終章では、ブラーのデーモン・アルバーン、マドンナ、ジェイZ、ゴーストB.C.まで登場させたかと思えば、終盤はドゥーム・メタルやストーナー・ロックへと向かっていく。つまり、ポピュラー・ミュージックのかなり広いジャンルをカバーしながら、「オカルト」を主軸にした斬新なロック史が展開されていくのである。

また、本書での「オカルト」という語と関連させられている神話・思想・実践もかなり広い。古代ギリシャのディオニュソスやパーン神の信仰、ヨルバ族のヴォドゥ及びアフリカ系アメリカ人のブードゥ、キリスト教のペンテコステ派、六〇年代にアメリカにやってきたインドのグル、中世のカバラ、ロマン派、象徴派、アールヌーヴォー、新異教主義、ウィッカ、サタニズム、魔術、SF神秘主義、ゴールデン・ドーン、フリーメーソン等々。こうした神話や思想から生じるイメジャリーが、本書で言うところの「オカルトの想像力」の由来となっているのである。

著者ビーバガルは、二十世紀半ば頃からのポピュラー・ミュージックの原動力としての「オカルトの想像力」を、過去の広大な宗教・神話・神秘思想の領域へと極めて巧みに遡らせていく。そうすることで、「ロックの発展の最も重要な瞬間を縫って進んでいく中心のより糸がオカルト」であることを示そうとする（本書二十頁）。こうして出来上がった本書は、作家エリック・デイヴィスの言葉を借りるなら、「ロックの神秘主義的な反逆の通覧であると同時に現代の秘教《エソテリカ》の手際のよい入門書」にもなっている。

念のために言っておくと（お読みになっていただいた方はお分かりとは思うが）、ビーバガル自身は、いわゆる「オカルティスト」でもなければ、オカルト礼賛者や信奉者ではまったくない。かといって、ヒステリックなオカルト批判者でもむろんない。彼の立場は、本書の序文での次の言葉から明瞭である。

私が角のある神々を信じるのは、彼らがビニール盤の溝から、CDのつややかな表面から、またMP3の減衰した音からでさえ、語りかけてくるのを聴いているときだけだ。そして、それらの瞬間、音楽それ自体と同様、彼らは現に存在する。どこか他のところにある魔術を、私は必要としない。それはロックンロールの畏怖に満ちた光景の中で、最も強烈な魔力として存在しているのだ（本書十頁）。

こうしたビーバガルの立場は、まったくぶれることなく本書全体を貫いている。それが本書の最上の美点を作り出していることは間違いない。

言うまでもなく、歴史を書く際に客観的な記述などありえない。現在を生きている書き手の特定の視点が、意識的にも、また無意識的にも、過去の無数の素材の中から特定のものを選び出す。逆に言えば、この視点が定かでないと、歴史は単なる無意味な「事実」の積み重ねとなり、とりとめのないものとなる。この点からしても、著者ビーバガルの自覚的なパースペクティブ、すなわち「いかにしてオカルトはロックンロールを救ったのか」は、きわめて明瞭で一貫した物語を作り出すのに効を奏している。だからこそ、こうした読み物としても最高に面白いポピュラー・ミュージックの新たなナラティヴ・ヒストリーが生み出されたのだと思う。

★

固有名の表記などの訳語について。基本的には、過去に訳語として定着していると思われるものは、できるかぎりそれに従うようにした。ただし、アルバム名や曲名や書名などで、意訳されて元の意味と異なっているものは、原著の文章の流れと齟齬をきたす場合もあったため、やむなく採用しなかった（先人たちの素晴らしい意訳が多数あり、もったいないとは思いつつも）。また、アルバム名と曲名は初出の場合、訳語の後に原語の表記も載せておいた。というのも、私自身もそうだったが、おそらく読者の方々の中には、読みながらその音楽を聴きたくなることも多々あると思う（この種の本を読むときの楽しみの一つは、それに尽きる！）が、その際、例えばSpotifyやアマゾン・ミュージックやユーチューブなどで検索しようと思っても、原語でないと上がってこないものが多数あるからだ。また、本書末尾の索引を見ていただければ、アルバム名、曲名、アーティスト名などは、全て日本語と原語を並列して表記してあるので、そちらでも一つ一つ確認できるようになっている。

★

個人的なことを言わせていただくと、二〇一四年に出版された原著は、ここ数年の中で、出版される前から楽しみにして予約注文した数少ない本の中の一冊だった。題名を見て、これは自分が長年読みたかった本に違いないと半ば確信したが、実際に読んでみて、その通りだった。いや、それどころか予想をはるかに超えて、わくわくする内容だった。ＳＦ作家マイケル・ムアコックが本書を評して「思わず夢中になってしまう読み物」と言っているが、私自身もそうだった。Boing Boing の創設者マーク・フラウエンフェルダーが、本書を読んだ後、「私には、ロックンロールが二度と同じに聴こえることはないだろう。そして、私はそのことを歓喜している」と述べているが、これまたまったく同感である。

もっと個人的なことを言えば、本書でも引用されているStephen Davis, Hammer of the Gods の日本語訳、スティーヴン・デイヴィス著、中江昌彦訳『レッド・ツェッペリン物語』（ＣＢＳ・ソニー出版、一九八六年）を、若い頃に興奮しながら読んだときの感覚が、本書の最初のわずか数頁を読みながら強く甦ってきた。

原著者と同様、私自身も一九七〇年代後半から八〇年代にかけての十代の時期、いわば「アイデンティティの音楽」としてポピュラー・ミュージックを聴きまくっていた（ここでの「アイデンティティの音楽」という言葉は、渡辺潤著『アイデンティティの音楽――メディア・若者・ポピュラー文化』（世界思想社、二〇〇〇年）からお借りした）。かつて似たような思春期を過ごしてきた方ならば、本書の随所で強い共感を抱いていただけるのではないかと思う。もちろん、若い世代の方も、本書を通して新たな音楽との出会いのきっかけとなるならば（また、実際のミュージシャンの方々にとって、ポピュラー・ミュージックの未来への構想力の源となるならば）、訳者として、そして何よりも「ロックンロール」の一ファンとして、これに勝る喜びはない。

とにもかくにも、大のお気に入りの一冊となった原著を、こうして翻訳するチャンスを与えてくださった駒草出版の編集部の方々全員、とりわけ最初に翻訳の企画の相談に乗ってくださった編集者の石川彰一郎さんに、この場で心からの感謝の思いをお伝えしたい。この日本語版を作り上げるのに力を尽くしてくださった編集者の木本万里さんとデザイナーの高岡直子さんにも、この場を借りて深くお礼を述べておきたい。

伊泉龍一（いずみりゅういち）

索引

★ 索 引 ★

★ 索 引 ★

★ 索 引 ★

★ 索引 ★

★ 索 引 ★

★ 索 引 ★

★ 索 引 ★

★ 索引 ★

★ 索 引 ★

★ 索 引 ★

★ 索引 ★

★ 索 引 ★

★ 索 引 ★

★ 索 引 ★

★ 索 引 ★

★ 索引 ★

★ 索 引 ★

★ 索 引 ★

★ 索引 ★

★ 索 引 ★

★ 索 引 ★

★ 索 引 ★

★ 索 引 ★

★ 索引 ★

★ 索 引 ★

★ 索 引 ★

★ 索 引 ★

★ 索 引 ★

★ 索 引 ★

★ 索 引 ★

★ 索 引 ★

★ 索 引 ★

★ 索 引 ★

★ 索 引 ★

［著者］ ピーター・ビーバガル【Peter Bebergal】

ハーバード・ディヴィニティ・スクールで宗教と文化を学ぶ。妻と息子とともにマサチューセッツ州ケンブリッジ在住。スペキュレイティヴで周縁的なものについて広く執筆している。彼の最近のエッセイやレヴューは、*The Times Literary Supplement, Boing Boing, The Believer, The Quietus* に掲載されている。これまでに次の著書がある。

Too Much to Dream: A Psychedelic American Boyhood , The Faith Between Us; A Jew and a Catholic Search for the Meaning of God(with Scott Korb) and Strange Frequencies; The Extraordinary Story of the Technological Quest for the Supernatural .

mysterytheater.blogspot.com
facebook.com/peter.bebergal
twitter.com/peterbebegal

★　★　★

［翻訳・監修］ 伊泉　龍一【Ryuichi Izumi】

翻訳家。

翻訳・監修：ジョン・マイケル・グリア著『生命の木——ゴールデン・ドーンの伝統のカバラ』（フォーテュナ）。
アレハンドロ・ホドロフスキー、マリアンヌ・コスタ著『タロットの宇宙』（国書刊行会）など。

著書：『タロット大全——歴史から図像まで』（紀伊国屋書店）など。

シーズン・オブ・ザ・ウィッチ —— いかにしてオカルトはロックンロールを救ったのか

2022 年 1 月 28 日　初版発行

著　者　ピーター・ビーバガル
翻訳者　伊泉 龍一

発行者　井上 弘治
発行所　駒草出版 株式会社ダンク 出版事業部
〒110-0016 東京都台東区台東 1-7-1 邦洋秋葉原ビル 2 階
TEL 03-3834-9087 FAX 03-3834-4508
https://www.komakusa-pub.jp/

編集　木本 万里
本文デザイン　高岡 直子
カバーイラスト　Arik Roper

印刷・製本　シナノ印刷株式会社

 ISBN　978-4-909646-49-1　C0073